WENHUA GONGXIANG
GONGCHENG JIANSHE YU FUWU

文化共享工程建设与服务

张彦博　刘惠平　刘　刚　等◎编　著

北京师范大学出版集团
BEIJING NORMAL UNIVERSITY PUBLISHING GROUP
北京师范大学出版社

图书在版编目(CIP)数据

文化共享工程建设与服务/张彦博,刘惠平,刘刚等编
著.—北京:北京师范大学出版社,2013.3
(全国基层文化队伍培训教材)
ISBN 978-7-303-15600-9

Ⅰ. ①文… Ⅱ. ①张… ②刘… ③刘… Ⅲ. ①文化事
业-资源共享-中国-业务培训-教材 Ⅳ. ① G12

中国版本图书馆 CIP 数据核字(2012)第 261218 号

营 销 中 心 电 话	010-58802181 58805532
北师大出版社高等教育分社网	http://gaojiao.bnup.com.cn
电 子 信 箱	beishida168@126.com

出版发行:北京师范大学出版社 www.bnup.com.cn
北京新街口外大街 19 号
邮政编码:100875
印　　刷:北京中印联印务有限公司
经　　销:全国新华书店
开　　本:170 mm × 230 mm
印　　张:22.5
字　　数:273 千字
版　　次:2013 年 3 月第 1 版
印　　次:2013 年 3 月第 1 次印刷
定　　价:42.00 元

策划编辑:马洪立	责任编辑:李洪波
美术编辑:毛 佳	装帧设计:毛 佳
责任校对:李 菡	责任印制:孙文凯

作者简介

张彦博，文化部公共文化服务体系制度设计专家委员会委员，研究馆员。历任北京图书馆出版社社长，国家图书馆党委副书记、副馆长，文化部全国文化信息资源建设管理中心主任。在公共文化服务体系建设以及文化共享工程建设方面具有较高的理论水平和丰富的实践经验。主持、组织、参与承担了文化部等单位的 10 余项重大科研项目，涉及科技与文化融合、公共文化服务体系技术支撑和资源供给机制等领域。在专业核心期刊上发表了《文化共享工程的创新实践》等 10 余篇具有学术影响力的论文；策划编著了《公共文化服务的创新与跨越》等专业论文集以及《县级支中心基础培训教材》等多种内部培训教材；指导创作了《中国园林》等 12 个网络多媒体资源库；策划、监制拍摄了《闽南文化》等 7 部共计 150 多集文化专题片。

刘惠平，文化部全国公共文化发展中心任副主任，副研究馆员。中共中央党校政治学专业研究生。从 1975 年起，先后从事教师工作 10 年；在国家图书馆党委办公室、馆办公室工作 16 年；担任国家京剧院副院长、党委副书记近 9 年，2010 年调入发展中心至今，具有较丰富的基层文化工作经验。在国内重要报纸和核心刊物上发表文章多篇，合著或主编的论著有《从邓小平到江泽民领导的中国》《公共文化服务的创新与跨越》《文化共享十年路：共创·共建·共享》套书。

刘刚，文化部全国公共文化发展中心培训指导处处长。1981—2004 年在国家图书馆的古籍管理、自动化建设等部门工作，1993—1994 年到美国 OCLC 工作。2004 年至今在文化部全国公共文化发展中心工作。先后发表了《建设数字方志 传承华夏文明》等 30 多篇论文；承担文化部、国家社科基金等多项科研项目；现任中国图书馆学会第八届学术研究委员会资源建设与共享专业委员会委员、中国成人教育协会所属社会教育与终身学习资源建设委员会委员。

序　言

　　推动社会主义文化大发展大繁荣，队伍是基础，人才是关键。2007 年中央"两办"发布的《关于加强公共文化服务体系建设的若干意见》中，就对加强公共文化服务人才队伍建设作出了部署，明确提出了提高公共文化服务人才队伍思想素质和工作能力的要求。2010 年《国家中长期人才发展规划纲要（2010－2020 年）》发布之后，文化部专题部署了开展全国基层文化人才队伍培训的工作。党的十七届六中全会通过的《关于深化文化体制改革，推动社会主义文化大发展大繁荣若干重大问题的决定》，提出基层文化人才队伍是文化改革发展的基础力量的论断，要求制定实施基层文化人才队伍建设规划，完善机构编制、学习培训、待遇保障等方面的政策措施。《国家"十二五"时期文化改革发展规划纲要》对加强基层文化队伍建设、完善文化人才培训机制作出了具体部署。建设一支德才兼备、锐意创新、规模宏大、结构合理的基层文化人才队伍，成为新时期公共文化服务体系建设的重要任务。

　　2010 年 9 月，为落实《国家中长期人才发展规划纲要（2010－2020 年）》，文化部发布了《关于开展全国基层文化队伍培训工作的意见》，主要任务是用五年时间，对全国现有约 25 万县乡专职文化队伍和 360 多万业余文化队伍进行系统培训，促使基层公共文化队伍素质显著提高，服务能力明显增强。为此要求建立健全基层文化队伍培训工作体制和机制，建立分级负责、分类实施的培训组织体系，其中文化部负责指导各地培训、组织编写教材、建设远程培训平台、制作考试题库、培养省级师资、举办示范性培训等工作。按照文化部的统一安排，组织编写教材这一任务，由国家公共文化服务体系建设专家委员会负责实施。

专家委员会在广泛征求意见、充分讨论研究的基础上，形成了培训教材编写的整体方案：教材的内容规划为"公共文化服务通论系列"、"公共图书馆系列"、"文化馆（站）系列"三大系列；教材的形式设计为培训大纲性质的教学指导纲要和系统化的教材并举，为应培训之急需，先行编写出版公共图书馆系列和文化馆（站）系列的教学指导纲要；教材的编者在全国范围内遴选一流的专家学者和富有经验的实际工作者。2012 年初，先行组织编写的《公共图书馆业务培训指导纲要》和《文化馆（站）业务培训指导纲要》由北京师范大学出版社出版，文化部免费配送至全国县以上文、图两馆及相关部门。现在呈现在读者面前的，就是在指导纲要基础上编写的系统化教材。按照计划，三大系列共编写出版 17 部教材。

"公共文化服务通论系列"设计了三种教材，分别是《公共文化服务体系概论》、《公共文化政策法规解读》和《文化共享工程建设与服务》。基层文化队伍培训之所以设计了有关公共文化服务通论的内容，是因为今天的图书馆、文化馆（站）等具体方面的工作，是在构建公共文化服务体系的大背景下进行的，都是公共文化服务体系的重要组成部分，因此需要从业人员对我国公共文化服务体系建设的理念、思想、法规、政策、成就、问题，以及近年来大力实施的重大文化惠民工程有基本的了解，从而把握自身所从事的工作在公共文化服务体系中的地位作用。不过，相对于公共图书馆和文化馆（站）系列的教材，公共文化服务通论系列教材的编写难度尤大。因为公共文化服务的理念、思想、实践在我国兴起的时间不长，大学里没有专门的学科，研究队伍尚在初步形成，有影响的专业期刊为数甚少，研究积淀薄弱，教学尚未形成体系。比如，面向基层文化从业人员的公共文化通论在广度上应该涉及哪些方面？在深度上应该达到什么程度？这类问题目前还在探索之中。这套教材从整体设计到结构体系到基本内容，就是我们结合近年来我国公共文化服务体系建设实践需求所作出的初步探索。

推出这样一套教材，仅有编写人员的努力还不够，应该记住以下各方为教材编写和出版做出的贡献，并向他们深表谢意：

文化部公共文化司对指导纲要和教材的编写提出了指导性意见；中国文化传媒集团公共文化发展中心为编写工作提供了有力的条件保障；北京师范大学副校长杨耕教授，北京师范大学出版社叶子总编辑和李艳辉副总编辑，高教分社原副社长江燕老师，以及各位责任编辑，他（她）们为教材的出版把了最后一道关口，付出了心血和努力。

由于在国家公共文化服务体系建设专家委员会的工作关系，我本人承担了这套教材编写的组织工作，在教材出版之际，把这套教材的编写缘起和过程记录如上，算是对这项工作的一个小结，也算是为这套教材的诞生留下一点历史记录。

李国新

2013 年 3 月 10 日

目　录

第一章　文化共享工程建设与公共数字文化服务体系

【目标与任务】

本章主要目的是帮助学习者全面掌握国家实施文化共享工程的重大战略意图，以及未来的发展方向与努力目标。学习者在全面了解文化共享工程的基本现状、发展历程和性质特点的基础上，能够深刻领会文化共享工程在公共数字文化服务体系中所占据的重要地位，能够深入理解文化共享工程在公共数字文化服务体系建设中、在公共数字文化传播网络中、在城乡公共数字文化一体化中所起到的独特作用。与此同时，通过文化共享工程的国际比较、通过国家党政重大方针政策的深入学习，学习者能够放眼国际、着手未来，从而对文化共享工程的未来发展充满信心。为此，本章涵盖的主要内容包括：文化共享工程的性质与特点、文化共享工程在公共数字文化服务体系中的地位和作用、文化共享工程的国际经验借鉴与未来发展等。

文化是一个民族的精神和灵魂，是国家发展和民族振兴的强大力量。文化建设是我国现代化建设总体布局的重要组成部分，加快公共文化服务体系建设是我国经济社会发展的重要任务。近年来，党中央、国务院做出一系列关于公共文化服务体系建设的重大战略部署，我国公共文化服务体系建设呈现出蓬勃发展的良好态势，文化事业投入大幅增长，公共文化基础设施发展迅速，以全国文化信息资源共享工程（以下简称文化共享工程）为代表的一批重点文化惠民工程建设取得了丰硕成果，覆盖城乡的公共文化服务体系正在形成。

文化共享工程自 2002 年启动以来，走过了 10 年不平凡的历程。它由最初定义为数字图书馆的早期服务模式，发展成为今天的重大文化惠民工程。截至 2011 年年底，文化共享工程通过广泛整合图书馆、文化馆(群艺馆)、博物馆、美术馆、专业艺术院团及广电、教育、科技、农业等部门的优秀数字资源，数字资源建设总量累计达到 136.4TB，包括艺术欣赏、农业科技、文化教育、知识讲座、少儿动漫等视频类资源 34 809 部(场)、21 964 小时，少数民族语言资源 1956 小时；建成 207 个地方特色专题资源库，成为文化共享工程资源建设的品牌和亮点；建成了 1 个国家中心，33 个省级分中心(覆盖率达 100％)，2840 个县级支中心(覆盖率达 99％)，28 595 个乡镇基层服务点(覆盖率达 83％)，60.2 万个行政村基层服务点(覆盖率达 99％)，部分省(区、市)村级覆盖范围已经延伸到自然村；构建了以互联网、卫星、有线电视/数字电视、移动存储、镜像、光盘为依托的服务框架；初步建立了层次分明、互联互通、多种方式并用的数字文化服务网络；据不完全统计，全国累计有 11.2 亿多人次享受到文化共享工程的服务。作为保障文化民生的重要工程，文化共享工程越来越被广大人民群众，特别是农村基层群众所接受、所认可、所喜爱，已成为公共文化服务的基础工程，是政府提供公共数字文化服务的重要手段，是实现广大人民群众基本文化权益的主要途径，是改善城乡基层群众文化服务的创新工程和构建覆盖城乡的公共文化服务体系的惠民工程。

第一节　文化共享工程的性质与特点

文化共享工程是一项繁荣社会主义先进文化的创新工程，是政府应用现代科技手段为群众提供公共文化产品和服务的重要举措，是公共数字文化服务的重大工程。它采用现代信息技术，对中华优秀的文化信息资源进行数字化加工和整合，通过互联网、卫星、有线电视/数字电视、移动存储、镜像、光盘等方式实现文化信息资源在全国范围的共建共享，最大限度地成为社会公众享用的文化工程。通过工程的实施，让广大人民群众更充分享受公共数字文化服务，使公共文化服务体系建设的成果惠及更广泛的基层群众。

一、文化共享工程的概念与性质

（一）文化共享工程的概念

文化共享工程是文化部和财政部按照中央统一部署组织实施的国家重大文化惠民工程；是公共文化服务体系建设中的重要示范工程；是数字化、信息化、网络化环境下文化建设的新平台、新阵地；是利用信息技术拓展公共文化服务能力和传播范围的重要途径，对于消除数字鸿沟，满足人民群众不断增长的精神文化需求，特别是在改变广大农村地区、中西部地区、边疆少数民族地区的信息匮乏和文化落后状况发挥了重要作用。工程始终得到党中央、国务院的高度重视，先后列入《国民经济与社会发展第十一个五年规划纲要》和《国民经济与社会发展第十二个五年规划纲要》。

（二）文化共享工程的性质

文化共享工程的出发点和落脚点，就是努力保障好、实现好人民群众的基本文化权益，最大限度地满足不同地区、不同层次、不同年龄群体的多方面、多样化的基本文化需求。最大限度地体现公共文化服务体系建设中所要求的公益性、基本性、均等性和便利性。

1. 重点文化惠民工程

文化共享工程是针对我国东西部地区之间、中心城市和偏远农村之间、经济发达和欠发达地区之间文化发展不平衡的实际，通过多种服务方式，将整合起来丰富的优秀数字文化资源传递到基层，通过互联网等技术手段和各种公共文化服务基础设施(如公共图书馆、文化馆、文化站及社区、村文化室暨公共电子阅览室等)与公益性网站，免费向所有公民提供丰富的数字文化服务，让人民群众及时、方便、快捷地享受到更多的文化成果，直接惠及广大群众，特别是基层群众。

2. 重要文化基础工程

文化共享工程是在全球信息化和经济一体化背景下，国家应对信息化挑战，缩小数字鸿沟，依托信息化基础设施，构建的面向基层的信息化文化基础工程。文化共享工程也是公共文化服务体系的数字化基础工程，它通过将公共文化服务的内容数字化，形成数字内容体系，丰富和发展了公共文化服务的内容，更好地满足网络条件下人民群众的基本文化需求。文化共享工程还承担了公共文化服务技术平台建设任务和责任，是保障基本文化权益的基础工程。

3. 重大文化创新工程

文化共享工程将中华优秀文化信息资源进行数字化加工整合，通过互联网、卫星、有线电视/数字电视、手机等新型载体传播，创新了公共文化服务的传播渠道。文化共享工程依托各级公共图书馆、文化馆和乡镇文化站(城市社区活动中心)、村文化室等公共文化基础设施开展信息化服务，创新了公共文化服务方式。文化共享工程与国家实施的重大信息化基础工程相结合，实现优秀数字文化资源在全国范围内的共建共享，创新了文化服务参与国家信息化进程的途径。文化共享工程以现代化的方式，推动公共文化服务变革，创新了公共文化服务观念和模式。

4. 文化科技融合典范

文化共享工程采用现代数字化科技手段，建设丰富的数字文化资源，实现文化服务数字化，形成文化信息化基础设施体系、流动服务体系与数字服务体系，构成数字文化服务体系，是文化融入科技的示范工程。同时，文化共享工程开辟了现代信息技术广泛应用于公共文化服务的先河，使现代科技成果与优秀文化内容相结合，推动公共文化网络内容建设，成为公共文化服务新的增长点，为科技成果转化为文化生产力提供了典型示范。

5. 战略性、全局性工程

文化共享工程是党和政府按照结构合理、发展均衡、网络健全、运行高效、惠及全民的原则建设公共文化服务体系的信息化基础设施，惠及全民、涉及全局。文化共享工程建设是各级政府采用现代科技手段，履行公共服务职责，提供公共文化产品和服务的长期性任务，是现代化、信息化条件下，公共文化服务不可或缺的可持续发展工程，对于保障人民群众基本文化权益具有战略性意义。

二、文化共享工程的发展历程

进入21世纪，互联网在全球快速广泛应用，信息覆盖的范围、传播的速度、渗透的深度都达到前所未有的程度。在世界各国争相运用现代信息技术强化文化传播手段，抢占舆论制高点时，网上信息能力问题成为各国关注的焦点。如何消除数字鸿沟，缩小国家之间、城乡之间信息综合能力的差距，成为世界各国共同面临的一个十分急迫而又重大的现实课题。

由文化部和财政部共同启动的文化共享工程建设，蕴含着深刻的时代背景,体现着长远的战略部署和国家的文化意志。文化共享工程采用现代高新技术,建设互联网上的中华文化信息基地,扭转网上中文信息匮乏的状况,形成整体优势,充分展示中华文化在新世纪的发展和创新,缩小数字鸿沟。同时,进一步改变我国文化建设的现状,把群众喜闻乐见的优秀文化作品通过互联网方便快捷地传送到广大人民群众身边,填补基层文化需求的空白,以先进的文化占领基层思想文化阵地,丰富活跃基层群众的文化生活,提高人民群众的思想道德素质和科学文化素质。截至 2011 年年底,文化共享工程建设经历了三个不同的发展阶段。

(一)筹备试点阶段

2001 年,文化部在全国开展基层文化调研工作中提出,可否采用现代信息技术,将文化系统拥有的海量图书、影视、戏曲、民间艺术等优秀资源进行数字化加工整理,传送到基层文化单位,为广大基层群众提供服务。在得到财政部的支持后,文化部开展了资源调查,研发了试验系统,提出了最初的《实施方案》。

2002 年 1 月,文化部、财政部联合成立文化共享工程领导小组,标志着筹备任务完成。2002 年 4 月文化部、财政部联合下发的《关于实施全国文化信息资源共享工程的通知》及《全国文化信息资源共享工程实施方案》(文社图发[2002]14 号)和文化部制定下发的《全国文化信息资源共享工程管理暂行办法》(文社图发[2002]26 号),标志着文化共享工程的正式启动。

该阶段的主要特点是,提出了总体规划、分步实施、逐步推广的试点工作方针,确立了 2002 年、2003—2004 年和 2005 年三个时段内的试点工作内容,明确了建立由国家中心、省级分中心、基层中心组成的网络和数字资源建设的任务,通过成立文化共享工程领导小组、专家咨询委员会等组织机构,落实专项资金等措施,为文化共享工程实施提供了重要保障。

2004 年 2 月，中编办批准成立"文化部全国文化信息资源建设管理中心"（以下简称国家中心），专门负责组织实施文化共享工程。国家中心的成立，为文化共享工程在更大范围内进行资源整合、开展合作共建开辟了更加广阔的空间。

2005 年 2 月，中办、国办转发《文化部、财政部关于进一步加强全国文化信息资源共享工程建设的意见》（厅字［2005］5 号），表明文化共享工程上升到更高决策层次，得到了更大的支持，也承担了更为重要的使命。

文化共享工程建设启动阶段进展顺利，取得明显成效，初步形成了技术传输和基本服务模式。代表技术是"互联网"中的"网站应用"与"卫星传输"，其中"卫星传输"是该阶段的重要技术手段，在网络不发达的地区通过卫星进行资源传输或发放光盘也是一种辅助手段。开展数字资源建设并提供网络文化信息服务，探索了建设全国性数字文化网络工程的发展道路。

（二）快速发展阶段

2007 年 1 月，中央宣传思想工作领导小组听取了文化部开展文化共享工程建设的专题汇报，确定了下一步的发展目标和工作思路。

2007 年 4 月 10 日，《文化部、财政部关于进一步推进全国文化信息资源共享工程的实施意见》（文社图发［2007］14 号），标志着文化共享工程进入成熟期和快速发展阶段。

1. 目标任务更加明确

明确提出了以科学发展观为指导，大胆创新，以数字资源建设为核心，以基层服务网点建设为重点，以多种传播方式为手段，以共建共享为基本途径，全面实施文化共享工程，到 2010 年，基本建成资源丰富、技术先进、服务便捷、覆盖城乡的数字文化服务体系，努力实现"村村通"的总体目标。

2. 地位和作用得到肯定

党中央、国务院多次在国家政策法规和规范性文件中，反复强调和部署文化共享工程，连续六年被写入中央一号文件。先后被列入《国民经济和社会发展第十一个五年规划纲要》、《国家"十一五"时期文化发展规划纲要》、《2006—2020年国家信息化发展战略》、《国家中长期教育改革和发展规划纲要（2010—2020）》、《国家"十二五"时期文化发展规划纲要》、《国民经济和社会发展第十二个五年规划纲要》等。中央领导同志多次到基层服务点视察，党和国家领导人就文化共享工程建设多次作出重要指示。

在党中央、国务院的高度重视下，各地党委、政府加强了对文化共享工程的组织领导，按照中央的统一要求，将文化共享工程作为推进社会主义新农村建设的一件大事，纳入各级党委、政府的议事日程，纳入经济社会发展总体规划，纳入财政预算，纳入目标考核体系，纳入扶贫攻坚计划。各级文化行政部门将文化共享工程作为公共文化服务体系建设的重要内容，列入重要议事日程，列为衡量地方文化事业发展的重要指标。

3. 社会效益得到体现

在这一阶段，文化共享工程取得了快速、全面的发展。截至2010年年底，文化共享工程通过广泛整合图书馆、博物馆、美术馆、艺术院团及广电、教育、科技、农业等部门的优秀数字资源，资源总量达到108.04TB。

其中，国家中心建设的资源达28.9TB，包括艺术欣赏、农业科技、文化教育、知识讲座、少儿动漫等视频类资源30 909部（场）、19 390小时，少数民族语言资源1956小时；各地建设的资源总量达到76.4TB。国家图书馆为文化共享工程提供了2.74TB的数字资源。

除个别省份外，全国绝大多数省份基本完成文化共享工程"十一五"规划确定的县级支中心全覆盖和"村村通"目标。其中，北京、天津、山西、吉林、黑龙江、上海、江苏、浙江、安徽、江西、山东、河南、湖北、湖南、广东、海南、广西、重庆、贵州、陕西、甘肃、青海、宁夏、新疆 24 个省、自治区完成县级支中心的全覆盖和"村村通"。构建了以互联网、卫星、移动存储、镜像、光盘、有线电视/数字电视网为依托的服务框架。初步建立了层次分明、互联互通、多种方式并用的数字文化服务网络。据不完全统计，全国累计有 9.6 亿多人次享受到文化共享工程的服务。

（三）深化拓展阶段

进入"十二五"时期，随着建设中国特色社会主义文化强国目标的提出，文化发展的社会环境更加优越，公共文化服务体系建设全面提速，文化共享工程从深度和广度上进一步拓展了发展道路。文化共享工程在这一阶段的主要特征是，推动和促进形成了"三大公共数字文化工程"，成为国家公共数字文化服务建设的重要支撑项目和国家公共文化服务体系建设的重点工程。

1. 数字文化工程

2011 年 11 月，文化部、财政部联合发布《关于进一步加强公共数字文化建设的指导意见》（文社文发〔2011〕54 号），明确提出在"十二五"时期，重点实施"文化共享工程"、"数字图书馆推广工程"和"公共电子阅览室建设计划"三大公共数字文化惠民工程。

三大公共数字文化惠民工程是公共文化服务体系的基础性工程，是政府提供公共文化服务的重要手段，是实现广大人民群众基本文化权益的重要途径，是改善城乡基层群众文化服务的创新工程。三大惠民工程既有内在联系又各有侧重，在组织实施上，统一规划，统筹兼顾；在技术平台和网络建设上，做好协调，不重复建设；在资源建设上，各有侧重，突出特色；在标准规范上，统一规则，相互兼容；三大公共数字文化工程互为支撑，互相促进，形成合力，共同在公共文化服务体系建设中发挥重要作用。

文化共享工程作为国家三大公共数字文化惠民工程之一，在公共文化服务体系的基础性工程中的地位作用进一步得到提升。文化共享工程与公共电子阅览室建设计划相结合，加快建设以公共图书馆、社区文化活动中心为载体的未成年人公益性上网场所，更好地满足人民群众特别是广大青少年的精神文化需求，成为"十二五"时期新的重要使命。

2. 技术手段提升

文化共享工程充分应用云计算、智能服务、移动互联网等最新适用技术，与"三网融合"发展战略紧密结合，在现有技术管理平台基础上建立先进实用、安全可靠、开放互联的公共电子阅览室技术平台，进入全网技术系统深化完善阶段，从硬件配置到软件设计，实现"传输快捷化、操作简易化、接收方便化"，形成了层次分明，互联互通，多方并举的技术应用特点。

要依托云计算等最新信息技术，建设可统一管理、可伸缩调度、开放互动、共建共享的国家公共文化数字支撑平台，形成"1+32+N"的体系架构，其中 1 代表国家中心、32 代表 32 个省级分中心，N 代表平台支撑的各级站点（县、乡镇、村站点）。

3. 基层服务深化

公共电子阅览室是依托文化共享工程的服务网络和设施，开展基层数字文化服务的重要窗口，是汇聚文化共享工程、数字图书馆及互联网海量信息资源的公共数字文化服务终端，是努力构建内容安全、服务规范、环境良好、覆盖广泛的公益性互联网服务体系的重要载体，对于深化文化共享工程的基层服务具有重要意义。

特别是在城乡基层大力推进公共电子阅览室建设，实施公共电子阅览室建设计划，为广大人民群众特别是未成年人提供公益性上网场所，吸引广大人民群众参与积极、健康的网络文化活动，对于把更多适应人民群众需求的数字资源传送到社区、城镇和农村，活跃基层群众的文化生活，推进全社会的信息化将起到重要示范作用。

同时，结合"三馆一站"免费开放工作，促进已建公共电子阅览室的免费开放，进一步研究基层公众的信息需求，加大整合共建力度，建设先进性、知识性、趣味性为一体的、基层群众喜闻乐见的公共互联网数字资源库群，更好地保障广大社会公众特别是未成年人、老年人、进城务工人员等城乡低收入群体的公共数字文化服务需求。

三、文化共享工程的主要特点

文化共享工程以现代信息技术为手段，以全面提升公共文化的覆盖能力、传播能力和服务能力为目标，努力使文化共享工程成为社会主义核心价值体系的宣传阵地，全民文化信息素质提升的公共课堂，弘扬中华优秀文化的重要窗口，公共文化服务体系的基础平台，体现出鲜明特色，例如：信息资源丰富多彩、传递手段多种多样、反馈机制灵活便捷、信息服务公平及时等。

从公共文化服务体系建设的视角来看，文化共享工程的主要特点贯穿于建设、服务和管理的各个方面，可以归纳为：以政府主导为前提、数字资源建设为核心、网络传播为特征、分级管理为手段、合作共建为机制、组织支撑为保障、人才队伍为基础、均等化服务为目标的八大特征。

（一）政府主导

文化共享工程受到党中央、国务院的高度重视，是其快速发展的基本前提。作为政府主导的文化惠民工程和创新工程，采取了多种手段大力推动。

一是思想组织发动。中央领导多次在中央政治局会议、中央宣传思想工作领导小组会议上，以及政治局集体学习会议上，反复强调文化共享工程的重要作用和发展方向。特别是在党的十七届六中全会通过的《中共中央关于深化文化体制改革推动社会主义文化大发展大繁荣若干重大问题的决定》中，明确要求深入实施文化共享工程等文化惠民工程，扩大覆盖、消除盲点、提高标准、完善服务、改进管理，为全国开展文化共享工程进行了思想发动和组织动员。

二是纳入工作计划。从 2005 年到 2010 年，文化共享工程连续 6 年被列入中央一号文件。国务院在政府工作报告中部署，按时向全国人大进行汇报，使文化共享工程纳入政府的重要议事日程，成为中央政府公共服务的重要项目。

三是下发指导意见。党中央、国务院从未成年人思想道德、新农村建设、少数民族事业、国家信息化发展战略，从公共文化建设、学习型党组织建设，以及和谐社会建设、国家中长期人才发展规划纲要等一系列指导意见中，对文化共享工程的基础地位进行强调，特别是中办、国办转发的《文化部、财政部关于进一步加强全国文化信息资源共享工程建设的意见》，为文化共享工程建设实施制定了基本要求。

四是纳入国家规划。在国民经济与社会发展"十一五"规划和"十二五"规划中，都不断明确了文化共享工程的任务目标，文化共享工程成为国家发展目标的重要组成部分，使发展有"规"可依，任务更加刚性。

五是加大政府投入。在文化部、财政部等有力组织与协调、在地方各级政府积极主导与推动下，按照公益性、基本性、均等性、便利性的要求，不断加强文化基础设施建设。文化共享工程经费纳入财政公共文化服务经费中统筹安排，并由公共财政承担主要投入责任。截至 2011 年年底，文化共享工程经费投入总额达66.87 亿元，其中，中央财政投入 30.64 亿元，各地累计投入资金 37.12 亿元。正是在党和政府主导的大力推动下，文化共享工程建立起了覆盖城乡的比较完善的公共文化服务网络，让群众广泛享有免费或优惠的基本公共文化服务。

(二)数字资源建设

文化共享工程整合公共图书馆、文化馆、博物馆、美术馆、专业艺术院团及广电、教育、科技、农业等部门的优秀数字资源，深入挖掘、整合、制作具有各地特色的优秀资源库，形成内容包括视频资源、图文资源、电子书报刊等在内的海量数字资源体系。

除了数量庞大外，内容独特更加明显。一是服务农村的资源丰富，农业专题片的时长约占工程资源总时长的 24%，部/集数约占 18%；二是引导少年儿童健康成长资源多样，整合建设了一批少年儿童喜爱的动漫资源和寓教于乐的素质教育资源，并针对引导少年儿童健康上网开辟了"少年文化"网站专栏，举办了少年网页设计竞赛、电脑小报竞赛等活动，深受少年儿童的喜爱；三是少数民族文化资源独特，国家中心与新疆、内蒙古、西藏、青海、吉林延边等少数民族地区的分支中心和有关机构密切合作，陆续开展了藏语(含卫藏、安多、康巴方言)、蒙古语、维吾尔语、哈萨克语、朝鲜语言文字的译制工作，取得了良好的服务效果，受到了广大少数民族群众的喜爱；四是建设一批红色历史文化资源库。如《党史资源库》和《辛亥革命资源库》等。

(三)网络传播

文化共享工程将互联网、移动通信网、卫星网、有线电视/数字电视及多种辅助传输手段(光盘、移动硬盘、移动存储播放器等)有机地结合起来，通过天网与地网、骨干网与地方分支网络的协同,把逻辑的工作网络演变为四通八达的物理协同传输网络,形成各种技术服务模式兼容的、方便快捷的文化信息服务传输体系。

同时,结合三网融合趋势,不断创新和探索,开辟传输渠道,使资源传输和服务更加及时、方便和具有针对性,特别是对网络基础设施薄弱的偏远落后地区进行重点建设,形成覆盖城乡、传输畅通的格局,确保丰富的文化信息资源源源不断、及时方便地送到广大基层群众的手中,从进村走向入户。

(四)分级管理

文化共享工程采取统一领导、统筹规划、分级管理、分级负责的原则,建设以国家中心、省级分中心和市县级支中心为骨干,以乡镇(街道)、村(社区)基层服务点为支撑的公共服务网络管理体系。

文化共享工程资源建设实行统一规划、统一标准、宏观协调、避免重复建设。各分支中心负责本区域文化信息资源建设、服务与管理。在工作网络上采取了分级管理与树状网络结构策略,对各分支中心存储容量、终端计算机、网络带宽提出明确要求,保证服务质量,对基层服务点终端计算机、投影机(配备音箱和幕布)、移动播放器等设备组成制定服务标准,加强服务内容管理。

(五)合作共建

文化共享工程以共建共享为核心理念,与全国农村党员干部现代远程教育工作、农村中小学现代远程教育工程、广播电视"村村通"工程等建立和完善合作共建机制,扩展覆盖范围,充实设备设施,丰富资源内容,提升基层服务点的综合服务能力。

在由文化部牵头,财政部、农业部、教育部等中央10个部委组成的文化共享工程部际联席会议的指导下,文化共享工程与全国农村党员干部现代远程教育工作、农村中小学现代远程教育工程、广播电视"村村通"工程等实现了合作共建。与国家图书馆合作，组织实施了县级数字图书馆推广计划，将数字图书馆资源通过文化共享工程平台向基层提供服务。此外，与信息产业、科技、武警部队等广泛开展合作共建，文化共享工程的文化资源通过信息大篷车、农村人口文化大院走进了千村万户，走进边防连队。

（六）组织支撑

文化共享工程建设充分体现了中国特色社会主义"集中力量办大事"的制度优势和特色，充分发挥了在建设社会主义先进文化过程中政府组织管理的巨大推动和保障力量。

一是国务院建立由文化部牵头的"全国文化信息资源共享工程部际联席会议制度"（以下简称部际联席会议），在国家顶层制度设计中，建立了协调保障机制，为跨部门合作共建奠定组织基础。

二是在中共中央办公厅、国务院办公厅转发的《文化部、财政部关于进一步加强全国文化信息资源共享工程建设的意见》（厅字[2005]5号），就组织管理的建设，提出了明确要求。

三是在地方各级政府建立了领导小组或厅（局）际联席会议制度，成为推动文化共享工程建设的"指挥部"。

四是"国家中心——省级分中心——市县级支中心——乡镇/街道基层服务点——村/社区基层服务点"的分级管理体系，职责日益明确，功能日益完善。

五是不断探索试点完善的管理制度体系，为提高建设水平和质量，多次开展项目试点，探索组织管理办法。在公共文化服务体系建设中，首创了文化共享工程的内部、外部督导评估机制，为文化共享工程的快速、健康发展，提供了有力保障。

（七）人才队伍

文化共享工程以基层和农村公共文化技术服务人才为重点，

整合资源、完善机制、创新内容、扩大规模，构建多层次、多渠道、多门类的人才培养长效机制。

国家中心和各省级分中心通过集中与分散、教师面授与网络教学、自主学习与知识竞赛等不同方式，从工程管理、系统构建、资源制作、基层服务等方面对各级文化共享工程人员进行系统培训。同时，加强对人员的技术考核与管理，稳定人员队伍，为公共文化服务培养了一大批专业的信息化服务队伍。截至 2011 年年底，已建设一支 68 万人的专兼职骨干队伍。

(八)均等化服务

文化共享工程通过建设资源优质、技术先进、传播高效、服务便捷、管理科学的数字文化服务体系，推动覆盖城乡的公共文化服务体系数字化和信息化，缓解"数字鸿沟"，改变城乡之间文化发展的不平衡现象，保障各类边缘化社会群体的文化权益，促进公共文化服务体系均等化。

文化共享工程通过走进农村、走进社区、走进军营、走进学校、走进企业，提供了丰富的优秀数字文化资源，初步满足了基层群众"求知识、求富裕、求健康、求快乐"的基本需求，初步缓解了农民群众看书难、看戏难、看电影难的问题。

针对少数民族群众、青少年、新生代农民工和低收入人群的实际需求，开展专项数字文化服务，丰富了他们的精神文化生活。

结合重大节日和事件，开展多种形式的定向性数字文化宣传服务活动，在汶川地震灾后重建、应对国际金融危机、组织农民工培训、宣传"双百人物"和建立学习型党组织等工作中，数字文化服务发挥了积极有效的作用，丰富和发展了覆盖城乡的公共文化服务网络。

第二节　公共数字文化服务体系中的文化共享工程

构建覆盖全社会的公共文化服务体系，是深入贯彻落实科学发展观，开创经济、政治、文化、社会、生态文明五位一体的社会主义建设新局面、实现全面建设小康社会奋斗目标的重要任务。公共数字文化服务体系建设作为公共文化服务体系建设的重要组成部分，是信息化、数字化、网络化环境下文化建设的新平台、新阵地，是利用信息技术拓展公共文化服务能力和传播范围的重要途径，对于消除数字鸿沟，满足人民群众不断增长的精神文化需求、提高全民族文明素质，构建社会主义核心价值体系具有重要意义。

一、公共数字文化服务体系建设的重要性

信息化、数字化、全球化，已成为人类发展的时代特征、经济社会变革的重要力量和主要推动力，已成为国际经济竞争和综合国力较量的焦点，正在深刻改变世界政治、经济、社会和文化发展格局。在信息化、数字化、全球化的时代背景下，准确把握国内外形势的新变化、新特点，结合人民群众不断增长的精神文化需求，将信息技术、数字技术、网络技术等现代科学技术和传播手段应用于公共文化服务体系建设，加强公共数字文化建设，是适应时代发展的必然要求和战略选择。

改革开放以来，我国的社会、经济、文化等方面已取得令人瞩目的成就。但是，由于各地发展不平衡，在我国中西部，特别是老少边穷地区，仍存在着数字鸿沟。所谓数字鸿沟是指不同社会经济水平的个人、家庭、企业和地区，在利用信息技术、数字技术、网络技术等进行各种活动的机会的差距。随着信息化、数字化、全球化的进一步发展，数字鸿沟还可能进一步加剧。

数字鸿沟的实质，是被互联网放大了的信息公平问题，是政府面临的如何保障公众基本文化权益的社会问题。世界各国政府在考虑解决这一社会问题的对策时，都不约而同地选择了支持非营利组织和社区组织提供网络接入的方式，或提供信息素质教育。特别是公共图书馆是社区非营利组织，又是信息服务组织及社会教育组织，因此支持公共图书馆对社区的网络服务就成为一种顺理成章的政策选择。

由于中国幅员辽阔，公共图书馆事业发展极为不平衡，特别是在我国中西部、老少边穷地区，公共图书馆的自身生存都面临困境，很少或根本无力去承担消除数字鸿沟的社会责任。因此，2002 年，文化部、财政部联合启动实施了文化共享工程。这项工程应用现代信息技术，通过数字化信息资源的共享、网络化传输与服务，逐步缩小城乡差距，消除数字鸿沟，保障公众的基本文化权益。

文化共享工程在建设过程中始终坚持了以下四个原则：(1)公益性。文化共享工程对社会公众提供的服务全部免费。(2)均等性。不分男女老少，不分贫富，不分城市农村，不分东中西部，都平等地享受文化共享工程的公共文化服务。文化共享工程特别强调面向基层、面向农村、面向西部欠发达地区开展服务。(3)基本性。文化共享工程提供的是基本文化服务，主要围绕着丰富基层群众的文化生活、提高弱势人群的信息素养，提高群众生产、生活所需要的知识技能这样一些基本文化需求展开。(4)便利性。一方面是网点化，做到一定空间范围内都有服务场所，方便群众就近参与；另一方面通过互联网、有线电视/数字电视、卫星、移动播放器、DVD 机、手机等丰富的终端服务设备传送数字文化资源、开展服务，使基层民众容易获取，便于使用。

因此，文化共享工程成为政府构建公共数字文化服务体系的重要组成部分，列入《中共中央、国务院关于推进社会主义新农村建设的若干意见》、《国民经济和社会发展第十一个五年规划纲要》、《国家"十一五"时期文化发展规划纲要》、《中共中央办公厅、国务院办公厅关于加强公共文化服务体系建设的若干意见》、《国民经济和社会发展第十二个五年规划纲要》、《国家"十二五"时期文化改革发展规划纲要》和党的十七届六中全会《中共中央关于深化文化体制改革、推动社会主义文化大发展大繁荣若干重大问题的决定》等一系列党和国家的大政方针之中。

由此表明，包括文化共享工程在内的公共数字文化服务体系建设，从部门规划、持续推动，逐步上升到行业战略、社会参与，最后成为国家的战略决策，充分体现了国家对公共数字文化服务体系建设的高度重视：一是坚持把公共数字文化服务体系建设作为政府的基本职责，作为信息时代满足广大群众基本文化权益的重要手段，作为公共文化服务体系现代化的核心和提高公共文化服务质量的关键，进行统筹规划和合理布局；二是围绕中国特色公共文化服务的客观需求，把握信息技术为公共文化服务的基本规律，采用实用先进技术建设文化信息资源，消除数字鸿沟，推进公共数字文化服务体系化，提高公共服务水平和质量；三是突出信息化、数字化建设的系统化特征，加强顶层设计和制度安排，对公共数字文化建设的重点领域、实现途径进行统筹规划，前瞻性地提出了公共数字文化服务体系发展的未来方向。

总的来讲，公共数字文化服务体系具有辐射面广、传播速度快、资源广泛共享等特点。因此，公共数字文化服务体系建设，有利于解决当前制约公共文化服务体系发展的突出矛盾和问题，有利于全面提升公共文化服务能力和服务水平，有利于使人民基本文化权益得到更好地保障，让人民共享文化发展成果。

二、文化共享工程在公共数字文化服务体系建设中的地位

2011 年 11 月，文化部、财政部联合下发的《关于进一步加强公共数字文化建设的指导意见》指出，"十二五"时期要重点实施文化共享工程、公共电子阅览室建设计划以及数字图书馆推广工程这三大公共数字文化惠民工程，在此基础上带动数字美术馆、数字文化馆、数字博物馆、数字爱国主义教育基地等建设，丰富内容，拓展阵地，整合资源，创新手段，提高公共文化服务水平。这就进一步明确了文化共享工程在我国公共数字文化服务体系建设中的地位和作用，为文化共享工程开辟了新的发展空间。

（一）文化共享工程是构建社会主义核心价值体系的重要组成部分

社会主义核心价值体系是兴国之魂，是社会主义先进文化的精髓，决定着中国特色社会主义发展方向。文化共享工程是党和政府组织实施的重大文化建设工程，坚持社会主义先进文化的方向、体现建设社会主义核心价值体系的要求，贯穿于文化共享工程建设与服务的全过程。

文化共享工程自启动实施以来，通过多种形式，对中华优秀文化信息资源进行数字化加工、整合和系统揭示，形成了由优秀舞台和影视艺术、农村实用科技、专题讲座、未成年人教育等为主体的数字资源库群，配合党和国家的重点工作，积极开展理想信念教育、形势政策、国情教育，大力弘扬社会主义核心价值观，成为唱响和谐文化主旋律、营造积极健康思想舆论氛围的重要阵地。

进一步加工、整合一大批反映革命历史、社会主义思想道德、优秀传统文化、地方特色等内容的文化信息资源，依托文化共享工程覆盖城乡的服务网络和现代传播体系，在广大基层群众中广

泛、持久地开展形式多样的宣传服务活动，对于构建社会主义核心价值体系，增强社会主义先进文化的辐射力、吸引力和感召力，均具有重要意义。

(二)文化共享工程是实现人民群众基本文化权益的重要途径

满足人民群众基本文化需求是社会主义文化建设的基本任务，加强公共文化服务是实现人民群众基本文化权益的主要途径。公共文化服务体系建设的重点在基层，难点在基层。文化共享工程以现代信息技术为支撑，具有建设周期短、覆盖广、见效快的优势，是推进我国基层公共文化服务体系建设的有效途径。

近年来，文化共享工程农村和中西部地区为重点，大力推进服务网络建设，初步构建了国家、省、市、县、乡镇(街道)、村(社区)等基层服务网络，在服务农村、服务基层、促进文化民生等方面发挥了日益重要的作用，探索了一条符合国情的基层公共数字文化服务体系建设道路。按照"扩大覆盖、消除盲点、提高标准、完善服务、改进管理"的要求，在"十一五"基本实现"村村通"和县级支中心全覆盖的基础上，进一步推进城市街道、社区、乡镇的服务网点建设，进一步推动广大农村的进村入户工作，进一步加强文化共享工程的服务和管理，对于巩固文化共享工程在公共文化服务体系建设中的战略性、基础性地位，改善我国基层公共文化服务的不均衡状况，促进文化民生和城乡一体化，均具有重要意义。

(三)文化共享工程是网上思想文化建设的前沿阵地

当前，互联网仍处于发展应用的快速扩张期，互联网日益成为各种社会思潮、各种利益诉求汇聚的平台，日益成为举足轻重的思想文化阵地。截至 2011 年年底，我国网民规模突破 5 亿，达到 5.13 亿。越来越多的人把网络作为浏览新闻、了解信息、学习知识、休闲娱乐和参与文化创造的主要渠道，青少年是其中最活跃的群体之一。引导广大网民特别是青少年网民的文化价值取向、满足他们正当的网络文化需求，是文化建设的重要内容和目标。

目前，我国网上优秀文化产品供给不足、公共数字文化服务能力不足的矛盾还比较突出，繁荣发展丰富多彩、积极健康的网络文化任务繁重而紧迫。文化共享工程以网络为主要传播渠道，按照"积极利用、科学发展、依法管理、确保安全"的方针，充分利用好网络这个平台，大力推进公共电子阅览室建设，积极开展基于网络的宣传、服务活动，对于加强网上思想文化阵地建设，唱响网上思想文化主旋律，维护和保障未成年人文化权益，促进社会和谐稳定，均具有重要意义。

(四)文化共享工程是推动文化科技创新的重要力量

科技创新是文化发展的重要引擎。文化共享工程是近年来文化部推动实施的科技含量最高的文化创新工程之一。文化工程建设的不断深入，不仅推动了各级公共图书馆信息化、数字化水平的跨越式发展，提高了广大基层群众的信息素养，造就了一支初步掌握现代信息技术的基层文化工作队伍，而且带动了我国公共文化服务的观念创新、内容创新和手段创新，在国际国内都产生了良好反响。

在数字化、信息化、网络化时代背景下，文化与科技的结合日趋紧密，网络技术、数字技术等现代信息技术对文化传播与发展的影响日益显现。进一步深入研究现代科技等对文化共享工程建设的影响，密切跟踪国际发展动向，加强技术攻关和应用，对于促进文化与科技的加速融合，推动新信息环境下的文化创新，培养高素质专业人才，打造文化系统的科技高地和人才高地，均具有重要意义。

三、文化共享工程在公共数字文化服务体系建设中的作用

文化共享工程建设已形成基于现代信息技术和国家网络通信平台的基本完善技术体系，正采用"三网融合"和云计算等新兴技术手段，全面提升服务领域和服务效益。文化共享工程建立的一套行之有效技术管理、信息服务和运行保障的独特体系，已经成为支撑公共数字文化服务体系建设的重要平台，已经成为引领公共数字文化传播网络创新实践的先锋，已经成为推进城乡公共数字文化一体化的重要力量。文化共享工程的发展将进一步完善结构合理、发展均衡、网络健全、运行有效、惠及全民的公共数字文化服务体系，切实提高公共产品的供给和服务能力，面向广大人民群众提供系统性、制度性、公平性、可持续性的公共数字文化服务。

（一）支撑公共数字文化服务体系建设的重要平台

文化共享工程基本建成资源丰富、技术先进、服务便捷、覆盖城乡的公共数字文化服务体系，实现"村村通"，创新了公共文化服务手段，拓展了服务网络，形成了数字资源体系，提高了公共文化服务队伍的业务素质和服务能力，建立了广泛的合作共建机制，成为深受广大群众欢迎的"民心工程"，加快了公共文化服务体系现代化发展的步伐。

1. 支撑公共数字文化服务范围的拓展

文化共享工程依托服务网点拓展了公共数字文化服务范围。文化共享工程已构建了国家中心、省级分中心、市县级支中心、乡镇（街道）基层服务网点，以及与全国农村党员干部现代远程教育工作和农村中小学现代远程教育工程等合作共建的基层服务点，基本做到了城乡全覆盖。特别是面向基层群众，以青少年和农村进城务工人员为主要服务对象，充分利用文化共享工程基层服务

点，广泛开展公共互联网服务，帮助广大基层群众获取知识和信息，提高修养与品位，成为基层群众熟知的信息中心、学习中心和公共数字文化服务中心。

2. 支撑公共数字文化服务资源的建设

文化共享工程已建有包括电影、电视剧、地方戏、曲艺、相声、小品、杂技、综艺节目、农业专题片、农民工培训、文化专题片、少儿动漫、讲座、少数民族语言（含藏、蒙、维吾尔、哈萨克、朝鲜语）等各类数字化图文、视频资源，公共数字文化资源丰富，初步满足了基层群众对公共数字文化服务资源的基本需求。文化共享工程还致力于解决资源建设中的技术问题，致力于解决数字资源进村入户服务的资源版权、资源标准、资源格式转换等问题，破解了公共互联网服务中的资源适用性、资源管理、资源调配技术难关，为文化共享工程在三网融合条件下开展资源服务，开辟了空间和渠道。

3. 支撑公共数字文化服务技术的更新

文化共享工程在跟踪、依托国内外实用信息传播技术、数字图书馆技术的基础上，结合自身实际，大胆探索，努力创新，已经发展成拥有互联网、卫星、电子政务外网、有线电视/数字电视、镜像、移动播存等多项传输模式，形成了多种渠道向基层传输资源，为公共数字文化服务增加了稳定、快捷和方便的技术手段。国家中心通过与有关技术部门协作，借鉴农村党员干部现代远程教育工程、农村中小学现代远程教育工程等国家工程在技术上的成功经验，已经初步形成了适应三网融合、3G手机网站以及电子政务外网发展的技术规范和标准，将为进一步支撑公共电子阅览室建设，开展公益性信息服务提供了技术保障，从整体上不断提升公共数字文化服务体系的综合服务能力及技术水平。

4. 支撑基层服务点技术管理水平的提高

文化共享工程依托各级公共图书馆和文化馆、乡镇（街道）文化站、社区（村）文化室，建设技术平台和基层服务点，极大地提升和普及推广了计算机、网络、存储等现代技术，极大地提高了公共数字文化基层服务终端的信息技术水平，推动基于现代信息网络的公共数字文化服务发展。文化共享工程国家中心通过工程运行管理系统建设，对设备、资金、队伍、网点、资源等各方面情况进行网络化管理；同时加强网络监管，配备信息监控管理软件，确保文化共享工程网络信息资源服务的绿色、安全；通过及时更新省、市（县）、乡镇（街道）、村（社区）各级建设配置标准，制定开展公共互联网服务的技术标准、管理标准、服务标准，加强对基层服务点的业务指导和技术支持，提高技术管理水平，保障传输渠道的畅通。

5. 支撑公共数字文化服务基层队伍的建设

文化共享工程培养了一大批从事数字资源建设、技术保障、信息服务等方面的专业人员，为公共文化服务体系现代化提供了人才保障。拥有专兼职工作队伍 68 万人，极大地支撑了公共数字文化服务的发展。国家中心通过网络直播的方式开展远程培训，拓展了公共数字文化服务体系人员培训的手段和方式。各地注重人才的引进和人员机制的创新，在录用工作人员时，注重引进懂技术、责任心强的新生力量，丰富了公共数字文化服务体系基层人才队伍建设的途径。

（二）引领公共数字文化传播网络的创新实践

文化共享工程通过建设包括内容调度系统、互联网传输系统、数据播发系统在内的公共文化内容网络传播体系，形成了资源优质丰富、技术先进实用、传播高效互动、服务便捷贴近、管理科学规范、体系完整可控的公共数字文化传播服务体系，成为引领公共数字文化传播网络创新实践的先锋。

1. 内容调度系统

文化共享工程通过内容调度系统的建设，形成了公共数字文化资源的交换枢纽，实现了指定内容按规则由传输系统向应用系统、应用系统向资源管理系统、应用系统向应用系统的资源推送。还能够将资源信息作为资源特例接收，借助内容调度系统调用，丰富了信息资源服务手段。

2. 互联网传播系统

文化共享工程融合 CDN 与 P2P 技术，兼容 IPv4/IPv6 双协议，成功建设资源内容快速分发系统，实现了数字视频资源的大容量快速传输，以及音视频直播和点播的实时性、高流畅传输，有效保证了接入互联网的终端用户可以获得良好的视听体验。

3. 数据播发系统

文化共享工程采用模块化设计，将播发管理、播发监视、客户信息管理、文件播发、流媒体播发、公共信息播发、数据存储等模块化，同时完成文件、流媒体视频和频道、节目信息的播发，以及文字、图片、动画、音视频文件、网站更新，促进了传播资源的有效利用。

4. 全网联动传播系统

文化共享工程由国家中心负责统一规划，建设国家、省、市、县/区四级分布式互联网网站群，通过 3G 移动终端开展服务的优秀数字文化信息资源，利用 3G 移动通信网，开展数字文化服务，设立文化共享工程网络视听台，开展网络视频直播、点播和视频分享服务，打造成国内资源总量最大、参与用户最多、内容最权威、支持各种传播媒体的公共数字文化传播门户集群。

(三)推进城乡文化一体化发展的重要力量

促进城乡文化一体化发展是文化共享工程的重要使命。文化共享工程建设主要是增加农村文化服务总量,推动农村和中西部、老少边穷地区公共文化服务设施、资源、服务、现代化建设,促进农民工享受城市公共文化服务,以及向农村提供流动服务等方式促进城乡文化一体化。

1. 资源建设一体化

文化共享工程按照城乡内容一体化原则,广泛整合文化、教育、科技、农业、卫生等公共信息资源,充分利用文化系统资源充足、底蕴深厚的优势,结合国家数字图书馆工程、非物质文化遗产工程、文化精品工程等,打造精品、发展原创,在普适资源、地方特色资源、少数民族专项资源、未成年人思想道德教育专项资源等方面,统筹规划建设了丰富的面向农村、面向社区、面向少数民族群众、面向未成年人的资源库群,促进了城乡文化资源一体化。

2. 信息网络一体化

文化共享工程一方面统筹推动城市街道、社区文化中心、乡镇、村基层服务点建设,加快服务网点的建设,一方面基于多网融合技术架构,实现文化信息资源在互联网、广播电视网、移动通信、卫星网等多种传输渠道上的统一调度、统一管理、按需分配,利用电视、计算机、移动设备等终端,探索、发展、推广文化共享工程入户模式,推进文化共享工程进村入户,促进城乡居民使用现代文化服务的一体化。

3. 城乡服务一体化

文化共享工程通过建设大量的农村实用技术信息库,为农业生产提供了有效帮助,促进农民增收,推动城乡群众文化信息获取一体化。通过丰富的数字文化资源，为基层群众开展各类民族民间活动提供了丰富的优秀文化素材，推动文化活动开展一体化。针对重大自然灾害，利用专业的灾后自救、食品安全、疾病预防等数字资源，帮助抢险救灾；同时通过数字电影放映等文化服务活动，帮助灾区群众化解心灵创伤、树立重建信心，推动城乡精神文化建设一体化。

4. 倾斜特殊人群

文化共享工程通过建立公益性电子阅览室等方式，直接满足基层群众，特别是农民工、城市下岗人员等特殊群体的文化需求，促进城乡文化服务手段的一体化。通过绿色网络空间建设，配备统一的绿色上网管理软件，规范管理，利用优秀的数字文化资源，引导城乡青少年健康上网风尚。利用文化共享工程的文化资源、工作队伍、服务网络和设备设施，有计划、有步骤地开展国民文化素质、信息素质培训工作，帮助边缘化群体融入信息时代，促进特殊群体与普通人群文化一体化发展。

5. 建设管理一体化

文化共享工程通过广泛开展与数字图书馆推广工程、公共电子阅览室计划、广播电视村村通，党员远程教育工程等惠民工程项目合作，取长补短，不断增加服务内容和方法，扩大城乡覆盖范围，消除城乡服务盲点，提高城乡服务标准，完善城乡服务手段，改进文化共享工程管理绩效，促进惠民工程建设管理一体化，避免重复浪费，提高服务效益。

第三节　文化共享工程的国际借鉴与未来发展

20世纪90年代以来，发达国家和发展中国家纷纷出现了许多政府主导、以缩小数字鸿沟、建立网络接入点普及网络技术、促进农村信息化建设为主要目标的政府公益性项目。① 虽然到目前为止，像我国文化共享工程这样由政府主导、全国大规模实施的项目在国外尚未见到，但国外项目也各具特色，为我国文化共享建设提供国际经验借鉴，为文化共享工程的未来发展提供参考。

一、国际视野中的文化共享工程

(一)美国："科技机遇计划"和"社区科技中心计划"

1994 年美国商务部国家电信与信息管理局开始实施"科技机遇计划"（Technology Opportunities Program，TOP），这一项目到 2004 年结束。10 年间，联邦政府累计资助金额为 2.3 亿美元，直接带动了地方政府的配套资金 3.1 亿美元。TOP 计划的目的是为公共与非营利组织（包括学校、图书馆、医院、公共安全机构、州及地方政府等）提供新的通信技术，以使更多的民众能够拥有在公共与非营利部门使用网络的机会，并促进通信信息科技的创新和利用。TOP 计划资助的项目主要包括：以信仰和社区为基础的项目；与健康有关的项目；文化、艺术项目；城镇项目；本土项目。在 TOP 资助的项目中，促进农村经济发展、提高农村医疗水平、改善农村生活质量是重点。

美国另一项类似的项目是 1999～2005 年美国教育部主导的"社区科技中心计划"（Community Technology Centers Program，CTC）。该计划在美国连接协会（America Connects Consortium，ACC）的协助下在全美实施，目的是消除数字鸿沟，促进电脑在社区的普遍应用，进而促进教育发展、丰富社区生活。计划实施的 6 年间，共为学校和社区组织的约 500 个项目提供了超过 1.7 亿美元

---

① 李国新，刘璇，王萱. 国际视野下的"文化共享工程"[A]. //张彦博. 公共文化服务的创新与跨越：全国文化信息资源共享工程建设研究论文集. 北京：国家图书馆出版社，2010：53—64.

的资助，使人们在教育机构和其他公共组织有了更多使用电脑及网络的机会，为弱势群体接受教育、接触新技术创造了条件。

（二）英国："学习资料数字化和学习型社区网络"与"文化在线"

"学习资料数字化和学习型社区网络"（Digitisation for Learning Materials and the Community Grids for Learning）项目于 2000 年 2 月启动，旨在增加成年人通过使用信息和通信技术获得终身学习的机会，重点是帮助那些处于社会边缘的成年人和处于弱势地位的社区。项目希望通过创造新的以社区为基础的网上知识和信息的学习机会，来鼓励人们使用信息和通信技术实现终身学习。基金会拨出超过 520 万英镑用于基础设施建设、软件与内容设计、员工培训与工资、市场推广等，先后支持的子项目有 49 个，平均每个子项目投入 10 万英镑以上，最高的达 25 万英镑。

"文化在线"（Culture on Line）是英国文化媒体体育部（DCMS）2003 年 10 月启动的一项计划，目的是利用数字技术形成创新性项目，促进对国家文化遗产的开发和利用。该计划的实施方式是政府联合其他文化组织和私营部门（包括广播公司、教育行业、研究最先进的数字技术的组织）共同实施，属于政府主导的社会参与型计划。计划容纳的项目在内容上文化特色明显，互动性与参与性强。如其中比较典型且产生较大影响的项目有："我的艺术空间"——参观博物馆和画廊的游客通过手机"收集"文化艺术品；"背后的故事"——一个可以讲故事、听故事的网站；"网页设计挑战赛"——一个由青年人设计的、以青年为对象的政治网站，通过"挑战赛"发现未来的网页设计师；"铭记第二次世界大战"——英国广播公司"人民战争节目"为参加第二次世界大战的老兵提供信息技能培训和计算机连接，以协助他们参与并讲述他们的故事。

(三)印度："村村通网"工程、"数字农村"工程、"墙上之窗"项目和 Gyandoot 项目

"村村通网"(Wired Villages)是印度政府在马哈拉施特拉邦(Maharashtra)地区实施的一项试点工程,内容是利用信息技术和网络为农民提供关于气象和农作物动态的准确及时的信息,以期稳定和提高农作物的产量,保证全国农产品价格的平稳。工程的远期目标是在试点的基础上,建立全国性的农作物收成预测信息中心。

"数字农村"(Digital Village)工程是在印度政府的支持下,由"亚洲媒体实验室"(Media Lab Asia)推出的包含一系列项目的服务于农村的信息化工程。工程的理念是以甘地的理想为蓝图,通过新技术和本土文化的结合,营造一种"可持续发展的数字生态环境",建设可持续发展的新型农村。工程的主要内容是为农村的信息交流提供工具。如在农村设置信息亭(Telekiosks),提供农产品的电子交易平台。

"墙上之窗"(A Hole in the Wall)项目起源于一个实验。1999年,NIIT 首席计算机专家舒嘎塔·麦塔(Sugata Mitra)博士产生了为贫困地区的儿童提供免费、无障碍的电脑及网络使用环境的设想。他尝试把联网计算机放置在开放的公共场所,这一做法非常成功,于是产生了"墙上之窗"项目。后来 NIIT 专门成立了"墙上之窗教育股份有限公司"(Hole-in-the-Wall Education Ltd.),通过和一些公益性组织合作,利用"墙上之窗"为贫困地区的人们提供教育、培训、软件解决方案等。2007 年 11 月,墙上之窗教育股份有限公司联合国际 SOS 儿童村,在"墙上之窗"提供免费的百科全书。

2000 年,Gyandoot 项目在印度中央邦(Madhya Pradesh)达尔地区(Dhar)启动,其主要是为贫穷和农村地区建立高效、稳定

和可持续的信息亭网络接入，帮助居民参与社区和政府事务管理，降低民众与政府机构沟通的成本，并帮助有相关需求的民众快速透明地获取政府数据和材料。项目通过提供信息亭终端来进行信息通信服务。信息亭主要置于乡村社区的建筑、当地市场及人群聚居较为密集的地方，以此来帮助那些居住在附近乡村的居民获取信息。

(四)南非："数字之门"项目

南非科技部于 2002 年设立了"数字之门"(Digital Doorway)项目，由南非科学和工业研究委员会(Council for Scientific and Industrial Research，CSIR)下属的 Merka 机构具体实施。该机构是由 CSIR 管理的一个研究中心，主要致力于通过信息和通信技术基础设施促进国家经济和社会的发展。

南非的"数字之门"项目是受印度的"墙上之窗"启发而开展的。基于印度的经验，南非将该项目的重点放在了面向儿童的计算机应用、普及。具体做法是：给农村和不发达地区的基层社区提供类似街头电话亭的多媒体信息终端(每台终端配有显示器、键盘和鼠标，通过无线网络连接，并有卫星接收和 GPRS 系统)；每台终端既是一个信息资源库，又是一个计算机使用的实践场所。通过这种多媒体终端，农村和贫困社区的孩子们在家门口就可以使用计算机，并通过计算机学习科学文化知识，提高信息能力，通过 GPRS 网络了解外面的世界。

(五)智利图书馆网络项目(BiblioRedes：Abretu Mundo)

BiblioRedes 项目是由比尔及梅林达·盖茨基金会(2002—2005 年)以及智利各市政府共同出资，通过图书馆、档案馆和博物馆理事会(DIBAM)来实施。项目的目标是，面向公众以实现在新的数字时代能平等获取掌握所需的信息接入技术和能力的目标。该项目在图书馆共建 370 多家互联网接入点，共配备 2000 多台公共接入计算机，为 20 多万人提供了计算机知识培训。此外，项目还建立了七八十个青少年信息中心。从 2006 年开始，BiblioRedes 项目正式成为一项政府工程，这意味着项目的预算都由政府出资。

BiblioRedes 项目还通过对用户进行宣传和沟通帮助人们克服使用信息技术的恐惧心理，并且同样关注提供高质量的培训。所有的图书馆都可以通过免费热线电话、电子邮件或即时消息为图书馆员工提供技术支持和培训资料。对于用户的信息技术培训通常是以面向职业培训为主，同时也包括一些信息技能培训，以增加就业机会。项目同样为那些自行制定学习进度的人提供学习指南和网上课程。

(六)埃及 IT 俱乐部项目(Information Technology Clubs)

IT 俱乐部项目是由埃及信息通讯技术部(Ministry of Communication and Information Technology，MCIT)在 2000 年启动的项目，此项目同时亦是其国家信息社会战略之一。项目的目标是使社会中每个公民都能加入信息革命，为所有人提供获取信息技术和知识的机会，并使他们从中获益。

IT 俱乐部提供给偏远地区的居民新的宽带接入、用于上网的计算机和支付少量费用的信息技术培训课程，避免他们因资金缺乏或计算机应用技能不足而享受不到相应的服务。IT 俱乐部对于选址和本地负责的组织有较为明确的要求：附近缺乏网络接入点；与其他大部分公共设施相邻；在合适的工作时间都可使用 IT 俱乐部；组织主要服务于 10～25 岁人群；组织要有合格的人员管理 IT 俱乐部；允许成功的商业组织参与组织的管理。因此，IT 俱乐部多选择已经存在的教育机构作为服务场所。如各类学校和青少年中心，因为所选地址是服务于目标人群的理想场所。IT 俱乐部同时也兼顾选择低收入地区人口最为集中的地方作为服务场所，从而为那些以前不能使用网络和现代计算机的人们提供服务保障。

IT 俱乐部提供涵盖范围极广、层次水平多样化的计算机课程，从基本的打字技能到复杂的网络程序使用均有涉及。此外，还鼓励成员们利用计算机其他程序完成其独立的学习过程和目标。

IT 俱乐部项目的主旨在于提高农村和低收入地区人们的信息意识和计算机素养。为保证 IT 俱乐部项目的可持续发展，MCIT除负责统一管理外，还非常重视与地方及当地的组织进行紧密合作，这些组织主要包括青少年中心、各级各类学校、公共图书馆、信息中心、企业联合会、文化机构、非政府组织、清真寺和隶属于教堂的学会等。这种合作项目的运行模式为：MCIT 部负责为IT 俱乐部提供硬件和软件，包括计算机、打印机、外围设备、软件许可、LANs 和租借线路，以及负责训练俱乐部的管理者和培训人员、监督及评估等。地方及当地组织负责提供场地、设备、家具和安全设施等相关设施。

(七)电子斯里兰卡项目(e-Sri Lanka)

2004 年，斯里兰卡政府开始实施电子斯里兰卡项目，目的是为农村地区的人口接入网络，使他们获得交流的信息和技能。主要通过提供四种不同的远程计算机中心设施：农村知识中心、电子图书馆、远程电子学习中心和室外计算机亭来实现。其服务的主要目标人群是小型农村社区人口(特别是农民和农村青少年)，人口为 2000～5000 人，当地中学至少有 300 个学生。项目同时也通过网络为更多的人提供远程基本的计算机技能培训，主要包括学生、小型企业员工、妇女和残疾人。并且，使农村学校也可以使用中心的资源支持其教学活动，以提高教学质量和降低教育成本。

电子斯里兰卡项目采取国家政府主导、多机构合作的运作模式。斯里兰卡国家信息通讯技术局(Information and Communication Technology Agency，ICTA)负担全部项目，包括计划、活动管理、确保各项目符合其他的政策和指南要求并确保项目质量。ICTA 提供资金用于购买中心需要的设备和软件，并统筹规划在项目开始实施的前 4 年逐年减少经费。在项目之初，ICTA 提供前两年的全部经费，第三、四年分别提供 2/3 和 1/3 的经费，此后维系项目运行主要靠政府津贴和私人部门投资、非政府组织和当地公共服务机构(公共图书馆、当地学校、社区中心)以及当地政府提供支持合作。

二、国外类似项目的主要特点

(一)政府主导，实现方式多样化

从以上实施的项目来看，各国的这类项目都是由政府策划组织。在有的国家，项目的具体实施虽然是由一些非政府组织来负责操作，但政府有有效的管理和监督。例如，电子斯里兰卡项目就是采用国家政府主导、多机构合作的运作模式；Gyandoot 项目也是政府主导、多组织参与合作的混合组织模式。这类政府项目需要的资金，一般都数额较大，国家强有力的经费投入是项目实施的坚实依托。所谓"国家投入"，多数是政府直接拨款，也有的是通过福利彩票或基金会等形式筹措，只有个别项目是由公司或非营利组织独立解决资金问题。

(二)主要面向基层、农村和弱势群体

不论发达国家还是发展中国家，这类项目的主要受益者都是基层、农村的老百姓和弱势群体。美国的"科技机遇计划"只支持学校、图书馆、医院、公共安全机构、州及地方政府等非营利组织，目的是"使更多的民众能够拥有在公共与非营利部门使用网络的机会"；美国的"社区科技中心计划"、英国的"学习资料数字化和学习型社区网络计划"都是直接援助基层社区，重点是弱势社区和社区中的弱势人群。印度、南非、斯里兰卡的项目，更是直接面向农村。

(三)"从娃娃抓起",有效提升少年儿童的信息素养和信息能力

各国的此类项目,基本上都把养成少年儿童使用信息和通信技术的能力放在了非常重要的位置,虽然形式和内容有异,但都是为提供少年儿童接触和使用计算机与网络、学习知识、获取信息的平台。例如,斯里兰卡项目主要面对的就是农村的青少年人群,埃及的 IT 俱乐部项目也主要服务于 10～25 岁人群。在发达国家,这类项目在向网络环境下实时互动的方向发展,如英国的"文化在线"项目。

(四)对资源建设和传输通道建设的重视程度因国而异

一般地说,发达国家更重视资源传输通道建设,发展中国家更重视资源建设。如美国的项目,重点是增强基础技术应用条件和网络优化建设,以使更多的人特别是弱势人群能够比较方便地应用网络和计算机,并没有专门的资源提供。而印度的"墙上之窗"、南非的"数字之门",埃及的 IT 俱乐部等项目,资源建设都是重点。他们的资源建设不仅提供文本、视频和多媒体,还提供实用软件,这对于提高人们利用计算机和网络的能力是非常有益的。

三、文化共享工程的国际经验借鉴

(一)坚持以资源建设为核心,增强资源的适用性和针对性

资源建设是文化共享工程的核心工作。文化共享工程在资源建设上强调要充分体现"三贴近"原则:贴近农村、贴近基层、贴近百姓,这实际上是强调资源的适用性和针对性,也是世界各国类似项目普遍重视的问题。文化共享工程在这方面做出了许多努力,取得了明显效果。借鉴国际经验,文化共享工程在强化资源

的适用性、针对性方面还可以做得更为精细和深入。举例来说，文化共享工程提供了大量的国家与地方艺术精品节目，这对于普及高雅艺术、提高公众的艺术鉴赏力十分必要。但农村文化活动的一个显著特点是农民参与热情高，不仅有"看"的需要，更有参与其中、自娱自乐的要求。因此，对于地方特色明显，具有指导、示范和教学特色的视频资源需求旺盛，文化共享工程应该进一步加强有针对性地建设适合农村开展互动性文化活动视频资源的力度。

(二)在"资源共享"的基础上，为信息能力的普及提供条件与平台

据 CNNIC 第 29 次中国互联网络发展状况统计报告，截至2011 年年底，农村上网人数达到 1.36 亿，比 2010 年增加 1113万，占整体网民数量的 26.5%。统计数据表明，近年来，我国农村网民比例在低位徘徊，其中包含中国城市化进程加快、大量农村人口涌入城市等整体人口结构变动因素的作用，然而农村居民自身缺乏电脑和网络使用技能是制约我国农村地区互联网发展的重要障碍：2011 年有 57.8% 的农村非网民表示"不懂电脑/网络"是其不上网的原因，这一比例在城镇非网民中为 45.7%。在大力改善农村地区互联网接入条件的同时，提升农民网络使用技能和意识也是缩小互联网城乡发展差距的重要手段。

到目前为止，文化共享工程的主要目标是解决资源建设、资源传送、资源共享的问题。其实，缩小数字鸿沟，仅有数字资源的被动"欣赏"还不够，相比而言，数字资源的主动获取更为重要。主动获取的前提，是具有基本的计算机和网络的使用能力。文化共享工程可以借鉴国际经验，在资源共享的基础上，探讨与信息能力普及相结合的可能性。进一步加大培训力度，提高基层服务点工作人员的工作技能和服务水平。目前在我国农村，特别是中西部农村的计算机和网络发展水平上，文化共享工程基层点如果能拓展出信息能力的实践、普及功能，相信会产生更大的吸引力，资源的适用性、针对性会由被动接受到主动获取的转变大为提升，资源的利用效益会明显改观。

（三）加快走进农村中小学的步伐，拓展为儿童和青少年服务的空间

世界各国的类似项目，不论是能力普及型的还是资源提供型的，往往都有一个共同的特点，即特别重视儿童和青少年的利用需求。文化共享工程自实施以来一直强调进农村、进社区、进部队、进学校。就中国的现实情况而言，"进学校"是文化共享工程扩大对儿童和青少年覆盖面最有效的切入点。农村中小学对课程教学和素质教育的保障资源有现实和迫切的需求。目前，我国70％左右的中小学校建立了图书馆，2亿左右的中小学生人均拥有的学校图书馆藏书在10册左右，这一平均指标，大大低于教育部《中小学图书馆（室）规程》的规定。还有30％的中小学校根本没有图书馆，这样的学校主要集中在农村。一所学校缺少教育保障资源或根本没有图书馆，如何指望教育质量的提高？如何实现教育资源的公平享有？因此，文化共享工程的资源和设备进学校，特别是走进农村的中小学校有广阔的需求空间。另一方面，从资源利用和使用效益的角度看，以儿童和青少年为主体的中小学校也应该是最好的选择之一。因为学校有水平相对整齐的利用群体，有强烈的利用需求，有比较明确的目标资源，还有资源利用和技能辅导的力量，这些都是充分发挥资源和设备效益的有利条件。借鉴国际经验，立足中国现实，文化共享工程加快走进农村中小学校的步伐，将会在普及科学文化知识、助力素质教育、缩小数字鸿沟等方面产生深远的影响。

四、文化共享工程的未来发展

未来的文化共享工程将建设成为资源丰富、技术先进、传播高效、服务便捷、管理科学的公共数字文化服务体系，在实现和保障人民基本文化权益上取得新突破、迈出新步伐、开创新局面，为我国公共数字文化服务提供整体性支撑，为消除数字鸿沟、增进人民福祉发挥关键性作用，成为我国公共数字文化服务体系建设的主力军和领头雁。

(一)总体目标

根据《国家"十二五"时期文化改革发展规划纲要》提出的发展目标，"十二五"时期，文化共享工程将进一步巩固文化共享工程在公共文化体系建设中的战略性、基础性地位，以数字资源建设为核心，以打造精品、优化应用为重点，以全面推动共建共享为途径，建立长效机制，创新服务方式，为公共文化服务体系建设提供强有力的技术和内容支撑，努力实现优秀文化信息资源全民共享，最大限度地发挥社会效益。

在巩固完善文化共享工程基础设施建设的基础上，丰富数字资源，扩展服务网络，优化技术平台，创新机制，完善管理，加强服务，提升效益，将文化共享工程建成资源丰富、传播高效、服务便捷、管理科学的公共数字文化品牌工程。到 2015 年，文化共享工程数字资源总量达到 530TB，服务网络实现从城市到农村的全面覆盖，公共电子阅览室基本覆盖全国所有乡镇和街道、社区，入户率达到 50％。

(二)公共电子阅览室建设计划

实施"公共电子阅览室建设计划"是国家为适应信息化、数字化、网络化的发展要求，进一步加强公共数字文化建设，提高公共文化服务能力，推动覆盖城乡的公共文化服务体系建设，切实保障人民群众的基本文化权益，提高公民的思想道德素质和科学文化素质的重点公共数字文化服务工程。根据《文化部、财政部关于印发〈"公共电子阅览室建设计划"实施方案〉的通知》（文社文发〔2012〕5号），建设的总体目标是以科学发展观为指导，坚持公益性、基本性、均等性、便利性原则，以保障人民群众基本的文化权益为目标，以未成年人、老年人、进城务工人员等特殊群体为重点服务对象，依托文化共享工程的服务网络和设施，以及文化共享工程、国家数字图书馆丰富的数字资源，与文化共享工程建设、乡镇文化站建设、街道（社区）文化中心（文化活动室）建设以及中央文明办组织实施的"绿色电脑进西部"工程相结合，在城乡基层大力推进公共电子阅览室建设，努力构建内容安全、服务规范、环境良好、覆盖广泛的公益性互联网服务体系。

"十二五"期间，结合文化部、财政部组织实施的"三馆一站"免费开放工作，推动已建公共电子阅览室的免费开放。将在文化共享工程县级支中心及基层服务点的基础上，按照文化部制定印发的《公共电子阅览室设备配置标准（试行）》，提升、完善设施条件，配备统一标准的信息安全管理软件，建设一批标准、规范的公共电子阅览室。依托文化共享工程和国家数字图书馆资源，加大整合共建力度，建设以先进性、知识性、趣味性为一体的、基层群众喜闻乐见的公共互联网数字资源库群。充分应用云计算、智能服务、流媒体、移动互联网等最新实用技术，与"三网融合"发展战略紧密结合，依托已有的技术管理平台，建立先进实用、安全可靠、开放互联的公共电子阅览室技术平台。坚持建设、管理与服务并重，建立、健全制度规范，树立良好形象，努力提高公共电子阅览室建设水平。结合"三馆"免费开放工作，建立、健全经费保障机制，为公共电子阅览室的建设和运转提供经费保障。同时，积极探索社会力量参与公共电子阅览室建设的新路，在保障公共电子阅览室公益性的前提下，争取社会力量的支持，到2015年全面完成建设计划并提供服务。

【本章小结】

文化共享工程，是利用现代信息技术实现数字文化内容在全国范围内共建共享的国家重点文化创新工程。自 2002 年启动以来，文化共享工程经历了筹备试点、快速发展和深化拓展三个不同时期的重要发展阶段，显示出以政府主导为前提、数字资源建设为核心、网络传播为特征、分级管理为手段、合作共建为机制、组织支撑为保障、人才队伍为基础、均等化服务为目标的八大特征。

文化共享工程，是构建社会主义核心价值体系的重要组成部分，是实现人民群众基本文化权益的重要途径，是网上思想文化建设的前沿阵地，是推动文化科技创新的重要力量，从而为公共数字文化服务体系建设奠定了坚实基础。与此同时，文化共享工程建立的一套行之有效的技术管理、信息服务和运行保障的独特体系，已经成为支撑公共数字文化服务体系建设的重要平台，已经成为引领公共数字文化传播网络创新实践的先锋，已经成为推进城乡公共数字文化一体化的重要力量。

20 世纪 90 年代以来，无论在发达国家还是在发展中国家，都出现了许多政府主导的、以缩小数字鸿沟、建立网络接入点普及网络技术、促进农村信息化建设为主要目标的政府公益性项目。这些项目直接面向农村和社区开展公益服务，虽然规模没有文化共享工程这样宏大，但也为我国文化共享建设提供了可借鉴的国际经验。

未来的文化共享工程，将建设成为资源丰富、技术先进、传播高效、服务便捷、管理科学的公共数字文化服务体系，在实现和保障人民基本文化权益上取得新突破、迈出新步伐、开创新局面，为我国公共数字文化服务提供整体性支撑，为消除数字鸿沟、增进人民福祉发挥关键性作用，成为我国公共数字文化服务体系建设的主力军和领头雁。

【思考题】

1. 什么是文化共享工程？它有什么特点？

2. 如何正确理解文化共享工程在公共数字文化服务体系建设中的定位？

3. 为什么说文化共享工程引领了公共数字文化服务体系建设？

4. 如何正确理解文化共享工程在城乡文化一体化发展中的作用？

5. 文化共享工程未来发展目标是什么？

6. 简述文化共享工程与公共电子阅览室的关系。

【推荐阅读】

张彦博. 公共文化服务的创新与跨越——全国文化信息资源共享工程建设研究论文集. 北京：国家图书馆出版社，2010.

第二章　文化共享工程的
组织支撑体系与保障制度

【目标与任务】

　　本章主要目的是帮助学习者深入了解文化共享工程十年来的发展历程与实施效果，全面掌握文化共享工程的组织支撑体系、管理保障制度及其运行评估机制。学习者在全面了解文化共享工程组织架构体系的基础上，能够掌握六级管理组织体系各层级的实施主体与职责，知晓各类组织协调指导机构的重要作用，熟悉各类管理制度与标准规范，特别是公共电子阅览室的管理制度与规范；在了解文化共享工程与农村党员干部现代远程教育工作等合作共建的过程中，深刻领会"合作共建是文化共享工程建设的核心理念和基本途径"的基本内涵；能够全面掌握文化共享工程的基层人才队伍的建立与培训机制；中央财政与地方财政的经费分担机制；能够深入了解文化共享工程绩效评估的基本原则与基本要素，及其系统内外的评估督导制度。为此，本章涵盖的主要内容包括：文化共享工程的组织体系架构、合作共建模式、人才与资金保障制度、绩效评估制度等。

　　作为政府主导的文化惠民工程和创新工程，文化共享工程自2002年实施以来，经过十年建设实践，已经建立起覆盖城乡的公共数字文化服务体系，在丰富和活跃群众文化生活、传播社会主义先进文化、缩小"数字鸿沟"、促进经济社会协调发展等方面发挥了积极作用，受到了广大基层群众的热烈欢迎。文化共享工程在建设实践过程中，也不断建立和完善自身的制度建设，逐步形成了具有中国特色的组织支撑体系与人才资金、绩效管理等保障制度，建立了一系列组织管理标准规范，从而为创建和实施国家重大文化惠民工程积累了丰富经验，为建立、健全我国公共文化服务体系建设提供了典型案例。

第一节　文化共享工程组织体系架构

文化共享工程的建设目标，是把文化信息资源传送到城乡基层文化网点和人民群众身边，它既是一项文化建设项目，也是一项政府工程。在文化共享工程实施过程中，需要依托已有的各级各类文化设施网点，利用其网络和软硬件环境，整合文化艺术资源，避免重复建设，实现资源共享。因此，必须建立、健全文化共享工程的组织体系，遵循统一领导、统筹规划、分级管理、分级负责的原则，进行科学规划，统一标准，加强管理，分步实施。经过不断探索实践，文化共享工程已经建立起了一套与之相适应的从中央到地方比较完整的组织支撑体系。

一、分级管理组织体系

文化共享工程在管理实践中，探索总结出"国家中心——省级分中心——地(市)级支中心——县(市)级支中心——乡镇(街道)基层服务点——村(社区)基层服务点"六级管理组织体系，每一层级都有相应的实施主体。经过多年的不断完善，各层级的职责日益明确，功能日益完善。

(一)国家中心

原文化部全国文化信息资源建设管理中心是文化共享工程的国家中心。它是文化部直属全民所有制事业单位，成立于2004年

2月，履行着文化共享工程的资源建设中心、技术支持中心、培训教育中心和管理服务中心的相关职责。国家中心依托文化共享工程，为加快构建覆盖城乡的公共数字文化服务体系建设，保障基层群众基本文化权益而开展相应的网点建设、资源建设、队伍建设、技术支持及基层服务工作。

在资源建设方面，国家中心既要负责组织落实文化共享工程国家中心的资源建设，还要组织协调各省级分中心地方特色资源建设。采取多种措施整合优秀资源，促进文化信息资源共建共享，以满足基层群众特别是老少边穷地区基层群众的文化需求。

在技术支持方面，国家中心负责跟踪现代信息技术的发展，创新文化共享工程技术服务模式，推动先进、实用技术的应用。建设和完善文化共享工程的资源建设系统、资源服务系统和运行管理系统，为文化共享工程的整体运行提供技术支撑。

在培训教育方面，国家中心负责指导文化共享工程的整体培训工作，制定培训大纲，编辑培训教程，指导各级中心按计划开展管理与组织、技术与标准、基层服务、宣传能力、师资队伍等方面培训。举办省级分中心业务骨干培训班，并协助省级分中心和相关机构开展对市、县级支中心和乡镇（街道）、村（社区）基层工作人员的培训。

在管理服务方面，国家中心负责编制文化共享工程总体规划、实施方案与年度计划；管理文化共享工程国家中心建设经费，编制预算草案和决算报告；制定有关项目管理办法与验收办法；选定、推广有关建设标准规范；积极与国家有关重点项目开展合作共建；指导各省级分中心的业务建设；交流各地建设经验，开展各种培训，调动各地共建共享的积极性和创造性。

截至2011年年底，国家中心内设综合管理处、财务处、规划发展处、资源建设处、技术管理处和培训指导处等组织机构。2012

年11月，文化部全国文化信息资源建设管理中心更名为文化部全国公共文化发展中心，继续承担文化共享工程国家中心的职责。

(二)省(市、区)级分中心

全国31个省、自治区、直辖市依托省级公共图书馆先后设立了33个省(区、市)级分中心，统称省级分中心；广西壮族自治区在自治区首府和桂林市设立了两个省级分中心；新疆生产建设兵团设立了文化共享工程省级分中心。这些省级分中心在当地省级文化厅(局)的领导下，具体承担本地区文化共享工程建设。截至2011年年底，河北、辽宁单独设置机构承担省级分中心工作；贵州、宁夏、甘肃等省级分中心增加了编制，北京、天津、吉林、黑龙江、内蒙古、浙江、福建、江西、湖南、海南、重庆、云南、陕西等地在本省(市、区)图书馆内设立文化共享工程专门机构，负责省级分中心运行。

省级分中心是各省开展技术服务、数字资源建设、人员培训的中心。负责本省文化共享工程网络运行的维护，承担着本省资源镜像站建设和特色数字资源建设，担负着本省文化共享工程各级支中心和基层服务点建设的指导工作和相关人员的培训工作。通过不断完善管理机制，负责对本省文化共享工程各级分中心和基层服务点建设，开展组织协调、管理服务和绩效考核工作。

(三)地(市)级支中心与县(市)级支中心

地(市)级支中心和县(市)级支中心，只是级别不同，但是功能相同，因此又常常合称为市、县级支中心。

市、县级支中心，一般依托于市、县级公共图书馆开展工作，是文化共享工程服务网络建设中的重要环节。文化共享工程在实施初期，把基层服务点的管理指导工作直接划归给省级分中心负责。在实践过程中发现，由于省级分中心一般位于省会城市，且大多数省份地域辽阔，在实际运作时存在着很大的困难。因此，建立市、县级支中心分担本地区所辖文化共享工程基层服务点的管理指导职责，在实际运作中取得了较好的效益，也更加符合分级管理工作的需要，这是在实践中探索出来的可行经验。

市、县级支中心必须具备数字资源的存储能力、传输能力和服务能力，承担起本地区基层服务点的组织管理、资源更新、技术维护、人员培训和绩效考核等工作。

(四)乡镇(街道)基层服务点

乡镇(街道)基层服务点，一般建立在乡镇文化中心(综合文化站)、城市社区文化中心(街道文化站)内，主要是利用国家中心、省级分中心及市、县级支中心提供的信息资源，面向广大基层群众，开展各类数字文化服务工作。

乡镇(街道)基层服务点，一般还承担着本地区的村(社区)基层服务点的管理和指导工作。

(五)村(社区)基层服务点

村(社区)基层服务点，一般建立在农村文化活动室、城市社区文化活动室内，主要是利用国家中心、省级分中心及市、县级支中心提供的信息资源，最大限度地满足基层群众的精神文化需求，承担数字文化信息服务和基层群众信息需求反馈的任务。

二、组织协调指导机构

分级管理组织体系有效推进了文化共享工程的稳步、深入、全面地开展数字文化服务工作。由于文化共享工程是政府重大文化惠民工程，建设规模宏大，牵涉面广泛，需要依托政府部门的领导和专家学者的指导，需要各级各部门之间的协调合作、互通信息、互相配合、形成合力。因此，产生了一些文化共享工程的组织协调指导机构。此处只列举国家层级常设的或临时性的组织协调与指导机构。

(一)全国文化信息资源共享工程部际联席会议制度

为了组织协调中央各部委之间在文化共享工程方面的合作，

经国务院同意，2006年4月29日建立了由文化部牵头的"全国文化信息资源共享工程部际联席会议制度"（以下简称部际联席会议）。

部际联席会议的主要职责是：在国务院领导下，研究拟订全国文化共享工程建设的重大政策措施，向国务院提出建议；协调解决推进全国文化共享工程建设中的重大问题；讨论确定工作重点并协调落实；指导、督促、检查全国文化共享工程建设的各项工作。

联席会议成员，主要由文化部、教育部、财政部、发展改革委、科技部、农业部、卫生部、广电总局、国家版权局、国务院法制办等部、司级领导担任。联席会议办公室设在文化部，承担联席会议的日常工作。

联席会议的工作规则是每年召开1至2次例会。根据党中央、国务院领导指示或工作需要，可以临时召开全体会议或部分成员单位会议。联席会议以会议纪要形式明确会议议定事项，经与会单位同意后印发有关方面，同时抄报国务院。

联席会议制度的建立，也为各省（市、区）根据本地区的实际需要，建立起相应的组织协调机制，如"厅（局）际联席会议制度"，统一部署、协调文化共享工程建设中的重大问题，提供了示范。

（二）全国文化信息资源共享工程领导小组

2002年文化共享工程启动时，由文化部和财政部的部领导以及相关司局、直属单位的主要领导组建了文化共享工程领导小组。其主要职能是：宏观规划建设方向；组织协调、指导资源建设和信息服务；协调网络通道使用；协调与有关部委、单位、地方主管部门的关系等事宜。

具体职责包括：负责制订文化共享工程有关政策和工程建设规划，审定实施方案；组织专家对重大技术问题进行论证；指导、协调全国性的资源建设和技术研发；负责与有关部委的协调；审定年度工作计划并监督执行；制订国家中心职责，指导、监督国家中心的运行；制订文化共享工程管理办法，审定项目管理实施细则；批准文化共享工程有关技术标准规范的实施，指导人员培训工作；制订文化共享工程专项资金管理办法，审定专项资金预算方案，指导、监督、检查专项资金的使用；指导各地制订文化共享工程实施方案。

领导小组下设办公室，其主要职责是：组织起草建设规划和编制实施方案；负责专项资金的管理与使用；制订年度工作计划；制订国家中心章程，监督国家中心的运行；承担领导小组的日常工作等。办公室设在文化部。

(三)全国文化信息资源共享工程专家咨询委员会

全国文化信息资源共享工程专家咨询委员会(以下简称专家咨询委员会)，由文化部聘请有关专家组成。专家咨询委员会的主要职责是：协助领导小组对文化共享工程的规划、实施方案、资源建设、标准规范、技术路线等重大问题进行咨询与论证。

由此，分级管理组织体系与组织协调指导机构，共同构成了文化共享工程的组织支撑体系，为建立覆盖城乡的比较完善的公共数字文化服务网络，让群众广泛享有免费或优惠的基本公共文化服务，提供了坚实的组织保障。

三、管理制度与标准规范

在文化共享工程组织支撑体系的建设过程中，逐步建立起了各级中心、基层服务点的工作职责与任务、统一规范的名称与标识、资金管理办法与使用范围、信息资源建设指南、各级分中心和基层服务点的系统设备配置等一整套管理制度的规范体系，从而使得各级中心、基层服务点的管理工作有章可循、有据可查，

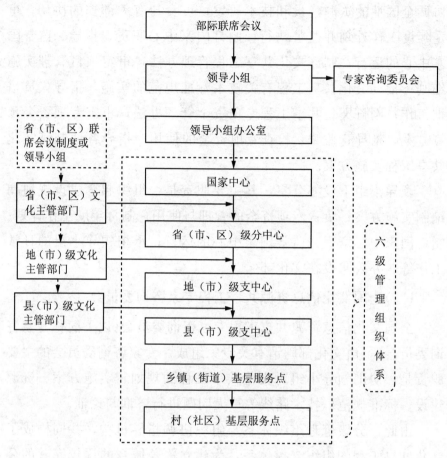

图 2-1　文化共享工程组织支撑体系基本框架

确保了文化共享工程的顺利实施和全面展开。

（一）基本管理制度

1.《全国文化信息资源共享工程实施方案》及《全国文化信息资源共享工程第一阶段实施方案》

2002 年 4 月 17 日，文化共享工程正式实施之际，文化部、财政部下发了《关于实施全国文化信息资源共享工程的通知》（文社图发〔2002〕14 号）的重要文件，提供了《全国文化信息资源共享工程实施方案》。该方案针对文化共享工程实施的必要性与可能性，实施的总体目标和网络、资源、服务框架，分级管理的组织架构与任务，数字资源建设与服务，技术实现与分级管理分工，实施步骤，以及组织支撑和资金保障等，都作了详细阐释，成为实施文化共享工程最基本的管理制度。

由于文化共享工程是一项全新的重大文化惠民工程，2002 年是正式启动的第一年，实施的顺利与否，将直接关系到今后几年的全面开展，因此，2002 年 6 月 30 日，文化部又制订了《全国文化信息资源共享工程第一阶段实施方案》。该方案对文化共享工程 2002 年度所要实施的内容进一步细化。它确定了四项实施原则，制订了八项工作目标，提出了六项实施内容，明确了经费来源和使用范围。从而为 2002 年度的管理工作提供了清晰的工作思路和明确的努力目标。

2.《全国文化信息资源共享工程管理暂行办法》

为了规范和加强文化共享工程的组织、管理工作，2002 年 6 月 30 日，文化部制订了《全国文化信息资源共享工程管理暂行办法》。该办法确立了文化共享工程的基本性质是"公益性为主、社会效益第一"，确立了文化共享工程组织管理的基本原则是"统一领导、统筹规划、分级管理、分级负责"。该办法还明确了文化共享工程中的领导小组及办公室、专家咨询委员会、国家中心、省（区、市）分中心、基层中心等各自的主要职责，省（区、市）分中心和基层中心应具备的人、财、物等基本条件和基本的服务要求，成为各级中心日常管理的依据。

3.《全国文化信息资源共享工程"十一五"规划》

文化共享工程经过几年的建设，服务网络基本形成，资源建设初具规模，技术保障逐步完善，服务效果初步显现。2006 年 6 月 15 日，为了适应新形势的需要，文化部制订了《全国文化信息资源共享工程"十一五"规划》。该规划主要阐明了文化共享工程的指导思想和总体目标，明确了工作任务和保障措施，是"十一五"期间文化共享工程的工作指南，是实施部门、单位履行各自职责的重要依据。

4. 文化共享工程各级机构名称与标牌的规范

根据《文化部、财政部关于进一步推进全国文化信息资源共享工程的实施意见》中"建立和完善以国家中心、省级分中心、市县支中心、社区和乡镇、村基层服务点为主体的四级服务体系"的要求，2007年5月21日，文化共享工程领导小组办公室印发了《关于规范全国文化信息资源共享工程各级机构名称与标牌的通知》（共享办[2007]2号），统一规范了文化共享工程各级机构的名称与标牌内容。

5.《全国文化信息资源共享工程"十二五"规划纲要》

"十一五"期间，文化共享工程取得了丰硕成果，覆盖城乡的服务网络基本建成，数字资源初具规模，技术平台日趋成熟，管理体系不断完善，服务效果成绩显著，初步实现了优秀文化信息资源在全国范围的共建共享。为深入贯彻党的十七届六中全会精神，全面实现"十二五"奋斗目标，充分发挥文化共享工程在公共文化服务体系建设中的重要作用，推动社会主义文化大发展大繁荣，编制了《全国文化信息资源共享工程"十二五"规划纲要》。

该规划纲要主要阐明了文化共享工程的指导思想与"十二五"期间的发展目标，明确了工作任务和保障措施。提出到2015年，实现从城市到农村服务网络全覆盖，通过有线电视、直播卫星、通信网、互联网等多种方式进入居民家庭，入户率达到50%，数字资源总量达到530百万兆字节；建设公共电子阅览室，实现全国所有乡镇和街道、社区全覆盖。这是"十二五"期间文化共享工程的工作目标，是各级中心和基层服务点建设的重要依据。

(二)专项资金管理制度

1.《全国文化信息资源共享工程专项资金管理暂行办法》

文化共享工程专项资金，是中央财政安排用于对全国文化信息资源进行数字化加工、整合，并通过网络为社会公众享用的文化工程及其相关管理工作的补助经费。专项资金必须专款专用，任何部门和单位不得挤占、挪用。

为了规范和加强文化共享工程专项资金的管理，提高资金使用效益，2002 年 7 月 1 日，文化部、财政部联合印发了《全国文化信息资源共享工程专项资金管理暂行办法》。该办法明确了专项资金专款专用的基本原则和具体的使用范围，提供了专项资金的申请和审批程序及其相关表格，制订了专项资金的管理与监督措施。

2.《全国文化信息资源共享工程试点工作资源建设经费管理办法》

资源建设费，是指中央财政拨付给各省、自治区、直辖市，用于建设文化共享工程资源的专项经费。

2006 年 9 月 28 日，文化部为了加快文化共享工程建设，决定于 2006 年 7 月至 2007 年 6 月在全国开展文化共享工程试点工作，制定了《全国文化信息资源共享工程试点工作资源建设经费管理办法》，该办法主要用于规范和加强文化共享工程试点县资源建设经费的管理，提高资金使用效益。

(三)资源建设管理制度

1.《全国文化信息资源共享工程试点工作资源建设指南》

2006 年 12 月 15 日，为加快文化共享工程建设，加强试点工作中资源建设的规范管理，国家中心制定了《全国文化信息资源共享工程试点工作资源建设指南》，用于指导试点期间各地的资源共建共享，旨在确保各省级中心能够又好又快地建设资源，增大数量、提高质量，统一规范标准、扩大服务范围，避免重复建设、加强资金监管。内容包括资源建设的原则与要求、选题重点与指南、资源形式与标准规范等。

2.《全国文化信息资源共享工程 2007 年度地方资源建设指南》

2007 年 10 月 16 日，文化共享工程领导小组办公室在总结 2006 年试点工作资源建设经验的基础上，制定了《全国文化信息资源共享工程 2007 年度地方资源建设指南》，包括资源建设原则与要求、资源建设选题重点与选题指南、资源建设标准规范指南，用于指导各省的地方资源建设工作。其目的就是为了加大文化共享工程资源建设的力度，加强地方资源建设的规范管理，确保各省级分中心又好又快地建设资源，增加数量、提高质量，统一规范标准、推进共建共享，加强资金管理、避免重复建设，以丰富、适用、优质、多样的数字资源，满足广大城乡基层群众的需求。

3.《全国文化信息资源共享工程 2011 年度地方资源建设指南》

2012 年 1 月 9 日，为了推进地方资源建设工作开展，进一步加强对各地实际工作的指导，文化部办公厅印发了《全国文化信息资源共享工程 2011 年度地方资源建设指南》（办社文函［2012］6号）。该指南要求各地加强领导、严格管理，按时高质量完成资源建设任务，资金管理做到专款专用，提高使用效率；加强调研、做好规划，着力建设一批能满足人民群众精神文化生活需要、为群众所喜闻乐见的精品资源；提高建设质量、妥善解决版权，为今后资源的各项使用提供保障。

由于资源建设涉及多种标准规范的应用，该指南还提供了视频资源制作、专题数据库、少数民族语言译制等多种现行相关标准及资源征集合同样本。

4.《关于做好 2012 年度全国文化信息资源共享工程地方资源建设工作的通知》

"十二五"期间，中央财政进一步加大对文化共享工程地方资源建设的支持力度，在 2011 年已下拨 1.2 亿元的基础上，2012 年计划投入 1.62 亿元用于地方资源建设。为此，2012 年 8 月 24 日，文化部办公厅专门下发了《关于做好 2012 年度全国文化信息资源共享工程地方资源建设工作的通知》，更加注重依托专业力量指导资源建设工作。通知指出，文化共享工程国家中心将组建全国文化共享工程资源建设专家委员会，负责对全国文化信息资源建设项目的评审、指导、验收。同时也要求各省（区、市）文化厅（局），组建本省（区、市）文化共享工程资源建设工作领导小组，组长由文化厅（局）主要领导担任，负责本地区资源建设工作的组织领导、统筹规划，从而进一步加强资源建设的组织领导。

（四）设备配置标准规范

文化共享工程是依托现代信息技术建立起来的覆盖城乡的重大文化工程，因此，各级中心和基层服务点的系统设备是顺利实施文化共享工程的物质基础。由于信息技术、通信技术等发展速度较快，因此相应的信息设备更新也较快，为了保证文化共享工程服务的有效开展，各级中心、基层服务点的系统设备的配置也需要根据实际情况进行及时更新。

1. 省（区、市）级分中心

2002 年 6 月 30 日，文化部在《全国文化信息资源共享工程第一阶段实施方案》中，提出了以新建省（区、市）级分中心为对象的设备配置与基本预算方案。包括硬件、系统软件、文化信息资源共享应用软件、网络建设与运行等费用，基本预算为 239 万元。

2009 年 7 月 16 日，文化部制定了 2009 年文化共享工程省级分中心的配置标准，即《省级分中心配置标准(2009 年度)》，包括中控机房、多媒体演示厅、流动服务、电子阅览室、资源加工及办公区域等所需要配备的设备、数量及要求。

2010 年 9 月 3 日，文化部办公厅制定了《2010 年度省级分中心配置标准》，在 2009 年配置标准的基础上，进行了进一步的优化。并且提出，为了保证省级分中心设备的可靠运行建议各省通过集成商的方式对所有设备进行统一管理和维护。关于软件，除了卫星接收软件由国家中心提供外，其他软件由当地自行采购或开发。

2. 地(市)级支中心

2008 年 8 月 22 日，文化共享工程领导小组办公室制定了《2008 年度地(市)级支中心系统配置标准》，按照 120 万元标准进行配置，分为必配项和选配项两大类。必配项为各地应达到的基本要求；选配项中的设备，各地可以根据当地的具体应用方案选择。

2009 年 7 月 16 日，文化部制定了《市支中心配置标准(2009年度)》；2010 年 9 月 3 日，文化部办公厅制定了《2010 年度地(市)支中心配置参考标准》。这些年度标准都是在原有基础上的进一步优化，以适应技术变化的新需求。

3. 县(市)级支中心

2006 年 11 月 23 日，文化部根据文化共享工程试点工作的需要，下发了《全国文化信息资源共享工程试点县设备配置标准》。2007 年 1 月 18 日，文化部又根据中央领导就基层服务网点建设所作的重要指示精神，对该标准的内容进行了部分修改，主要强化了县级支中心资源镜像功能，增加了防不良信息监控等内容，并对部分软硬件配置做了相应调整。

2007 年 11 月 22 日，文化部下发了《2007 年度全国文化信息资源共享工程县级支中心软硬件配置标准》，要求各地统一组织设备采购、安装和人员培训等工作。在县级支中心软硬件配置上，提供了基本配置和选择配置两部分方案。

2008年8月22日，文化共享工程领导小组办公室制定了《2008年度县级支中心系统配置标准》，县级支中心按照68万元标准进行配置，仍然分为必配项和选配项两大类。2009年7月16日文化部制定的《县支中心配置标准（2009年度）》2010年9月13日文化部办公厅印发的《文化共享工程各级分支中心和基层服务点建设配置标准的通知》，依然按照68万元标准进行配置，都是在原有基础上进行微调，以适应技术的变化。

4. 乡镇基层服务点

2008年8月22日，文化共享工程领导小组办公室制定了《2008年度乡镇基层服务点配置标准》，按照5万元标准配置，分为必配项和选配项两大类。

2009年7月16日文化部制定的《乡镇基层服务点配置标准（2009年度）》2010年9月13日文化部办公厅印发的《文化共享工程各级分支中心和基层服务点建设配置标准的通知》，依然按照5万元标准进行配置，都是在原有基础上的进一步优化，以适应新的技术变化。

5. 城市社区文化中心（街道文化站）

2010年6月17日，文化部制定了文化共享工程《城市社区文化中心（街道文化站）设备配置标准》。城市社区文化中心（街道文化站）设备按照5万元标准配置。分为必配项和选配项两大类。

6. 村级基层服务点

2007年11月22日，文化部下发了《2007年度全国文化信息资源共享工程村级基层服务点硬件配置标准》，要求各地统一组织设备采购、安装和人员培训等工作。村级基层服务点硬件配置，依托全国农村党员干部现代远程教育工作的有关情况，提供了5000元和6000元两种采购标准的设备配置。

2008年8月22日，文化共享工程领导小组办公室制定了《2008年度村级基层服务点(依托全国农村党员干部现代远程教育工作)配置标准》；2009年7月16日文化部制定的《村基层服务点配置标准(2009年度)》和2010年9月3日文化部办公厅制定的《2010年度村基层服务点配置标准》，还是均按照5000元、6000元两种预算提供配置方案。

7. 城市社区文化活动室

2010年6月17日，文化部制定了文化共享工程《城市社区文化活动室设备配置标准》。城市社区文化活动室设备按照2.5万元标准配置，分为必配项和选配项两大类。

(五)公共电子阅览室管理制度与规范

"公共电子阅览室建设计划"是以科学发展观为指导，以保障人民群众基本文化权益为宗旨，以未成年人、老年人、进城务工人员等群体为重点服务对象，依托文化共享工程的服务网络、文化共享工程及国家图书馆的数字资源，与文化共享工程建设、乡镇文化站建设、街道(社区)文化中心(文化活动室)建设以及中央文明办组织实施的"绿色电脑进西部"工程相结合，在城乡基层大力推进公共电子阅览室建设，构建内容安全、服务规范、环境良好、覆盖广泛的公共数字文化服务体系。

1. 公共电子阅览室的建设指南

2010年11月4日，文化部办公厅印发了《公共电子阅览室建设试点工作方案》(办社文发[2010]31号)，旨在积极稳妥地推进"公共电子阅览室建设计划"，率先在北京等9个省(市)开展公共电子阅览室建设试点工作。

在试点工作取得经验的基础上，2012年2月3日，文化部、财政部联合印发了《"公共电子阅览室建设计划"实施方案》（文社文发〔2012〕5号）。该实施方案确立了"公共电子阅览室建设计划"实施的总体目标、实施意义、实施条件、实施内容、实施步骤和保障措施，成为"十二五"期间在全国实施"公共电子阅览室计划"最基本的建设指南。

2. 公共电子阅览室的管理规范

公共电子阅览室需要建立、健全管理规范，成为日常工作指南。公共电子阅览室首先要对未成年人实行免费开放，具备条件的要向社会公众免费开放。同时，需要建立、健全公共电子阅览室的统一标识、用户上网实名登记、巡查监督、限时上网、工作信息填报、资源利用统计与反馈等制度，防止不良信息的侵入和传播，采取措施，重点加强对未成年人上网的管理，确保公共电子阅览室安全运行。

在2010年11月4日文化部办公厅印发的《公共电子阅览室建设试点工作方案》（办社文发〔2010〕31号）的通知中，附有《公共电子阅览室管理规范（试行）》，成为公共电子阅览室日常管理的基本规范。

公共电子阅览室管理规范（试行）

一、公共电子阅览室是面向社会公众开放的公共互联网服务场所，是保障人民群众的基本文化权益、弘扬社会主义核心价值观、传播社会主义先进文化的重要阵地。

二、公共电子阅览室应当遵守国家有关法律、法规的规定，以公益性、基本性、均等性、便利性为原则，为未成年人及广大人民群众提供免费、便利、内容健康的公益性互联网服务。

三、公共电子阅览室由当地文化行政部门依照职责分工负责监督管理。

四、公共电子阅览室对未成年人实行免费开放。开放时间应根据各地实际情况制定，并报当地文化行政部门备案。

五、公共电子阅览室要配备合格的工作人员专人管理。

六、公共电子阅览室实行实名登记管理。对上机用户的身份证等有效证件进行核对、登记，相关数据保存时间不少于60日。未成年人上机需经监护人授权同意。

七、公共电子阅览室实行限时服务。为保障公益性互联网服务的普遍均等性，确保未成年人的身心健康，每人每日上网时间不得超过2小时。

八、公共电子阅览室实行巡查制度。发现上网用户有违反国家相关法律、法规行为的，工作人员应当立即予以制止并向文化行政部门、公安机关举报。

九、公共电子阅览室要积极开展内容推荐工作。结合用户群体的特点开展实用技术、科普教育、政策法规等方面的辅导与培训。定期组织群众收看文化共享工程节目，对服务情况进行记录，了解群众对信息服务的意见和需求，定期上报。

十、公共电子阅览室可通过局域网开展益智类游戏服务，禁止提供大型多人在线游戏服务。

十一、公共电子阅览室应采取有效的技术手段，配备信息浏览监控软件和防病毒软件，并及时进行更新升级，确保内容资源传输与服务安全，防止不良信息侵入。

十二、公共电子阅览室应履行治安和消防安全职责，并进行安全巡检，确保室内的环境安全。

十三、公共电子阅览室要在显著位置贴挂统一标识和管理制度。

十四、公共电子阅览室要具备并保持良好的服务环境，提供良好的照明、通风、供暖等设施，为群众提供舒适的服务空间。

> 十五、公共电子阅览室应保持整洁、安静，禁止在室内吸烟、大声喧哗。
>
> 十六、公共电子阅览室应做好设备设施的保护维护，定期进行设备检查，确保系统的正常运转。

2011 年 10 月 9 日，文化部办公厅印发的《公共电子阅览室标牌样式》(办社文发[2011]31 号)的通知指出，为进一步规范公共电子阅览室建设，树立公共电子阅览室的整体形象，让公共电子阅览室的品牌和形象深入人心，文化共享工程领导小组办公室制定了公共电子阅览室标识和标牌的标准样式。对标牌的材质、尺寸、字体字号、具体样式及制作标准，都作了详细规范。

3. 公共电子阅览室的设备配置标准规范

2010 年 11 月 4 日，文化部办公厅印发的《公共电子阅览室建设试点工作方案》(办社文发[2010]31 号)中，附有《公共电子阅览室设备配置标准》。按照地市级不少于 40 台，县级不少于 25 台，乡镇、街道、社区不少于 10 台，行政村不少于 5 台电脑终端的标准配置设备，以宽带形式接入互联网，建立电脑桌面一站式导航服务，改造配套设施，建设规范化的公共电子阅览室。

公共电子阅览室应具备以下基本功能：互联网信息浏览与查询服务；电子文献阅览、信息资源导航、检索、参考咨询等数字图书馆服务；影视欣赏、健康益智类游戏等休闲娱乐服务；与计算机、网络应用有关的各类学习、培训服务。

在试点工作取得经验的基础上，2011 年 10 月 9 日，文化部办公厅印发了《2011 年度公共电子阅览室设备配置标准》，提供了乡镇、街道、社区等级别的公共电子阅览室标准配置，包括必配项和选配项。省级、地市级、县级公共电子阅览室的基本配置参照文化部已下发的标准，一般不进行设备升级。

第二节　文化共享工程合作共建模式

共建共享是文化共享工程建设的基本原则和初衷。共建共享是互为条件、互为因果、互为促进、互为依存的对立统一的有机整体。共建是共享的前提和基础，共建的水平决定了共享的程度。没有共建，也就无从谈共享；没有共享，就缺乏了共建的动力。因此，只有以共建推共享，以共享促共建，在共建中共享，在共享中共建，共建共享相互促进、协调发展，才能实现文化共享工程的快速有序发展。

合作共建是文化共享工程建设的核心理念和基本途径。自2005年以来，文化共享工程不再单独建设村级基层点，而是与中组部实施的全国农村党员干部现代远程教育工作合作共建。此外，还与教育部开展的农村中小学现代远程教育工程、国家广电总局广播的电视"村村通"工程、国家发改委的国家信息中心电子政务外网以及信息产业、农业、科技部等部门广泛开展了合作共建。合作共建缩短了文化共享工程村级基层点的建设周期，扩展了覆盖范围，充实了设备设施，丰富了资源内容，提升了基层服务点的综合服务能力。

文化共享工程在合作共建中，本着坚守"不求所有，但求所用"的理念，着力加强基层文化资源的整合，加强场地、设备、人才资源的整合，不搞重复建设，促进基层公共服务资源的共享和有效利用，促进公共文化资源的共建共享。在坚持政府主导的前提下，积极鼓励社会力量参与工程建设，最大限度争取各方面的支持，形成全面推进工程建设与发展的合力，造福于更广大的人民群众。

一、与全国重大工程的合作共建

(一)农村党员干部现代远程教育工作

农村党员干部现代远程教育工作(以下简称"党员远程教育"),是新形势下造福亿万农民群众的一项富民工程,是建设社会主义新农村的一项创新工程,是夯实党在农村执政根基的一项基础工程。该项工作从 2003 年 4 月至 2006 年年底,按照中央的统一部署,在 12 个省(自治区)分两批开展了农村党员干部现代远程教育试点工作。为提高广大农村党员干部和农民群众的整体素质,推进社会主义新农村建设,经党中央同意,从 2007 年下半年开始,在试点的基础上,在全国农村普遍开展党员远程教育,到 2010 年年底,在全国基本建成农村党员干部现代远程教育网络体系,实现乡镇、村基本站点全覆盖。此项工作的主要任务是建设农村党员干部现代远程教育教学平台,建设农村党员干部现代远程教育终端站点,开发农村党员干部现代远程教育多媒体教学资源,建立农村党员干部现代远程教育骨干队伍和建立科学规范的农村党员干部现代远程教育工作机制。

党员远程教育的任务在农村,文化共享工程的重点也在农村,为发挥各自优势,实现优势互补,减少不必要的重复投入,文化部积极与中组部负责党员远程教育的部门联系,推进合作共建。

2006 年 12 月 4 日,全国农村党员干部现代远程教育试点工作领导协调小组办公室与文化共享工程领导小组办公室联合下发《关于做好农村党员干部现代远程教育工程与全国文化信息资源共享工程资源整合工作的通知》(远通联发[2006]1 号),要求山西、辽宁、吉林、黑龙江、江苏、浙江、山东、河南、湖南、四川、贵州和新疆维吾尔自治区 12 个省区,做好农村党员干部现代远程教育工程与文化共享工程的资源整合工作。

通知要求：一是农村党员干部现代远程教育卫星数字专用频道，设置文化共享工程专题栏目，免费播出由全国文化信息资源建设管理中心提供的适合农村党员干部和广大农民群众特点的文化信息精品资源。二是建在农村党员活动室的终端接收站点，可作为文化共享工程的卫星基层服务点，安排时间播放文化信息资源供当地党员干部和广大农民群众收看；文化共享工程的卫星基层服务点可作为远程教育终端接收站点，接收农村党员干部现代远程教育卫星数字专用频道的节目，开展农村党员干部现代远程教育工作。三是各级在选配这两项工作的骨干人员时应统筹考虑，加强管理，实现人力资源的有效整合；在开展业务培训时，各级远程办和文化部门可发挥各自优势，在培训师资、教材、场地、设备等方面互相支持，互为补充。四是各级远程办、文化部门要加强领导和工作指导，密切联系，形成工作合力；加强对共建共享工作的指导和督促检查，保证各项工作的健康顺利开展。

2007 年 6 月 30 日，文化共享工程在全国农村党员干部现代远程教育卫星数字专用频道上，开设了"文化共享工程"专栏（该栏目名称后调整为"文化广场"），定期播出适合农村需要的各类文化资源。

经过近四年的合作共建，2010 年 10 月 26 日，全国农村党员干部现代远程教育工作领导协调小组办公室与文化共享工程领导小组办公室联合下发《关于全国农村党员干部现代远程教育工作与文化信息资源共享工程合作共建终端站点的意见》（远通字［2010］12 号），就资源提供、设备购置、设备产权、工作职责、服务方式等做出规定，进一步规范并推动了双方合作共建的持续发展。

（二）农村中小学现代远程教育工程

2003 年 9 月，国务院召开了全国农村教育工作会议，下发了《国务院关于进一步加强农村教育工作的决定》（国发［2003］19

号），明确提出"实施农村中小学现代远程教育工程，促进城乡优质教育资源共享，提高农村教育质量和效益"的要求。2004 年 12 月 5 日，国务院批复同意了由教育部、国家发展改革委和财政部向国务院申请报批的《农村中小学现代远程教育工程总体实施方案》。

实施农村中小学现代远程教育工程，取得如下预期效益：向农村小学教学点约 510 万农村小学生提供优质教育教学资源，解决师资水平和教学质量不高的问题；基本满足农村 8142 万小学生对优质教育教学资源的需求，普遍提高约占全国 67% 的农村小学的教学质量和教师水平；使 3109 万农村初中在校生能够逐步与 3495 万城镇初中生一样，共享优质教育教学资源，接受信息技术教育。同时，工程所搭建的现代远程教育平台还将发挥综合效益，成为 50% 以上的农村党支部对党员干部进行现代远程教育的主要依托，并促进三教统筹、农科教结合，逐步使农村中小学成为当地的文化中心、农业科技推广中心和信息中心。

为了充分发挥农村中小学现代远程教育工程的优势，文化部积极与教育部联系沟通，探讨合作共建的途径和方法。2005 年 1 月，教育部和文化部联合下发《关于在农村中小学实施全国文化信息资源共享工程的通知》（教基［2005］1 号），部署将文化共享工程的优秀文化资源，通过中国教育卫星宽带网传输到农村中小学，丰富农村中小学和广大农民群众的文化生活，促进农村先进文化的传播。把农村中小学建设成为农村教育中心、文化中心和信息传播中心，为农村教育服务，为农村经济和社会发展服务。通知要求如下。

一是文化共享工程要充分发挥数字资源较为丰富的优势，精心挑选适合农村中小学学生和教师、适合广大农民特点的精品资源，为农村中小学提供影视、数字图书、艺术节目等旨在提高中小学生思想道德素质和科学文化知识的数字资源。

二是教育部提供中国教育卫星宽带传输网作为资源传输平台，依托农村中小学现代远程教育专用数字频道，建立文化共享工程专题栏目，免费向农村中小学学生传输共享工程的数字资源。

三是实施农村中小学现代远程教育工程的学校，同时也是文化共享工程的基层中心，其设施设备在课余时间、节假日、寒暑假应向当地广大农民开放，并公布开放时间，让农民享受文化共享工程提供的数字资源。

截至 2011 年，25 万所农村中小学通过现代远程教育工程使用的卫星可以欣赏到文化共享工程的优质资源，丰富了农村中小学师生的文化生活。

(三)农村信息化综合信息服务工程

农村信息化综合信息服务工程(以下简称"综合信息服务工程")，是原信息产业部(现工业和信息化部)自 2006 年起组织实施的推进社会主义新农村建设的重点工程，旨在提高农村综合信息服务的技术水平和服务能力，探索农村综合信息服务的多种路径和运营维护模式，推动信息技术的应用和普及，促进农村信息化建设。

2007 年 9 月 29 日，文化部和原信息产业部共同下发了《关于全国文化信息资源共享工程与农村信息化综合信息服务工程开展合作共建的通知》(文社图发〔2007〕36 号)，旨在紧密结合文化共享工程与综合信息服务工程，加强信息技术在农村公共文化服务体系建设中的应用，创新农村文化工作手段，推动文化信息资源的共建共享。通知要求如下。

一是文化共享工程要充分发挥丰富数字资源的优势，精心挑选、定期更新适合农村地区需要的地方戏曲、专题讲座、影视作品以及科技致富、农民进城务工技能培训等优质资源，为当地农民开展服务。综合信息服务工程为文化共享工程提供信息网络、技术、产品、人才和服务支撑。

二是文化共享工程可通过综合信息服务工程用健康向上、形式多样的数字产品，满足农民群众多层次、多方面的精神文化需求。

三是各级文化行政部门要积极向综合信息服务工程提供文化共享工程的数字资源，通过信息大篷车、培训教室、农村信息化示范点等，为当地群众开展服务。同时，可在具备条件的信息大篷车和农村信息化示范点，加挂文化共享工程基层服务点牌子。

四是各级信息产业主管部门要研究制定利用综合信息服务平台提供文化服务的技术标准和服务规范，组织、协调电信运营、邮政物流配送、信息技术企业对文化共享工程各级中心和基层服务点提供互联网优先接入、优惠资费、优质服务，并推荐先进适用的技术和产品。

五是各级文化行政部门和信息产业主管部门在选配这两项工程工作队伍时应统筹考虑，加强管理，实现人力资源的有效整合。在开展业务培训时，各级文化行政部门和信息产业主管部门可发挥各自优势，在培训师资、教材、场地、设备等方面互相支持，互为补充。

2007 年 9 月 30 日，文化部与信息产业部举行合作协议书签字仪式，就推进文化共享工程和农村信息化综合信息服务工程合作共建，共同促进社会主义新农村建设，达成协议。2007 年年底，文化部向信息产业部组织的信息大篷车赠送了光盘资源，文化共享工程的资源通过分布在全国各地的信息大篷车送达田间地头、学校社区、工矿企业等。

(四)国家信息中心电子政务外网

国家政务外网是按照国务院信息办颁发《电子政务建设指导意

见》的规定而建设的中国电子政务重要基础设施。国家政务外网是政府的业务专网，主要承载政务部门不需要在内网上运行的业务和政务部门面向社会的专业性服务，与政务内网物理隔离，与互联网逻辑隔离，为政务部门的业务系统提供网络、信息、安全等支撑服务，为社会公众提供政务信息服务。

国家政务外网由中央政务外网和地方政务外网组成，主要服务于各级党委、人大、政府、政协、法院和检察院等部门，为各部门的业务应用提供网络承载服务，支持业务网络的互联互通，支持跨地区、跨部门的业务应用、信息共享和业务协同，满足各级政务部门社会管理、公共服务等方面的需要。

国家政务外网总体目标是依托统一的国家公用通信传输网络，整合建设政务外网，通过覆盖全国各级政务部门的网络平台和服务体系，支持电子政务业务系统的运行，支持跨部门、跨地区的信息资源共享，支持电子政务业务系统的互联互通和信息交换，促进政府监管能力和服务水平的提高。

国家信息中心在有关部门指导下，承担国家政务外网日常管理工作，负责国家政务外网的统一规划，制订相关技术标准、服务规范、安全策略和管理办法，规划和管理国家政务外网 IP 地址和域名，承担中央政务外网的工程建设和运行维护等工作，对地方政务外网建设和运行进行业务指导。

2007 年 7 月，文化部办公厅、国家信息中心联合下发了《关于利用国家电子政务外网平台推广全国文化信息资源共享工程的通知》，指出为推进文化共享工程建设，决定依托国家电子政务外网开展文化共享工程资源传输工作。各省级分中心以不低于 10M 带宽接入省政务外网。截至 2010 年年底，文化共享工程 33 个省级分中心均接入本地省级电子政务外网。文化共享工程在电子政务外网设置了网站，便于电子政务外网用户使用。通过国家政务外网，文化共享工程国家中心与各省级分中心实现了百兆互联、双向传输，提高文化共享工程的资源传输与服务水平，并计划逐步延伸到地、县。

（五）其他合作

文化部还先后与中宣部"百县千乡文化工程"、全国妇联"美德在农家"等，开展了共建共享。文化共享工程国家中心还与中央党校、中国人民解放军总政治部的全军政工网、中国人民武装警察部队系统、中国青少宫协会等相继开展了合作共建，扩大了文化共享工程的影响与服务范围。

2012 年 2 月，中办、国办印发《国家"十二五"时期文化改革发展规划纲要》要求，文化共享工程要通过直播卫星进入边远地区广大乡村群众家庭。由此，文化部与国家广电总局协调，计划在"十二五"末，落实两亿户边远地区的农户可以收看到文化共享工程丰富资源的计划。

二、与国家数字图书馆的合作共建

2005 年 10 月，《国家数字图书馆工程初步设计方案》通过国家发展和改革委员会的审批，工程进入实施阶段。按照该方案，工程主要建设内容包括制定国家数字图书馆标准规范体系，构建以资源采集与获取系统、数字资源加工系统、数字资源组织与管理系统、数字资源发布与服务系统为核心的国家数字图书馆应用系统。

经过数年发展，国家数字图书馆在数字资源、技术与标准规范方面的成果显著，为公共数字文化建设提供强有力的服务资源保障与技术、标准支撑。截至 2011 年年底，各类数字资源达400TB。其中，有部分资源通过国家数字图书馆平台和文化共享网络服务体系，将数字资源传输到全国各级分支中心及基层服务点，为广大基层群众所利用。

三、地方创新的合作共建

(一)与当地广播电视系统合作共建

通过有线电视/数字电视实现入户，可以大大方便基层群众的使用。从 2003 年开始，文化共享工程先后在青岛市、深圳市、佛山市、杭州市、海南省、天津市、常州市和山东省等地有线数字电视开设了文化共享工程专栏，用户数量超过 1000 万。

2012 年 4 月 24 日，"文化方舟·山东省文化信息资源共享工程有线电视平台"在济南开通。通过"文化方舟"栏目，观众可了解文化动态，欣赏艺术精品，学习科技文化知识。目前，这一频道覆盖山东全省除青岛外的 16 城市数字电视用户，共计 730 余万户，全部数字化平移完成后可达 1700 余万户。栏目内容主要包括文化传真、地方戏大看台、文化集萃、老片场、名家讲坛、科技博览、养生之道、艺海拾贝等。

为方便农村基层群众使用文化共享工程资源，辽宁省通过有线电视网络实现了全省的进村入户工作。从 2008 年 10 月至 2011 年年底，辽宁省文化共享工程进村入户工作取得了阶段性的成果。通过模拟频道和点播两种方式，文化共享工程资源走进了千家万户。其中，采用模拟电视频道方式在全省的 226 万农户实现了共享工程视频资源的入户，每天服务时间为 18 小时；采用点播方式，在全省的 209 万农户实现了机顶盒点播入户，每天更新视频资源 3 小时，图文信息 100 条以上。其中依托乡镇综合文化站、村文化活动室及农村计划生育中心户、农业科技协会组织，全省设立了 6 万多个服务点。

另外，贵州省、黑龙江省和新疆生产建设兵团等地区也通过有线电视走进千家万户。

(二)与当地电信系统合作共建

为更好地开展文化共享工程建设，扩大资源使用范围，提升资源使用效率，经过多方协商与努力，2007 年，江西省级分中心与江西省电信有限公司签署了合作协议，双方共建农村综合信息服务点，开展电信农村"信息田园"站点的建设。几年来，省级分中心坚持定期免费向"江西电信信息田园"提供有关农业科技等方面的文字、视频资源给农民浏览，双方共享资源容量已超过 1TB。全省有 1435 个乡镇，在"信息田园"上建成乡镇子网站。2010 年 1 月 6 日，在第六届中国农业网站百强颁奖盛典中，"江西信息田园"荣获"2009 年度中国最具创新农业网站"称号。

(三)文化共享工程走进企业

2009 年 3 月，浙江省总工会、省文化厅联合下发了《浙江省"文化共享工程进企业"行动实施意见》，要求不断完善浙江省文化共享工程平台建设，运用现代信息技术手段，对优秀文化资源进行数字化加工和整合，利用网络化管理和服务体系，实现文化信息资源在全省企业的共建共享。通过三年的努力，在全省创建千家"文化共享工程进企业示范服务点"，建设万家"职工电子书屋"，使全省企业职工能够就近共享到众多优秀的文化信息资源，进一步落实文化惠民、共建共享的工作目标，不断提高文化共享工程的覆盖面、服务面和影响力。

(四)农民素质教育网络培训学校

为了提高文化共享工程的设备和资源的利用率，将海量的文化信息资源以老百姓喜闻乐见、容易接受的方式传播开来，云南省结合当地情况，整合相关资源，创立了"文化信息资源共享工程农民素质教育网络培训学校"（以下简称"农文网培学校"），并在全省推广，取得了良好效果。

农文网培学校以文化乐民、文化育民、文化富民为办学宗旨，按照资源共享、网络健全、运行有效、惠及农民的原则，以提高农民思想道德和科学文化素质为目标，以文化共享工程为平台，以乡镇综合文化部和村文化活动室为依托，以文化教育资源整合为手段，以多媒体教学为方式，动员社会各界积极参与。

农文网培学校依托文化共享工程乡村基层服务点，自2009年5月开始建立首个学校，截至2011年年底，全省乡镇农文网培学校总量已达1099个，村级农文网培分校达10424个，覆盖率双双突破了80%，受到广大农民的欢迎。

(五)与农垦系统合作共建

黑龙江省拥有财政直属农业部的国营农垦总局，辖9个管理局，103个县团级国有农场中有54个分布在边境线上，职工人口1200万。

黑龙江省农垦系统文化共享工程建设自2007年开始启动，至2011年总投入6843万元。已建成文化共享工程总局级中心1个、分局级支中心9个、农场级服务站103个、管理区级服务点610个。实现了农垦系统共享工程四级服务网点的全覆盖。着力与农垦系统共建了"文化共享工程广播电视传输体系"，在农垦电视台开辟"文化共享"专栏，传播文化共享工程资源节目。

(六)与企业试点合作共建公共电子阅览室

近年来，山东省威海市按照中央和山东省统一部署，不断加快实施文化信息资源共享工程，公共电子阅览室建设取得明显成效，初步形成了覆盖城乡的公共文化服务网络。

自2011年起，威海市开始与当地企业尝试合作共建企业公共电子阅览室。企业公共电子阅览室管理的主体以企业为主、文化部门统一规范、分类指导；投资的主体为各企业，政府两级财政奖补跟进；服务的主体为企业外来务工人员、兼顾周边群众；坚持公益性、基本性、便利性原则，实行免费开放；电脑安装绿色上网软件，过滤不良网站，为务工人员营造一个安全、绿色、舒适的上网环境。目前，威海市有重点地在环翠区和荣成市各建成5处企业公共电子阅览室，均已标准化、规范化运行。试点的企业包括国营、股份制、私营性质。根据不同的企业特点、经济条件、工作性质，充分尊重和体现现实差距，逐步形成了"三种模式"。

1. 基本功能型公共电子阅览室模式

某甲企业集团是环翠区重要对外企业，职工人数多，外地人口多，为此，该企业一次性投入60台电脑，解决职工多、上网难的问题。每天开放时间按三班倒来安排，每班业余时间两小时，节假日期间每天开放长达12小时，满足大量职工的文化需求。

某乙企业集团，90%的职工为外来务工女职工，针对女性容易想家、心思细腻等特点，该企业为所有电脑配备摄像头，女职工可以跟家里人视频聊天，及时了解孩子成长变化，进而安心工作，保持企业持续稳定发展。该企业连续工作三年以上固定女职工比例高达80%，为同类企业中的佼佼者。

2. 综合应用型公共电子阅览室模式

某丙企业集团是威海大型上市股份公司，120台电脑的公共电子阅览室，主要服务本集团职工。其特色是通过公共电子阅览室开展丰富多彩的职工活动，尤其是组织残疾人的文化活动很独特。在公共电子阅览室功能开发方面，通过整合、优化项目，为职工提供读书阅览、团体活动、教育培训、科普、普法、健身、娱乐等各类文化服务，并以企业职工为参与主体，开展各类形式新颖、内容丰富、各具特色的文化活动，做到月月有主题、周周有活动，使企业职工的文化需求不断得到满足。

3. 辐射带动型公共电子阅览室模式

某企业集团，在一所村社区服务中心共建公共电子阅览室。因周边村子多，居民密集，企业在满足自己职工上网的同时，在工作日也对周边村民免费开放。村民可以从中免费学习到农作物种植、病虫害防治、特种动物养殖等知识，为农民增产增收提供了智力支持，带动周边村落经济的发展。

第三节　文化共享工程人才与资金保障制度

实施文化共享工程是全面履行政府职能、促进公共文化服务体系建设的重要内容，是加强公共文化服务体系建设的重要方面，是推动文化大发展大繁荣的重要基础。人才队伍建设和经费投入保障，是公共文化服务体系建设的重要环节。

在基层人才队伍建设上，文化共享工程通过内部培训和社会招聘等形式培养了一批既懂业务又懂管理，知识结构合理、技术过硬的复合型信息人才队伍，建立了一支扎根基层、服务群众的专兼职公共文化服务队伍，成为实现公共文化服务体系的重要支撑和保障。

在经费投入保障上，文化共享工程将建设经费纳入到公共文化服务财政保障经费中统筹安排，由公共财政承担主要投入责任。根据东、中、西部地区不同发展情况，建立了中央财政和地方财政不同比例的分担机制，不断完善文化共享工程经费投入的长效机制，确保文化共享工程建设目标完成后的可持续发展。

一、人才保障制度

（一）基层人才队伍建设的国家战略要求

所谓人才，是指"具有一定的专业知识或专门技能，进行创造性劳动并对社会作出贡献的人,是人力资源中能力和素质较高的劳动者",这是 2010 年 6 月 6 日,党中央、国务院发布的《国家中长期人才发展规划纲要(2010—2020 年)》,对人才所下的基本判断。该纲要是我国第一个中长期人才发展规划,是当前和今后一个时期全国人才工作的指导性文件,它着重指出,"人才是我国经济社会发展的第一资源",要"确立在经济社会发展中人才优先发展的战略布局,充分发挥人才的基础性、战略性作用"。基层文化人才队伍,一般位居"社会工作人才""专业技术人才""农村实用人才"等需要"统筹推进各类人才队伍建设"之列,该纲要对此都有明确的发展目标和主要举措,结合体制、机制的创新,通过各类人才政策和人才工程的组织实施,加以实现。

2011 年 10 月,党的十七届六中全会通过的《中共中央关于深化文化体制改革,推动社会主义文化大发展大繁荣若干重大问题的决定》,要求急需加强文化人才队伍建设,指出:"推动社会主义文化大发展大繁荣,队伍是基础,人才是关键。要坚持尊重劳动、尊重知识、尊重人才、尊重创造,深入实施人才强国战略,牢固树立人才是第一资源思想,全面贯彻党管人才原则,加快培养造就德才兼备、锐意创新、结构合理、规模宏大的文化人才队伍。"就加强基层文化人才队伍建设来讲,认为:"基层文化人才队伍是文化改革发展的基础力量",因此"要制定实施基层文化人才队伍建设规划,完善机构编制、学习培训、待遇保障等方面的政策措施,吸引优秀文化人才服务基层";"壮大文化志愿者队伍,鼓励专业文化工作者和社会各界人士参与基层文化建设和群众文化活动,形成专兼结合的基层文化工作队伍"。

由此可见,党中央高度重视公共文化人才队伍建设,高度重视公共文化服务体系中的基层人才队伍建设。主要途径是通过建立、健全以培养、实用、激励、评价为主要内容的政策措施和制度保障，实行职业资格管理制度，加强对从业人员的规范化管理，运用多种方式加大培训、轮训力度，着力提高公共文化服务队伍的思想政治素质和新形势下做好公共文化服务工作的能力；通过采取各种措施，吸引各类优秀人才进入公共文化服务领域发展，鼓励高校毕业生到基层从事公共文化服务工作；鼓励和支持专业文艺院团改革中的分流人员到社区、乡镇和红色旅游纪念馆工作，担任文艺辅导员、文化指导员和讲解员；注意发挥基层文化骨干、文化能力的积极作用，培育和发展农村业余演出队、文化中心户、义务文化管理员等，形成一支扎根基层、服务群众的专兼职公共文化服务队伍。

据统计，截至 2009 年年底，全国基层文化队伍总计 391.11 万人，其中专职文化队伍 24.27 万人，业余文化队伍 366.85 万人。就基层人才队伍培训情况而言，从 2007 年至 2009 年期间，地方各级培训基层文化队伍累计 107.78 万人次，培训比例为 27.56%，还有 283.33 万人没有接受培训。其中文化系统部级培训 1038 人次，占培训总数的 0.1%，省级培训 6.57 万人次，占培训总数的 6.1%，市级培训 17.64 万人次，占培训总数的 16.37%，县级培训 66.24 万人次，占培训总数的 61.45%。系统外高校培训 1.74 万人次，占培训总数的 1.61%，通过其他方式培训 15.49 万人次，占培训总数的 14.37%。专业文化队伍接受培训 25.15 万人次，培训比例为 103.64%，即三年来专业文化队伍人均受训 1.04 次。业余文化队伍接受培训 82.63 万人次，培训比例为 22.54%，还有 284.21 万人没有接受培训。

(二)文化共享工程人才保障特色政策的逐步形成

文化共享工程作为综合应用计算机、网络、通信、存储、多媒体等现代信息技术，加工整合并通过网络体系传播中华优秀文化信息数字资源的创新工程，必须具有一支技术素质高、服务意识强、善于管理的专业人员作为工程发展的支撑和保证。

文化共享工程的建设，遵循"分级管理、分级负责"的原则，主要依托全国各地现有文化设施网点，以各级公共图书馆为实施主体。因此，各地在建设文化共享工程各分支中心与基层服务点时，需要纳入到当地文化事业建设整体规划，在人员、设备、资金等方面统筹考虑，给予保障。由此，在文化共享工程人才队伍建设过程中，逐渐形成了以培养与引进、自有队伍和社会队伍相结合的专兼职队伍建设方式，贯彻"培训先行，分级负责"的原则，以培训推动队伍建设，以培训培养人才的基层人才队伍保障政策。

2005 年 2 月 25 日，中共中央办公厅、国务院办公厅转发了《文化部、财政部关于进一步加强全国文化信息资源共享工程建设的意见》（厅字[2005]5 号），开始明确"建立和完善人才保障机制"，要求加强技术培训、咨询和服务工作，各级分中心和基层服务网点工作人员上岗前必须经过培训、通过考试，获得从业资格；实行积极的人才政策，引进专业技术人才，组建一支高水平的资源建设、软件开发、网站维护的技术骨干队伍，为文化共享工程的顺利实施提供坚强的人才保证。

2006 年 6 月，文化部颁布的《全国文化信息资源共享工程"十一五"发展规划（2006—2010 年）》，提出积极采取培养与引进、自有队伍和社会队伍相结合的方式，组建一支适合文化共享工程建设需要的管理、技术保障和基层服务队伍。具体要求：一是充分发挥县图书馆、文化馆、乡镇文化站等基层文化单位工作人员在文化共享工程建设与管理中的作用，加快建立专、兼职结合的农村基层服务点工作队伍，使每个基层中心、基层服务点拥有 1～2 名考试合格、操作熟练的专业人员，从而组建成一支高水平的资源建设、软件开发、网站维护等专业技术骨干队伍；二是加强人员培训，通过集中授课、卫星广播、网络互动、光盘教学等方式，五年内完成对省、市、县、乡镇、村约 40 万人次的专业培训。

2007 年 4 月 3 日,《文化部、财政部关于进一步推进全国文化信息资源共享工程的实施意见》(文社图发[2007]14 号),进一步要求各地要积极采取培养与引进、自有队伍和社会队伍相结合的方式,组建一支稳定的、适合文化共享工程建设需要的管理队伍、技术保障队伍和基层服务队伍。具体目标与措施包括:(1)培训工作要经常化、规范化,统一制定培训标准,按照分级分批的原则,通过集中授课、卫星广播、网络互动、光盘教学等方式,开展培训工作;(2)国家中心负责省级分中心人员培训工作,各省(市、区)培训工作由省级文化主管部门负责安排;(3)要充分发挥县图书馆、文化馆、乡镇文化站等基层文化单位工作人员在文化共享工程建设与管理中的积极作用,通过分级培训逐步形成国家中心、省级分中心、市、县级支中心、乡镇和村基层服务点分级管理人员队伍;(4)建设高水平的资源建设、软件开发、网站维护等专业技术骨干队伍;(5)县级支中心要配备专职人员;(6)要加快建立专、兼职结合的农村基层服务点工作队伍,使每个基层服务点都有获得上岗资格的操作人员;(7)省级分中心人员上岗资格证书由文化部颁发,省级以下人员上岗资格证书由省级文化行政部门颁发。

2008 年 8 月 14 日,文化共享工程领导小组办公室下发了《关于印发〈全国文化信息资源共享工程培训工作规划(2008—2010年)〉的通知》(共享办[2008]18 号),要求将培训工作纳入文化共享工程建设经费预算,建立培训专项资金,加强对培训经费的管理,确保专款专用,做好文化共享工程的人员培训工作,努力培养一支责任心强、熟练掌握设备操作技术与服务要领的骨干队伍。力争在 2010 年前做到:管理人员,每个省级分中心不少于 1 人;师资人员,每个省级分中心不少于 3 人、每个市(县)级支中心不少于 2 人；资源建设人员，每个省级分中心不少于 2 人、每个市（县）级支中心不少于 1 人；技术与服务人员，每个省级分中心不少于 3 人、每个市（县）级支中心不少于 2 人、每个基层服务点不少于 1 人。

2010 年 8 月，文化部印发的《全国文化系统人才发展规划（2010—2020 年）》要求，适应加快推进覆盖全社会的公共文化服务体系建设、更好地保障人民基本文化权益的要求，以提高公共文化服务人才队伍的政治思想素质和新形势下做好公共文化服务工作的能力为核心，切实加强基层专职文化队伍建设，积极发展基层业余文化队伍，努力培养一支专兼职结合、素质全面的公共文化服务人才队伍。该规划提出，加大力度推进文化共享工程的人才队伍建设。

根据规划，到 2020 年，文化共享工程各省级分中心，均配备具有大学本科学历的专职技术人员和资源加工人员；各市县级支中心，大学本科学历的专职技术人员和资源加工人员达到 50% 以上；各基层服务点，均配备具有大专以上学历的专业人员对设备进行操作和管理；基层服务点，人员总量需求达到 71 万人。通过集中面授、网络教学、卫星播放、光盘观看等方式，加大对基层服务人员的培训。与有关部门联系，积极发挥大学生志愿者专业知识扎实、现代信息技术能力强、勇于创新等优势，使其在文化共享工程的基层服务中，发挥更大作用。鼓励东部地区与西部地区加强交流合作，为西部地区提供人才和智力支持。

(三)基层人才队伍培训

经过多年的实践探索，文化共享工程的基层人才队伍培训工作扎实、有序开展。各级中心和基层服务点通过集中面授、网络培训、以赛带训等形式开展了内容丰富的培训工作。

截至 2012 年年底，文化共享工程累计培训人次总计达 783

万，其中 2011 年 256 万人次，2012 年 357 万人次。特别是由国家中心及各分支中心组织编写的各类培训材料，固化了文化共享工程基本业务知识，简明实用，成为培训时的通用教材，工作时的指南手册，深受基层工作人员的欢迎。

但是，总体来讲，各地在推进文化共享工程的人才队伍建设中，懂管理、懂服务、懂技术的专（兼）职管理人才依然较为缺乏。各地基层服务站点普遍缺少专职工作人员，缺少懂管理、懂服务又懂技术的管理人才。随着文化共享工程工作内容与服务范围的不断扩大，各地普遍感到人手不足，工作压力大。

2010 年 9 月，文化部下发了《关于开展全国基层文化队伍培训工作的意见》（文社文发［2010］33 号），提出计划用 5 年时间，对现有 24.27 万县乡专职文化队伍和 366.85 万左右的业余文化队伍进行系统培训，这自然包括了文化共享工程各级中心的专兼职队伍。《意见》还要求依托文化共享工程的服务网络，面向基层专兼职文化工作者提供随时随地的在线学习、在线考试等服务；依托文化共享工程各级中心和其他单位，建立一支业务能力强、爱岗敬业的专职教师队伍，对基层文化队伍进行专业培训。

表 2-1　"十一五"期间文化共享工程部分培训材料目录

序号	素材名称	介质	单　位
1	全国文化信息资源共享工程基层设备操作手册	书籍	国家中心
2	全国文化信息资源共享工程资源服务手册	书籍	国家中心
3	全国文化信息资源共享工程县级支中心基础培训教材	书籍	国家中心编
4	全国文化信息资源共享工程乡镇基层服务点基础培训教材	书籍	国家中心
5	2008 年全国文化信息资源共享工程基层经验交流会	光盘	国家中心
6	2008 年全国文化共享工程资源建设培训与交流工作会议	光盘	国家中心

续表

序号	素材名称	介质	单 位
7	2008 年省级师资技能培训班	光盘	国家中心
8	个人电脑基本技能培训软件	光盘	国家中心
9	文化专题片制作基础技能培训班	光盘	国家中心
10	文化共享在基层	光盘	国家中心
11	全国文化信息资源共享工程运行管理系统培训光盘	光盘	国家中心
12	省级分中心师资人员暨运行管理系统培训班	光盘	国家中心
13	网页设计与制作	光盘	国家中心
14	网站设计与建设	光盘	国家中心
15	全国文化信息资源共享工程文件汇编（2002.4—2010.7）	书籍	国家中心
16	全国文化信息资源共享工程培训工作经验交流材料汇编	书籍	国家中心
17	全国文化信息资源共享工程乡镇基层服务点基础培训教材（维文版）	书籍	国家中心编、新疆分中心译制
18	全国文化信息资源共享工程县级支中心基础培训教材（维文版）	书籍	国家中心编、新疆分中心译制
19	河南省文化信息资源共享工程理论与实践	书籍	河南文艺出版社
20	文化共享工程鄂旗支中心培训资料	装订	内蒙古鄂旗支中心
21	全国文化信息资源共享工程重庆市使用教材	书籍	重庆市分中心
22	新疆文化信息资源共享工程县支中心技术操作手册	书籍	新疆维区分中心
23	2008 年深圳市共享工程基层网点业务培训教材	书籍	深圳市支中心
24	河北省文化信息资源共享工程培训教材	书籍	河北省级分中心
25	浙江省文化信息资源共享工程技术培训班培训教材	书籍	浙江省级分中心
26	江西省文化信息资源共享工程技术服务指南	书籍	江西省级分中心
27	北京市文化信息资源共享工程专网培训教材	书籍	北京分中心
28	长沙市文化信息资源共享工程培训资料（一）	书籍	长沙市支中心
29	吉林省文化信息资源共享工程工作指南	书籍	吉林省级分中心
30	山东文化信息资源共享工程系统应用手册	书籍	山东省级分中心

　　加强基层人才队伍培训工作，是培养高素质的文化共享工程
队伍的基础性工作，也是提升文化共享工程服务能力的重要途径。
经过多年努力，各地在文化共享工程基层人才队伍培训工作中取
得了一定的成绩，积累了宝贵的经验。

1. 建立有效的培训制度

　　文化共享工程的培训工作，应采取积极有效的措施，加大培
训力度，增加培训形式，充实培训内容，努力使培训工作朝着建
立科学的培训体系、规范的培训流程、完善的管理机制方向发展。
根据党中央、国务院关于人才建设的战略部署，结合文化部关于
基层人才队伍建设的具体要求，各级政府应制定本辖区的文化共
享工程人才队伍培训政策，明确培训目标，建立考评体系。不仅
制定基层从业人员管理制度、监督机制和相应的激励机制，同时
要加大执行力度，以制度化的形式将包括培训工作在内的文化共
享工程的绩效评价结果纳入到政府工作和干部岗位的目标责任制
考核之中。

　　如河北省制定了《河北省文化信息资源共享工程人员能力标
准》，加强了人才培训的规范化建设。浙江省对省、市、县中心业
务人员和乡镇、村级基层服务点业务人员应具备的能力、素质进
行了明确规定，并要求各地建立相应的考核制度，对培训人员进
行备案管理，制定考证办法，将业务人员的培养、培训大纲的制
定及其完成效果等纳入本级文化行政部门对文化共享工程的考核
范围内，形成了有效的激励机制。

2. 充分保障培训经费

　　文化共享工程的培训工作与其他培训有所不同，越到基层越
是困难重重。要想搞好文化共享工程的培训工作，各级政府应将
文化共享工程培训经费列入财政预算，使培训工作有足够的经费
作为保障。

如北京市自 2009 年开始，所有文化共享工程基层服务点，分别按照区县级支中心、乡镇基层服务点、村基层服务点不同行政级别划拨文化共享工程运行维护费。且明确规定了该费用可用于维护文化共享工程设备、开展文化共享工程培训等多种项目，各级培训经费有了稳定来源，由此，强有力地保障了文化共享工程的培训工作全面开展。

3. 开展创新的培训模式

充分发挥文化共享工程的技术优势和网络优势，利用先进的信息技术提高培训效益，扩大工作覆盖面。充分利用与农村党员干部现代远程教育工作、农村中小学现代远程教育工程、农村信息化综合信息服务工程等合建共建的优势，在培训师资、教材、场地、设备等方面互相支持，互为补充。

如黑龙江省、陕西省等地利用远程监控技术管理与视频会议系统，通过远程培训，系统管理中可透过 Web Server 远程监控、管理服务器，包括 CPU、内存、硬盘使用率、风扇转速、操作系统、进程、网络流量及其他运作状态等。节省了人力、财力、物力，既提高了培训工作效率又在第一时间及时解决了各基层服务点的技术问题，培训效果显著。

4. 提供丰富的培训途径

在文化共享工程培训工作中，应坚持从实际出发，形式灵活多样，积极探索新思路、新方法、不断提高培训质量。通过集中面授、网络培训、培训专栏、在线交流、现场培训、光盘发放等多种形式开展培训工作。

如河南省级分中心在 IPTV 平台上设置了"培训专栏"，培训效果非常显著。湖北省积极结合全省农家书屋和文化站长培训班等各类文化培训项目，对参训人员进行共享工程宣传和技术服务培训，收到积极效果。

5. 推动全面的培训工作

根据文化共享工程的需要，因地制宜，以需求为导向，紧扣时代脉搏，不断提高培训工作的针对性和时效性。不定时举办或参与具有凝聚力、向心力的全员培训活动，从而促进文化共享工程培训工作的开展。

如 2009 年文化共享工程国家中心举办了首届"文化共享杯——全国文化信息资源共享工程知识与技能竞赛"，在各地掀起了岗位练兵的热潮，活动覆盖 11.2 万个各级中心和基层服务点，有 13.3 万余人参加了竞赛活动。2011 年举办了第二届竞赛，在各地再次掀起了岗位练兵的热潮，各分支中心共计 4 万余人参加了 32 个省级分中心举办的地区性竞赛活动，10 余万人在线观看了决赛实况。2012 年 7～8 月通过互联网举办了全国"公共电子阅览室建设计划"百题知识竞赛活动，共计 7.1 万人次参加，参加者主要来自共享工程各分支中心、基层服务点以及社会各界人士，其中 1.9 万多人在百题知识竞赛中获得满分。

这类活动的举办全面推动了各级文化共享工程基层培训工作的开展，提升了从业人员的业务素质和服务意识，扩大了文化共享工程的社会影响力。

二、资金保障制度

(一)政府主导的财政投入是实施文化共享工程的强大推进器

建立、健全我国公共文化服务体系，让全体人民共享社会进步和文化发展的成果，是党中央、国务院从深化文化体制改革、建设社会主义先进文化、构建社会主义和谐社会的战略高度提出的一项重要任务。

文化共享工程是一项繁荣社会主义先进文化的创新工程，是公共文化服务体系建设的基础工程，是政府应用现代科技手段为群众提供公共文化产品和服务的重要举措，决定了文化共享工程的公益性质。政府主导是文化共享工程建设的强大推进器，公益性文化事业的发展离不开政府投入和财政支持。

按照党中央、国务院战略要求，财政部门以保障人民群众基本文化权益为宗旨，以体制机制创新为动力，充分发挥财政职能作用，积极支持文化共享工程建设。自 2002 年文化共享工程正式实施以来，截至 2011 年年底，全国财政累计投入文化共享工程经费总额达 66.87 亿元。其中，中央财政累计投入 30.64 亿元，除 3 亿元左右用于中央本级国家中心建设外，其余全部用于补助地方，重点支持了省级数字资源建设、县级支中心镜像站点建设和村级基层服务点建设。

为了切实加强文化共享工程的财政保障，文化共享工程的建设经费应纳入各级财政公共文化服务经费中统筹安排，并由公共财政承担主要投入责任。特别是要将文化共享工程的县级支中心、乡镇基层点、村级基层服务点设备更新和运行维护等经费，纳入公共文化服务财政保障经费中统筹安排，建立文化共享工程经费投入的长效机制，确保文化共享工程建设目标完成后的持续发展。

(二)文化共享工程的资金保障制度

1. 资金投入与使用范围的基本制度

为了保障文化共享工程的顺利实施，中央财政设立专项资金用于对于全国文化信息资源进行数字化加工、整合，并通过网络成为社会公众享用的文化工程及其相关管理工作的补助经费。

2002 年 7 月文化部、财政部印发了《全国文化信息资源共享工程专项资金管理暂行办法》，规范了中央财政专项资金使用原则、使用重点、使用范围，以及申请、审批、管理与监督的具体条款，从而确立了基本的资金保障制度。

2006 年 9 月，文化部印发了《全国文化信息资源共享工程试点工作资源建设经费管理办法》，对资源建设经费的使用原则、使用范围、领导与工作程序、验收与监督措施，作了具体规范。

例如，2002年，文化共享工程实施之初，中央财政即拨付了2000万元专项资金主要用于国家中心的软、硬件基础设施建设、资源建设、技术研发及人员培训；重点支持具有使用价值、能够体现中华民族优秀文化的重大项目；重点资助中西部地区及其他老少边穷地区的分中心与基层中心建设。此后中央财政逐年加大投入力度，并根据实际情况与需要，不断调整资助重点，如2006年中央财政的专项资金，主要用于支持西部地区数字文化资源建设和中西部地区县级支中心的建设。

同时，按照"分级管理、分级负责"的原则，文化部、财政部要求各级文化、财政部门也要制定相应的投入方法，设立各地专项资金，不断加大投入，保障辖区内文化共享工程建设所需要的设施设备经费、资源建设经费、网络维护费、日常运行经费等。通过建立各级中心和基层服务点的设备设置标准、开展文化共享工程服务的评估定级标准等，来引导地方资金的投入。

例如，关于设施设备建设经费，2002年文化部印发的《全国文化信息资源共享工程第一阶段实施方案》中，提供了《省（区、市）分中心和基层中心设备配置与基本预算方案》的建议：建立省级分中心的基本预算为239万元；具备局域网条件的基层中心的基本预算为62万元，配备单机系统的基层中心的基本预算为4万元。2008年，文化共享工程领导小组办公室发布《2008年度全国文化信息资源共享工程支中心和基层服务点配置标准》要求：文化共享工程地（市）级支中心，按照120万元标准进行配置，县级支中心按照68万元标准进行配置，乡镇基层服务点按照5万元标准进行配置，村级基层服务点依托全国农村党员干部现代远程教育工作按照5000元、6000元两种预算提供配置方案。2010年，文化部办公厅印发的《2009 年度全国文化信息资源共享工程城市社区文化中心（街道文化站）、城市社区文化活动室设备配置标准》要求：城市社区文化中心（街道文化站）设备按照 5 万元标准配置；城市社区文化活动室设备按照 2.5 万元标准配置。

再如，关于日常运行经费，在 2006 年 9 月文化部办公厅制定的《全国文化信息资源共享工程试点工作验收标准》中，包含有运行经费在内的评估定级标准。其中：（1）县级支中心，达到一级标准的，年运行经费不低于 2 万元；达到二级标准的，年运行经费不低于 1 万元；达到三级标准的，年运行经费不低于 5000 元。（2）乡级基层服务点，达到一级标准的，年运行经费不低于 1 万元；达到二级标准的，年运行经费不低于 5000 元；达到三级标准的，年运行经费不低于 3000 元。（3）村级基层服务点，达到一级标准的，年运行经费不低于 1000 元；达到二级标准的，年运行经费不低于 500 元；达到三级标准的，年运行经费不低于 300 元。

2. 加大投入力度，建立财政共担机制

文化共享工程建设资金的共担机制，就是按照中央和地方财力与事权相匹配的原则，文化共享工程国家中心资源建设所需经费由中央财政予以保证；中西部地区省级资源建设由地方财政安排，中央财政给予一定补助；中西部地区县（市）支中心和村级基层服务点建设经费由中央财政和地方财政按比例分担。

其中，中部地区所需经费由中央和地方各负担 50%，西部地区所需经费由中央负担 80%，地方负担 20%；东部地区所需经费全部由地方财政负担，中央财政将对工作成效突出的省份给予适当奖励。

从执行情况看，中央财政专项资金已按年度预算全部落实到位，大部分地方财政按照要求落实了应负担的经费，从而为确保文化共享工程建设目标的顺利实现提供了资金保障。

　　根据公开发布的统计资料，此处汇总了文化共享工程在2006—2008年期间的建设经费投入情况，参见表2-2。

表2-2　2006—2008年文化共享工程建设经费投入统计表

地区	序号	省(市、区)	中央财政投入(万元)				地方财政投入(万元)			
			2006年	2007年	2008年	小计	2006年	2007年	2008年	小计
东部地区		东部小计	—	—	2100.0	2100.0	9329.2	41932.3	34627.1	85888.6
	1	北京	—	—	—	0.0	3338.5	3532.7	4422.2	11293.3
	2	天津	—	—	400.0	400.0	470.0	2466.0	2230.2	5166.2
	3	辽宁	—	—	400.0	400.0	306.8	2492.1	721.0	3519.9
	4	上海	—	—	400.0	400.0	3309.0	4178.0	6730.0	14217.0
	5	江苏	—	—	—	0.0	—	560.3	2643.4	3203.8
	6	浙江	—	—	400.0	400.0	700.0	800.0	1823.8	3323.8
	7	福建	—	—	—	0.0	215.0	511.0	1435.5	2161.5
	8	山东	—	—	400.0	400.0	200.0	18500.0	14357.0	33057.0
	9	广东	—	—	100.0	100.0	790.0	8892.2	264.0	9946.2
中部地区		中部小计	2198.4	29528.0	36886.0	68612.4	11315.8	16840.2	17166.6	45322.6
	1	河北	244.8	1900.0	6009.0	8153.8	1797.0	800.0	841.0	3438.0
	2	山西	163.2	3160.0	3921.5	7244.7	318.2	2926.1	1344.0	4588.3
	3	吉林	240.0	1370.0	1211.5	2821.5	271.0	1235.0	444.1	1950.1
	4	黑龙江	367.2	2057.0	3537.5	5961.7	520.0	1224.0	183.0	1927.0
	5	安徽	122.4	1339.0	6559.5	8020.9	145.0	741.8	3387.5	4274.3
	6	江西	204.0	1152.0	1486.0	2842.0	215.0	726.0	1087.0	2028.0
	7	河南	204.0	4133.0	7412.0	11749.0	6943.3	6489.1	2770.3	16202.7
	8	湖北	244.8	1186.0	4214.5	5645.3	728.7	892.0	2004.0	3624.7
	9	湖南	204.0	12895.0	1893.0	14992.0	270.0	1396.0	4969.7	6635.7
	10	海南	204.0	336.0	641.5	1181.5	107.6	410.2	136.0	653.8

续表

地区	序号	省(市、区)	中央财政投入(万元)				地方财政投入(万元)			
			2006 年	2007 年	2008 年	小计	2006 年	2007 年	2008 年	小计
		西部小计	5717.3	32772.0	46871.5	85360.8	3576.8	10202.6	8571.7	22351.1
西部地区	1	内蒙古	122.4	1778.0	4141.0	6041.4	594.0	757.0	1300.0	2651.0
	2	广西	876.4	1686.0	4778.0	7340.4	244.1	400.8	829.6	1474.5
	3	重庆	409.1	598.0	5482.0	6489.1	393.0	1964.7	1108.4	3466.1
	4	四川	767.6	7171.0	6337.5	14276.1	1307.5	2438.1	1113.4	4859.0
	5	贵州	894.3	9088.0	1762.0	11744.3	314.0	2261.0	420.0	2995.0
	6	云南	463.5	2067.0	4380.0	6910.5	30.0	156.6	516.0	702.6
	7	西藏	163.2	1342.0	1954.0	3459.2	21.6	334.4	286.0	642.0
	8	陕西	876.4	1632.0	4539.0	7047.4	409.6	532.5	1456.0	2398.1
	9	甘肃	409.1	1360.0	4781.0	6550.1	—	191.5	378.5	570.0
	10	青海	163.2	853.0	1030.0	2046.2	94.0	163.0	200.4	457.4
	11	宁夏	108.8	1234.0	1225.0	2567.8	60.0	78.0	50.0	188.0
	12	新疆	463.5	3745.0	4358.0	8566.5	109.0	870.0	843.4	1822.4
	13	兵团	—	218.0	2104.0	2322.0	—	55.0	70.0	125.0
总　计			7915.7	62300.0	85857.5	156073.2	24221.8	68975.1	60365.3	153562.3

3."三馆一站"免费开放与经费保障

在党中央、国务院的要求下，文化部、财政部积极推进美术馆、公共图书馆、文化馆(站)的免费开放工作。2011 年 1 月 26 日，文化部、财政部下发了"三馆一站"免费开放的指导性文件——《关于推进全国美术馆、公共图书馆、文化馆(站)免费开放工作的意见》(文财务发[2011]5 号)，并确立了免费开放的经费保障机制。该文件要求：各级财政部门要进一步明确美术馆、公共图书馆、文化馆(站)公益性文化单位性质，按照"增加投入、转换机制、增强活力、改善服务"的原则，建立免费开放经费保障机制，保证免费开放后正常运转并提供基本公共文化服务。中央财政安排专项资金，重点对中西部地区美术馆、公共图书馆、文化馆(站)开展基本公共文化服务项目所需经费予以补助，对东部地区予以适当奖励。要逐步提高经费保障水平，不断健全美术馆、公共图书馆、文化馆(站)免费提供的基本公共文化服务项目，提升服务质量。探索建立公共文化多元化投入机制，鼓励社会力量对美术馆、公共图书馆、文化馆(站)进行捐赠和投入，拓宽经费来源渠道。

为了配合"三馆一站"免费开放政策，2011年3月7日，财政部专门下发了《关于加强美术馆、公共图书馆、文化馆(站)免费开放经费保障工作的通知》(财教[2011]31号)，进一步明确按照中央和地方财力与事权相匹配的原则，美术馆、公共图书馆、文化馆(站)免费开放后，其人员、公用等基本支出由同级财政部门负担，基本公共文化服务项目的支出由中央和地方财政共同负担。其中中央级美术馆、图书馆所需经费由中央财政安排；省级美术馆、图书馆、文化馆所需经费由省级财政负担；中央财政设立专项资金，重点对中西部地区地市级和县级美术馆、公共图书馆、文化馆以及乡镇综合文化站开展基本公共文化服务项目所需经费予以补助，对东部地区免费开放工作实施效果好的地方予以奖励。其中，2011年地市级图书馆、文化馆开展基本公共文化服务项目经费补助标准为每馆每年50万元，县级图书馆、文化馆补助标准为每馆每年20万元，乡镇综合文化站补助标准为每站每年5万元。对中西部地区中央财政按照补助标准分别负担50%和80%。地方财政可根据实际情况提高补助标准。

随着多年的建设，文化共享工程已经作为公共图书馆、文化馆开展服务的重要内容。因此，在这些补助经费中，包含了文化共享工程运行经费。

此外，从2011年开始，为进一步完善公共文化服务体系建设，实现公共文化服务均等化向基层延伸，保障基层农村群众的基本文化权益，引导和激励地方财政部门加大农村文化投入，国家财政部统筹文化、广电、新闻出版、体育等部门支持农村文化事业发展的项目投入，设立农村文化建设专项资金。按照每个行政村1万元补助标准，中央财政分别承担中、西部地区补助标准的50%和80%，东部地区实行"以奖代补"。在1万元专项资金中，有2000元用于文化共享工程村基层服务点的网络接入、运行维护以及文化讲座等活动。

(三)加强资金管理的基本思路

文化共享工程体现了以人为本、和谐发展的理念，是完善公共文化服务体系的重点工程，是满足城乡基层群众公共文化需求的创新工程，是促进我国经济、社会协调发展的基础工程。各级财政部门应进一步从落实科学发展观、构建和谐社会的高度，提高思想认识，加大经费保障力度，切实采取有效措施，保证财政资金落实到位，积极推进文化共享工程的顺利实施，为促进社会主义文化大发展大繁荣，推动构建社会主义和谐社会做出新的贡献。

1. 明确财政分担责任

近年来，按照完善财力与事权相匹配的财税体制的总体要求，中央财政逐步加大了对困难地区财力性转移支付力度，有效缓解了中央和地方及地区之间的财力不平衡问题，为各级政府特别是基层政府提供了财力保障。地方政府应切实担负起公共文化产品和服务的支出责任，保证文化共享工程资金投入到位，将文化共享工程列入建设公共文化服务体系的重要内容，切实加大经费保障力度。

当前，党中央、国务院做出了扩大内需、促进消费的战略部署，各项农村基础设施建设和"家电下乡"等项目的实施，都为推进文化共享工程提供了有利条件。要紧紧抓住有利时机，进一步拓展工作思路，提高工作效率，加快推进文化共享工程实施进度，圆满完成党中央、国务院部署的任务。

2. 保障重点，合作共建

财政专项资金投入的重点是加强中央和省级文化信息资源内容建设，保障县级支中心、乡级基层点和村基层服务点建设。其中，特别要积极支持资源内容建设。一方面，要不断增加资源供给量，提高资源质量，更好地满足人民群众需求。在支持国家中心加强全国性资源建设的同时，要支持地方文化部门抓紧制作一批有地域性、有针对性的节目，使信息资源真正为基层群众所用。另一方面，要支持在资源制式上进行创新，以适应互联网、电视、移动多媒体等各种终端用户的需求。

文化共享工程技术平台建设应充分利用现有渠道，结合推进互联网络建设、广播电视数字化建设、移动多媒体建设等统筹实施，相关投入应由项目承担单位通过市场筹资等渠道解决，财政部门可通过扶持文化产业专项资金，对涉及的文化产业项目予以支持。

3. 加强管理，完善审计

近年来，受国际金融危机影响，我国财政收入增速减缓，中央和地方财政收入压力增大。在此情况下，各级财政部门积极调整支出结构，有力地保证了文化共享工程专项资金投入。因此，更要高度重视经费管理工作，切实管好、用好财政专项资金，提高资金使用效益。

根据相关规章制度，审计部门应会同有关部门加强对经费使用情况的监督检查，及时制止、纠正和惩处各种违反财务制度的行为，确保经费使用的规范和安全。严格政府采购制度，结合地方实际，制定切实可行的政府采购办法，努力降低工程建设成本。

研究建立文化共享工程专项资金绩效考评制度，将项目事前审核、事中监督和事后考评统一起来，并将考评结果作为经费安排的重要参考依据，切实提高资金使用的有效性。

4. 完善投入与保障机制

2011 年 11 月 15 日，文化部、财政部联合发布《关于进一步加强公共数字文化建设的指导意见》(文社文发[2011]54 号)，在十二五时期，重点实施文化共享工程、数字图书馆推广工程和公共电子阅览室建设计划，加强统筹，协调发展，提升三大公共数字文化惠民工程的整体效能。

为此，中央财政设立专项资金，对三大公共数字文化惠民工程建设所需经费予以补助。要求各地积极争取地方党政领导的重视和支持，确保地方财政资金足额按时到位，并做好经费管理和使用，使财政资金充分发挥效益。要研究制定政策措施，鼓励社会力量投资文化建设，逐步形成政府投入为主、社会多渠道筹资为辅的投入格局。进一步完善投入与保障机制，切实保障公共数字文化建设的顺利进行。

第四节　文化共享工程绩效评估制度

文化共享工程建设作为国家重大文化惠民工程，由文化部、财政部组织实施，是一项社会主义文化建设标志性工程，得到了党中央、国务院的高度重视。同时，文化共享工程又是一项艰巨而复杂的系统工程，遵循"统一领导、统筹规划、分级管理、分级负责"的原则。因此，文化共享工程的省级分中心、市、县级支中心、基层服务点的建设，需要得到地方各级政府部门的充分重视和大力支持。文化共享工程既需要功能完善、职责明确的组织支撑体系，又需要有章可循、有据可查的管理制度，还需要奖惩分明、运作有效的绩效评估制度，才能共同构成文化共享工程的组织支撑体系与保障制度。

文化共享工程的总体目标，利用现代信息技术，将中华优秀文化信息资源进行数字化加工整合，并利用覆盖全国的网络化管理和服务体系，实现其在全国范围内的共建共享。因此，以此作为评判的基本准则，在评估文化共享工程整体服务绩效时，要看其是否促进了优秀数字化资源总量的增长；通过服务对社会是否增强了文化产品的供给能力；是否最大限度地提供了更加丰富的社会文化活动；是否使公众获得了更多的高质量的文化享受机会；是否使公众得到了充分的文化参与权利；是否有利于造就具有科学素养和人文精神的现代公民群体；是否有利于提高公众的文化素养、塑造公民的人格，进而提升国家精神。在对文化共享工程基层服务点开展绩效评估时，也可以参照执行。

一、开展文化共享工程绩效评估的意义

文化共享工程绩效评估，是对文化共享工程服务现状进行分析，总结经验、发现不足，进而改善服务质量，提高服务水平。文化共享工程绩效评估的主要意义体现在以下几个方面。

(一)落实地方政府的责任

文化共享工程作为新时期政府提供公益性服务的重大文化工程，是构建我国公共文化服务体系的基础工程，是改善城乡基层文化服务的创新工程，也是用先进文化占领新媒体阵地的重要举措。按照中央的统一要求，将文化共享工程作为推进社会主义新农村建设的一件大事，纳入各级党委、政府的议事日程，纳入经济社会发展总体规划，纳入财政预算，纳入目标考核体系，纳入扶贫攻坚计划。

文化共享工程的绩效评估，以评促建，可以进一步推进落实

地方政府的建设责任，督促地方政府进一步增强文化共享工程建设的使命感、责任感和紧迫感，将文化共享工程作为公共文化服务体系建设重要内容列入重要议事日程，列为衡量地方文化事业发展的重要指标。

特别是经费保障，文化共享工程的基础设施、人员培训、日常运行和人员经费等，实行中央财政与地方财政分担机制。绩效评估的开展可以督促地方财政经费落实到位。

(二)推动面向基层的文化惠民服务

文化惠民，是文化共享工程的本质要求。覆盖城乡的文化共享工程基层服务点，是直接面向广大基层群众提供数字文化服务的触角和延伸点。

基层服务点建设有一定的网络环境设施要求、计算机终端数量、资源服务细则、管理运行办法等管理与服务的规范。绩效评估可以进一步推进基层服务点的制度完善和工作规范，推动基层公共文化服务活动的广泛开展。可以促进文化共享工程基层服务点积极引导广大基层公众，利用文化共享工程的丰富资源欣赏文化精品、学习实用技术、广开致富途径；充分体现网络服务的优势，让数字信息进村入户，以丰富的资源内容满足广大基层群众的基本需要。

"建好"、"管好"、"用好"是文化共享工程的三大环节，做好服务是文化共享工程的根本。近年来，文化共享惠民服务工作成绩显著，但在部分地区也存在着"建而不管"、"建而不用"的问题；个别地区还存在建设"盲点"，尚未完成县级支中心、乡镇、村基层服务点的建设任务。开展绩效评估，可以加强督促检查，完善落实。

(三)创新文化共享工程管理的手段

公共部门绩效评估，是指运用科学的方法、标准和程序，对公共部门的理念，提供的产品、服务以及管理过程中的业绩、成就和实际作为，做尽可能准确而客观的评价，将评价结果反映在公共部门的管理运行中，以促使公共部门的服务和管理获得进一步改进的做法。[①] 为了保证评估的客观性、公正性和专业性，往往引入行业协会、高校、科研机构等"第三方"开展评估工作。

文化共享工程是政府创办的重大文化惠民工程，文化共享工程的绩效评估，自然也归类于公共部门绩效评估。开展文化共享工程绩效评估，不仅要了解基层服务点工作人员配备、经费投入、时间开放、活动数量、受惠人次等静态数据，更要关注文化共享工程服务的动态过程，包括免费开放制度执行情况、服务项目的受欢迎程度、群众服务满意度等。通过真实有效、定性与定量相结合的评估，可以帮助相关人员比较客观地把握相关信息，为总体提高文化共享工程的绩效水平提供依据，同时对被评估对象的工作起到较好的促进和指导作用。

作为一种制度化、社会化的管理模式，绩效评估突破了以往系统内部的自我审查机制，引入了外部监督机制，有利于服务质量和水平的提高，可以作为文化共享工程管理的创新手段。

二、文化共享工程绩效评估的基本原则与基本要素

(一)开展绩效评估的基本原则

1. 建立以公众满意度为导向的绩效评估指标体系

文化共享工程是惠民工程，其服务绩效评估不是"形式的展现"，而必须注重实际效果，公众在接受文化共享工程提供的数字文化服务后产生的现实客观结果，才是可供评估参考的依据。

因此，应以公众为核心，以公众满意度为导向，设计、建立

---

① 巫志南. 社区公共文化服务[M]. 北京：北京师范大学出版社，2012：139.

科学合理的文化共享工程评估指标体系。而公众满意度的提升，往往与文化共享工程基层服务点充足的电脑终端数量、快速的上网速度、可利用的资源内容、有效的技术支撑、合理的开放时间等因素是密切相关的。也就是在评估提供文化共享工程服务绩效时，不仅仅要考察其提供服务的数量与种类，更重要的是要考量公众在接受其所提供的文化服务后产生的实际效果。

2."多维度"综合判断评估指标数值

在开展文化共享工程绩效评估时，对获取的各类评价指标值，需要进行科学合理的、"多维度"的综合判断。所谓"多维度"综合判断，就是依据多层次、多视角、多变量，以及变量之间的关系为条件，进行评估判断。

需要充分理解与把握评估指标体系的内涵，了解到所获取的评价指标值的真实性与误差，合理把握住绩效评估指标体系中的重点与非重点，短期效益与长期效益的辩证关系，从而确保绩效评估的判断结果可以综合、客观、准确地反映被评估对象的真实绩效。

3. 建立起规范化的绩效评估制度

由文化共享工程领导小组及相关政府部门，加快建立文化共享工程绩效评估的规范化制度建设。确定不同级别中心与基层服务点的评估指标标准，建立客观公正的评估程序，选聘专业公正的评估"第三方"，选取合理的评估周期等。

特别建立绩效评估后的奖惩激励机制，对持续取得优异成绩的评估对象，应给予适当奖励公开表彰；对未达标者，应予以及时整改，达到鞭策与监督的作用。

(二)文化共享工程绩效评估的基本要素

文化共享工程绩效评估的基本要素，一般应包括基础设施、经费投入、人员配备、服务活动、服务效果、管理规范等基本要素。

1. 基础设施

(1)服务场所。包括为公众提供数字文化服务的独立空间，舒适的上网环境，统一的标牌标识、公开的服务公示等。

(2)设施设备配置。可参考省级分中心、地市级分中心、县级分中心、乡镇基层服务点、城市社区文化中心、村级基层服务点、社区文化活动室及各级公共电子阅览室的设备配置标准。包括提供服务的电脑终端数量、宽带接入标准等。

(3)资源传输渠道。包括互联网、卫星网、电视网、专网等；镜像、光盘、移动播放器、移动硬盘、无线网等辅助传输手段。

(4)资源建设。省级分中心，承担着资源建设的任务。包括自建资源的类型、数量、质量等。

2. 经费投入

(1)设施设备经费。购置或更新设施设备、软件使用等费用。

(2)资源建设经费。自建资源采集、加工、版权购买等费用。

(3)网络维护费。上网、软件更新、故障维修等费用。

(4)日常运行经费。开展服务活动所必须的开支等费用。

(5)人员经费。工作人员的工资、培训等费用。

3. 人员配备

(1)人员数量。能够提供服务的专兼职人员数量。

(2)学历水平。获得大学以上学历的人员比例。

(3)专业能力。计算机操作熟练、业务活动熟悉。

4. 服务活动

(1)实用技术培训。面向基层群众提供的实用技术培训活动，包括培训内容计划、实施方案、工作总结；培训的总人次、覆盖率等。

(2)服务活动开展。面向基层群众提供的各类服务活动，包括活动的种类、效果；网站更新频率、点击次数等。

(3)免费开放情况。包括开放时间、服务人次等。

（4）指导培训工作。指导支中心、基层服务点建设的情况。包括下基层的次数，对基层网点指导的内容及效果等。

5. 服务效果

（1）公众满意度。通过科学调查，就文化共享工程服务条件、环境、服务质量、服务效果等征求公众意见。

（2）表彰奖励。受到上级业务主管部门等表彰奖励情况。

6. 管理规范

包括服务的整体规划、年度计划总结；人员、设备等管理制度；服务、活动档案；统计信息报送制度等。

2006 年 9 月 28 日，文化部颁布了《全国文化信息资源共享工程试点工作方案》，并附有《全国文化信息资源共享工程试点工作验收标准》，确立了示范省标准、示范市标准和示范县标准，以及县级支中心、乡镇基层服务点和村级基层服务点评估定级条件。这些标准与评估定级条件，从目前来看，已经可以作为普通要求。在这里，不妨作为文化共享工程绩效评估时的参考标准。

全国文化信息资源共享工程试点工作验收标准

示范省标准

1. 下辖 90％的县建成支中心，100％乡镇、行政村建立基层服务点；

2. 所有县级支中心达到一级，所有乡镇、村基层服务点达到三级以上。

示范市标准

1. 下辖所有县建成支中心，100％乡镇、50％行政村建立基层服务点；

2. 所有县级支中心达到一级，所有乡镇、村基层服务点达到二级以上。

示范县标准

1. 试点县下辖100％乡镇、50％行政村建立基层服务点；

2. 东、中部地区试点县，县级支中心达到一级，所有乡镇、村基层服务点达到二级以上；西部地区试点县，县级支中心达到二级以上，所有乡镇、村基层服务点达到三级以上。

评估定级条件

县级支中心

一级

1. 设施设备达到文化共享工程试点工作方案所要求的配置标准；

2. 年运行经费不低于20000元；

3. 有三名以上工作人员经过培训，并能够胜任工作；

4. 免费服务；

5. 开放时间平均每周不低于60小时；

6. 年服务达到10000人次以上；

7. 标识规范，工作记录完整；

8. 对所有乡、村基层服务点工作人员进行培训。

二级

1. 设施设备达到文化共享工程试点工作方案所要求的配置标准；

2. 年运行经费不低于10000元；

3. 有两名以上工作人员经过培训，并能够胜任工作；

4. 免费服务；

5. 开放时间平均每周不低于50小时；

6. 年服务达到8000人次以上；

7. 标识规范，工作记录完整；

8. 对90％乡、村基层服务点工作人员进行培训。

三级

1. 设施设备达到文化共享工程试点工作方案所要求的配置标准；
2. 年运行经费不低于 5000 元；
3. 有一名以上工作人员经过培训，并能够胜任工作；
4. 免费服务；
5. 开放时间平均每周不低于 40 小时；
6. 年服务达到 5000 人次以上；
7. 标识规范，工作记录完整；
8. 对 80% 的乡、村基层服务点工作人员进行培训。

乡级基层服务点

一级

1. 设施设备达到本省（自治区、直辖市）所要求的配置标准；
2. 年运行经费不低于 10000 元；
3. 有专兼职工作人员两名以上经过培训，并能够胜任工作；
4. 免费服务；
5. 开放时间平均每周不低于 40 小时；
6. 年服务达到 1000 人次以上；
7. 标识规范，工作记录完整。

二级

1. 设施设备达到本省（自治区、直辖市）所要求的配置标准；
2. 年运行经费不低于 5000 元；
3. 有专兼职工作人员一名以上经过培训，并能够胜任工作；
4. 免费服务；
5. 开放时间平均每周不低于 30 小时；
6. 年服务达到 800 人次以上；
7. 标识规范，工作记录完整。

三级

1. 设施设备达到本省(自治区、直辖市)所要求的配置标准;

2. 年运行经费不低于 3000 元;

3. 有专兼职工作人员一名以上经过培训,并能够胜任工作;

4. 免费服务;

5. 开放时间平均每周不低于 20 小时;

6. 年服务达到 500 人次以上;

7. 标识规范,工作记录完整。

村级基层服务点

一级

1. 设施设备达到本省(自治区、直辖市)所要求的配置标准;

2. 年运行经费不低于 1000 元;

3. 有专兼职工作人员一名经过培训,并能够胜任工作;

4. 免费服务;

5. 开放时间平均每周不低于 30 小时;

6. 年服务达到 500 人次以上;

7. 标识规范,工作记录完整。

二级

1. 设施设备达到本省(自治区、直辖市)所要求的配置标准;

2. 年运行经费不低于 500 元;

3. 有专兼职工作人员一名经过培训,并能够胜任工作;

4. 免费服务;

5. 开放时间平均每周不低于 20 小时;

6. 年服务达到 500 人次以上;

7. 标识规范,工作记录完整。

三级

1. 设施设备达到本省(自治区、直辖市)所要求的配置标准;

2. 年运行经费不低于 300 元；

3. 有专兼职工作人员一名经过培训，并能够胜任工作；

4. 免费服务；

5. 开放时间平均每周不低于 15 小时；

6. 年服务达到 300 人次以上；

7. 标识规范，工作记录完整。

三、文化共享工程监督评估机制的建立与拓展

虽然截至 2011 年年底，文化共享工程尚未正式实施严格意义上的绩效评估制度，但开展绩效评估是文化共享工程未来发展的必然方向。与此同时，文化共享工程督导评估机制，从工作实施初期就已经建立，且有效运行，这也为未来绩效评估制度的实施积累了丰富经验。

由于文化共享工程是公共文化服务体系建设构成的重要内容，成为衡量地方文化事业发展的重要指标，被融入创建文化先进县(市)、文化先进乡镇等相关评比标准之中。因此，文化共享工程的监督评估机制，既有来自于文化共享工程系统内部的督导评估机制，又有来自文化共享工程外部的、更大范围内的公共文化服务体系建设中的相关监督评估指标。如公共图书馆、文化馆、乡镇综合文化站等评估定级中，包含有对文化共享工程绩效评估的指标要求。

(一)系统内部的督导评估机制

1. 督导评估初期政策基本思路

文化共享工程在实施初期，就注意到了对工程的组织管理及其实施效果的监督与评估问题。2002 年 6 月 30 日，在文化部公布的《全国文化信息资源共享工程管理暂行办法》中有相关条款：

对服务效果显著、资源建设工作突出的分中心，经文化共享工程领导小组办公室和国家中心评选，给予表彰和奖励；对于分中心和基层中心如果无特殊故障不能正常开展活动，或有与文化共享工程服务宗旨相违背的行为，一经发现将酌情予以通报批评或停止提供资源、收回补助资金。

2004 年 4 月 9 日，文化共享工程领导小组决定对全国 35 个文化共享工程建设先进单位进行表彰："授予北京市文化信息资源共享工程领导小组等 7 个单位为共享工程建设先进单位；授予上海市徐汇区文化局等 4 个单位为共享工程建设先进单位；授予全国文化信息资源共享工程河北省级分中心等 7 个单位为共享工程建设先进单位；授予北京市西城区图书馆基层中心等 17 个基层中心为共享工程建设先进单位。"①

2. 从试点工作走向有序规范的督导评估政策

为了加快文化共享工程建设，文化部决定从 2006 年 7 月至 2007 年 6 月在全国开展文化共享工程试点工作。2006 年 9 月 28 日，文化部颁布了《全国文化信息资源共享工程试点工作方案》，明确要求各地认真总结试点经验："各地文化部门应及时发现试点过程中出现的困难和问题，研究解决方案，落实解决措施；对好的典型，及时总结经验，加以宣传和推广。建立信息沟通机制，定期通报进展情况，及时发布试点工作信息。文化部将制定标准，组织评估验收，对验收合格并取得显著成绩的试点地区，命名为文化共享工程建设示范地区。"

与此同时，文化部还颁布了《全国文化信息资源共享工程试点工作验收标准》，建立了文化共享工程建设"示范省标准"、"示范市

---

① 全国文化信息资源共享工程领导小组关于表彰全国文化信息资源共享工程建设先进单位的通知(共享字[2004]1 号).

标准"和"示范县标准"。由于试点工作重点放在县级分中心的建设上，增强县级分中心接收、整理和向乡村配送资源的能力，因此在试点工作验收标准中，还确定了县级支中心、乡级基层服务点和村级基层服务点达到评估定级条件的一级、二级和三级的标准系列。

3. 系统内部的督导评估机制

为了加大文化共享工程建设力度，文化部决定从 2007 年 12 月起开展文化共享工程督导工作。2007 年督导工作的主要目的，是全面督查全国各地开展试点及推进工程建设的基本情况，发现问题，解决问题，督促各地进一步提高认识，加大工作力度，确保 2007 年度建设任务的顺利实施及工程"十一五"建设规划的圆满完成。

2008 年 5 月 20 日，根据文化共享工程 2006 年度试点工作和 2007 年度督导并对试点工作进行检查验收的基础，文化部经研究决定命名山东省为"全国文化信息资源共享工程示范省"，浙江省嘉兴市和宁波市、广东省深圳市为"全国文化信息资源共享工程示范市"，北京市大兴区等 49 个县(市、区)为"全国文化信息资源共享工程示范县"。

自 2007 年开始，文化共享工程的督导工作，成为每年一度的常规化工作。督导工作也日益规范。

(1)督导时间：一般定在每年的年底或下一年的年初进行。

(2)督导内容：主要是检查文化共享工程年度建设的落实、完成情况，及当年度的相关重点工作。督导意见反馈给所在地的省级人民政府。

(3)督导方式：先由各省(区、市)文化主管部门对本地区工作进行自查与验收，准备汇报材料；然后是文化部督导组赴各地开展工作，以听取汇报、座谈交流、实地抽查等方式对各地工程建设情况进行检查；最后进行督导工作总结工作经验，对存在问题提出解决对策，推动文化共享工程持续健康发展。

(4)督导结果：督导意见由督导组反馈给所在地的省级人民政

府；文化部通报督导情况并根据督导情况安排下一年度中央财政专项资金的分配方案。

（二）系统外部的督导评估指标

1. 公共图书馆评估定级中的文化共享工程

为了提高公共图书馆的工作水平和工作质量以评估促进建设、以评估促进发展，文化部启动了全国公共图书馆的评估定级工作，先后于 1994 年、1998 年、2004 年和 2009 年，组织开展了四次评估定级工作。

在 2004 年第三次公共图书馆评估定级时，由于文化共享工程刚刚进入初步实施阶段，组织支撑体系尚未全面定型。因此，只有在省级公共图书馆评估定级的《省图书馆评估标准暨得分表》中，列有与文化共享工程相关的考核指标，并且只作为图书馆"业务研究、辅导、协作协调"之下的三级指标出现。该指标的考核内容也极其简单，即"提供与共享工程国家中心签订的试点工作实施协议及落实情况报告"，也就是落实省级公共图书馆建立文化共享工程省级分中心的责任。该指标的考核分值，也只占全部总分 1000 分中的 5 分。

文化共享工程经过多年的建设发展，在推动图书馆自身业务的发展建设中扮演了极其重要的角色。特别是依托各级图书馆建立起来的文化共享工程各级分中心，一方面，图书馆为分中心的建立提供了基础条件；另一方面，分中心的建设也大大推进了图书馆的自动化、系统化建设，两者相得益彰。因此，在 2009 年第四次公共图书馆评估定级时，文化共享工程建设，全面进入了省级、市级、县级公共图书馆及少儿图书馆的评估标准。而且，文化共享工程建设作为新设的一级指标出现，分值也大大提高，如在省级图书馆中达到了 1000 分中的 80 分。在一级指标下，还分设了多项二级指标，内容涵盖宣传指导、资源建设、服务活动、设备配置、经费投入、基层点建设、制度建设与管理等各个方面。可见，文化共享工程建设已经成为各级图书馆建设的重要内容。

表 2-3　文化共享工程建设的评估标准(第四次公共图书馆评估定级)

类型	标号	指标	标准与因素	分值	备注
省级图书馆	5	文化共享工程建设		80	
	51	省级分中心设备配置	有专门机构,设备达到要求	0~5	
	52	经费投入(万元)	1000↑ 800↑ 500↑ 300↑ 100↑	10 8 5 3 1	文化共享工程启动以来的经费投入
	53	资源建设	完成向国家管理中心上缴任务; 自建资源的类型、数量、质量	0~5 0~5	
	54	资源传输渠道	互联网、卫星网、电视网、专网、辅助传输手段等	0~15	辅助传输手段包括:镜像、光盘、移动播放器、移动硬盘、无线网等
	55	技术培训	计划、方案、总结; 总人次、覆盖率	0~2 0~3	
	56	指导支中心与基层点建设	下基层的次数;对基层网点指导的内容及效果	0~10	
	57	服务活动	网站点击次数; 开展活动情况	0~5 0~5	
	58	共建共享		0~5	
	59	制度建设与管理	整体规划、年度计划总结; 人员、设备等管理制度; 服务、活动档案; 统计信息报送制度	0~2 0~2 0~3 0~3	统计报送制度需考核是否按照上级要求及时报送

类型	标号	指标	标准与因素	分值	备注
地市级图书馆	5	文化共享工程建设		50	
	51	地级支中心建设	有专门机构，有专职或兼职人员； 经费投入； 专用设备达标； 规章制度，档案管理	0～5 0～5 0～5 0～5	有 5 人以上专职人员可视同有专门机构；各级财政对共享工程建设的经费投入
	52	技术培训	计划、方案、总结； 总人次，覆盖率	0～5 0～5	
	53	指导基层点建设	下基层的次数、对基层网点指导的内容及效果	0～10	提供原始图片、文字、统计记录等
	54	面向社会服务活动		0～10	
县级图书馆	5	文化共享工程建设		50	
	51	县级支中心建设	有专门机构，有专职或兼职人员； 经费投入； 专用设备达标； 规章制度，档案管理	0～5 0～5 0～5 0～5	有 2 人以上专职人员可视同有专门机构；各级财政对共享工程建设的经费投入
	52	技术培训	计划、方案、总结； 年总人次、覆盖率	0～5 0～5	
	53	指导基层点建设	下基层的次数、对基层网点指导的内容及效果	0～10	提供原始图片、文字、统计记录等
	54	面向社会服务活动		0～10	

续表

类型	标号	指标	标准与因素	分值	备注
省级少年儿童图书馆	5	文化共享工程建设		50	
	51	宣传、指导	宣传并指导读者使用	0～10	
	52	资源建设	自建资源的类型、数量、质量，并能向国家管理中心上缴资源	0～20	
	53	服务活动	利用共享工程的设备和资源开展活动	0～20	
地市级少年儿童图书馆	5	文化共享工程建设		20	
	51	专用设备	配有专用设备	0～10	
	52	服务活动	利用共享工程的设备和资源开展活动	0～10	
县级少年儿童图书馆	5	文化共享工程建设		20	
	51	专用设备	配有专用设备	0～10	
	52	服务活动	利用共享工程的设备和资源开展活动	0～10	

注：各级各类图书馆评估标准总分，均为 1000 分。

2. 文化馆评估定级中的文化共享工程

为了提高文化馆的工作水平和工作质量，以评估促进建设、以评估促进发展，文化部启动了文化馆的评估定级工作，先后于 2001 年、2006 年和 2011 年，组织开展了三次评估定级工作。

由于文化馆的计算机信息服务网络建设和数字化服务起步较晚，很多文化馆没有数字化服务室或电子阅览室。在 2006 年第二次文化馆评估定级时，在评估标准中也没有设置数字化服务方面的评估项目。在当时的评估标准总分 1000 分之外，文化馆如果建有电子阅读室则另加 5 分；如果建有网站并宽带接入，则最高可另加 30 分。这些分数都是作为提高指标或加分项进行鼓励。

随着进入信息时代，数字化信息服务成为公共文化服务的重要手段，文化馆的数字化、网络化建设成为一件十分迫切的任务。在 2011 年第三次文化馆评估定级时，文化馆的数字化服务从加分项目变为评估项目，评估内容包括网站建设、网站原创信息更新量、群众文化文献资源的数字化、数字化服务活动、开展远程辅助或指导等。评估的分值也比以前大大提高。

由于文化馆也是文化共享工程建设所依托的公共文化设施之一，再加上自 2010 年 10 月开始，文化部组织实施"公共电子阅览室建设计划"，文化馆也是重要的依托单位。因此，很多文化馆依托文化共享工程和公共电子阅览室计划，发挥文化馆文化资源和功能的特色，建设与公共图书馆、乡镇文化站、社区村文化室一体的，有文化馆自己特色的数字化、网络化服务体系。

根据文化馆数字化、网络化建设的实际，为了发挥评估定级对文化馆数字化、网络化建设的引导和推进作用，第三次文化馆评估定级的考核，放宽了时间要求，以评估时文化馆的实际情况作为评估依据，给了文化馆补救的时间；放宽了考核标准，对文化馆的数字化、网络化设备与文化共享工程设备要求相一致，为此，制定了基本具备、完备、达标三个等级，并提出了具体的评估内容和要求。这个要求还是初级的，省级馆达到文化共享工程县级支中心设备配置标准，地市馆达到文化共享工程《乡镇基层服务点配置标准》，县级馆达到文化共享工程《村级基层服务点配置标准》，而把达到更高一级文化共享工程配置标准作为加分指标。可见，文化共享工程建设也成为文化馆建设与发展的重要内容。

3. 乡镇综合文化站建设中的文化共享工程

乡镇综合文化站是我国农村群众文化工作网络的重要组成部

分，是开展农村文化工作的基本阵地，也是乡镇政府为农村提供基本公共文化服务而设立的公益性文化事业机构。乡镇综合文化站集宣传教育、文化艺术、文化遗产保护、数字文化信息服务、图书阅读、广播影视、科学普及、体育和青少年校外活动等于一体，承担着提供公共文化服务以及乡镇政府文化管理的职能，在广大农村的经济建设和社会生活中发挥着积极的作用。

由文化部颁布、自 2009 年 10 月 1 日起施行的《乡镇综合文化站管理办法》，明确规定了文化站的基本功能空间，应该包括文化共享工程基层点和管理用房。文化站履行职能，开展的服务包括"建成全国文化信息资源共享工程基层服务点，开展数字文化信息服务"。

4. 创建国家公共文化服务体系示范区中的文化共享工程

为了贯彻中央有关公共文化建设的精神，推动公共文化服务体系建设科学发展上水平，充分发挥典型的示范、带动作用，分类指导东、中、西部和城乡基层文化建设，文化部与财政部在十二五期间共同开展了"国家公共文化服务体系示范区（项目）创建工作"。

2011 年 5 月，在各地申报的基础上，经国家公共文化服务体系建设专家委员会评审，并经国家公共文化服务体系示范区（项目）创建工作领导小组批准同意，文化部、财政部确定了第一批"创建国家公共文化服务体系示范区（项目）"。2012 年 3 月至 5 月间，国家公共文化服务体系示范区（项目）创建工作领导小组办公室组织成立督查组，开展了第一批创建国家公共文化服务体系示范区（项目）的督查工作。

在创建国家公共文化服务体系示范区的督查过程中，督查组实地考察了示范区内的文化共享工程与公共电子阅览室情况，并且将乡镇（街道）、社区（村）标准配置的公共电子阅览室（含共享工程支中心、基层服务点)的设置率和达标率,作为此次督查的评估指标之一。可见,文化共享工程建设的影响日益深远。

【本章小结】

文化共享工程自 2002 年实施以来,建成了覆盖广泛的六级传输、管理与服务网络,基本实现"村村通",逐步形成了具有中国特色的组织支撑体系与保障制度,为建立、健全公共文化服务体系建设作出了重大贡献。

在组织体系架构上,遵循"统一领导、统筹规划、分级管理、分级负责"的原则下,建立了"国家中心——省(区、市)级分中心——地(市)级支中心——县(市)级支中心——乡镇(街道)基层服务点——村(社区)基层服务点"的分级管理体系和部际联席会议、领导小组、专家咨询委员会等组织协调指导机构。经过多年实践,逐步建立起了结构完整、功能完善的基本管理制度和资源建设、专项资金、设备配置等管理机制,从而保障了文化共享工程各级各类管理工作有序开展,做到有章可循、有据可查。

其中,合作共建是文化共享工程建设的核心理念和基本途径。自 2005 年以来,文化共享工程不再单独建设村级基层点,而是与中组部全国农村党员干部现代远程教育工作合作共建。此外,还与教育部农村中小学现代远程教育工程、国家广电总局广播电视"村村通"工程、国家发改委国家信息中心电子政务外网以及信息产业、农业、科技部等部门广泛开展了合作共建。文化共享工程本着"不求所有,但求所用"的理念,着力加强基层文化资源的整合,加强场地、设备、人才资源的整合,不搞重复建设,促进基层公共服务资源的共享和有效利用,促进公共文化资源的共建共享。合作共建也缩短了文化共享工程村级基层点的建设周期,扩展了覆盖范围,充实了设备设施,丰富了资源内容，提升了基层服务点的综合服务能力。

在基层人才队伍建设上，文化共享工程通过内部培训和社会招聘等形式，培养了一批既懂业务又懂管理，知识结构合理、技术过硬的复合型信息人才队伍，建立了一支扎根基层、服务群众的专兼职公共文化服务队伍，成为实现公共文化服务体系的重要支撑和保障。

在经费投入保障上，文化共享工程将建设经费纳入到公共文化服务财政保障经费中统筹安排，由公共财政承担主要投入责任。根据东、中、西部地区不同发展情况，建立了中央财政和地方财政不同比例的分担机制，不断完善文化共享工程经费投入的长效机制，确保文化共享工程建设目标完成后的可持续发展。

绩效评估是文化共享工程管理创新手段，包括基础设施、经费投入、人员配备、服务活动、服务效果、管理规范等基本要素。在文化共享工程系统内外，已经建有各级各类的督导评估机制，为正式开展绩效评估积累了经验。

【思考题】

1. 试说明文化共享工程的国家中心、省级分中心、地市级支中心、县支中心和乡镇(街道)、村(社区)基层服务点之间的业务关系。

2. 结合实例，谈谈文化共享工程开展合作共建的重大意义。

3. 结合自身体会，谈谈基层服务点的工作人员接受培训学习的具体途径或方式。

4. 结合本地区的实际，谈谈维护一个文化共享工程基层服务点的正常运行，一般每年需要多少经费？试列举具体的经费开支类别。

5. 列举并说明文化共享工程实行绩效评估的基本要素。

【推荐阅读】

1. 周和平. 全面推进文化共享工程建设[J]. 人民论坛，2008(22)：10—11.

2. 周和平. 大力推进文化共享工程建设[N]. 经济日报，2009-01-11.

3. 周和平. 全国文化信息资源共享工程的建设、问题及措施[J]. 数码世界，2007(5)：3—5.

4. 张彦博. 公共文化服务的创新与跨越：全国文化信息资源共享工程建设研究论文集[M]. 北京：国家图书馆出版社，2010.

5. 刘刚. 创新竞赛活动，推动文化共享工程队伍建设[J]. 图书馆理论与实践，2012(2)：60—61.

6. 刘刚. 全国文化信息资源共享工程乡村基层服务点的共建共享[J]. 图书馆建设，2008(2)：100—102.

7. 许建业，陆忠海. 当代中国文化共享工程与基层公共文化服务的发展[J]. 艺术百家，2010(S1)：1—4.

8. 石丽珍，严春子. 全国文化信息资源共享工程服务农村的实践与思考[J]. 图书馆建设，2008(2)：97—99，105.

9. 石丽珍. 抓住机遇　积极探索　努力把共享工程省级中心工作做实做好——在全省文化信息资源共享工程工作会议上的发言[J]. 图书馆学研究，2005(7)：97—99.

10. 文化部全国文化信息资源建设管理中心. 全国文化信息资源共享工程文件汇编(2002.4—2010.7)(内部资料). 2010.8.

第三章 文化共享工程的技术应用

【目标与任务】

本章主要目的是帮助学习者了解文化共享工程发展 10 年来，随着现代技术不断提升，在全国不同地域和发展的不同阶段所应用的主要技术与特点。了解国家、省、地(市)、县、乡镇(街道)、村(社区)六级数字文化服务网络的软硬件配置。分析了作为重要服务窗口的文化共享工程网站的定位、主要功能、访问流程与内容设计。重点介绍了国家"十二五"时期三大公共数字文化项目之一的公共电子阅览室建设的创新与发展。为此，本章涵盖的主要内容包括：文化共享工程的主要技术内容及其特点、各级中心(基层服务点)的软硬件配置、文化共享工程网站建设以及公共电子阅览室建设等。

第一节 文化共享工程的主要技术内容及其特点

在中央和地方各级财政的大力支持下，经过 10 年的不懈努力，文化共享工程总体技术路线已经初步形成，即采用国际上先进与成熟的技术模式、兼顾国内不同地区经济发展不平衡的现状而推出的多样化技术方案，建立了较为先进的信息管理平台。

在资源数字化方面，建成了国家中心版和省级分中心版的资源加工管理系统；在传输建设方面，形成了以互联网、卫星网、电子政务外网、有线电视/数字电视网等为主要传输渠道，光盘/移动硬盘、移播宝为辅助传输手段的网络传输体系，实现了文化信息资源的有效传递；在终端服务上，提供了国家中心网站/省级分中心网站、省级分中心镜像站、卫星终端服务系统、文化共享工程基层服务系统、有线电视/数字电视、光盘、移动硬盘、移播宝等，方便广大群众以多种方式从不同渠道获取和使用文化信息资源。① 形成了 IPTV、有线电视/数字电视、VPN、移动互联、三网融合、云计算等多种与工程业务需求相适应的技术模式，使基层文化单位的信息化水平和数字资源服务能力得到跨越式提升。② 目前，文化共享工程从硬件配置到软件设计，努力实现"传输快捷化、操作简易化、接收方便化"。③ 初步形成了"层次分明，互联互通，多方并举"的技术应用特点。

文化共享工程涉及的技术领域很多，包括数字资源的采集、加工、存储、传输与应用的全过程，而其中的数字资源传输技术则是文化共享工程 10 年来发展应用的主体。本节以文化共享工程的资源传输体系为中心做了综合性阐述，分析了各种传输手段的特点、适用范围及其在工程传输体系中的定位。④

一、主要技术内容与特点

（一）互联网

1. 互联网的技术内容

互联网是文化共享工程信息资源最主要的传输与服务渠道。

---

① 张晓星，蒋卫东，罗云川. 科学构建文化共享工程技术体系. 数字图书馆论坛，2007(1)：15—16.

② 文化共享国家中心. 全国文化信息资源共享工程"十一五"成果展. 技术篇解说词，2010(12).

③ 周和平. 全国文化信息资源共享工程发展回顾. 公共文化服务的创新与跨越. 北京：国家图书馆出版社，2010.

④ 罗云川. 对全国文化信息资源共享工程多种资源传输手段的初步分析与思考. 图书馆建设，2008(2)：75—77.

随着互联网技术的日益进步，用户群体的快速发展，网络带宽的不断增加，互联网将在文化共享工程的资源传输与服务中发挥更加重要的作用。目前基于互联网的传输服务方式主要有如下几种。

(1)网站，是文化共享工程面向全世界传播中华优秀文化的窗口，也是提供文化信息资源服务的一种受众群体最为广泛的方式。目前，设有国家中心网站、省级分中心网站以及部分市/县级支中心网站。用户可以在网站上浏览图文信息，以及一般清晰度的视频资源(码率为300K)，并能够在权限范围内下载资源。

(2)基于VPN的文件传输与服务，在陕西、四川等地，采用VPN技术，在互联网基础上，通过建立虚拟专用网络，实现资源的安全可靠性传输与管理，并在电子阅览室等区域开展集中式的文化信息资源服务。VPN技术的可控性较强，资源传输可通过带宽较为充足的夜间进行并下载，传输的协议主要采用FTP和P2P，能够在后台监控资源传输的状态，实现断点续传。

(3)IPTV，在河南、山西等地的村基层服务点采用IPTV模式。该模式以宽带互联网为基础通道，通过互联网协议传送数字信息资源，以电视和计算机作为主要终端，能够提供多种交互式服务。在文化共享工程中，目前采用较为广泛的是电视＋机顶盒的方式。IPTV通过后台的播发管理平台，可综合应用VOD、CDN等技术，实现资源的上传下载、资源的分级传输、栏目和节目单管理、安全管理以及播放统计等。这种模式使用方便、交互性较强，在已接通宽带互联网区域易于快速推广。

(4)CDN＋VOD，在山东、湖南等地，将CDN与VOD技术相结合在互联网基础上通过内容分发服务，根据预先定义的分发策略和全局调度机制，将资源从中心服务节点通过应用层路由分发到边缘服务节点，使用户可以就近取得所需要的内容，实现分布式视频点播服务。这种模式可以智能化地"按需提供"资源，提高用户的访问质量，有效提升网络应用效率，具有较强的扩展性。

（5）同步复制，2008 年为解决南北方电信企业互通性不足的问题，国家中心与浙江省级分中心经过密切配合，在浙江省杭州市建立了实时同步更新的南方镜像站，对国家中心主站与南方镜像站之间的视频传输采用了同步复制技术，提升了工程网站的使用效率。该技术可以在不影响主要数据运行的前提下，持续捕捉或跟踪目标数据所发生的任何改变，通过 TCP/IP 远程复制到一个或多个目标服务器。这种技术能够提供块级、文件级和应用级的备份，以及从多个恢复点进行数据恢复的能力，可以较好地满足文化共享工程资源的实时镜像和容灾备份要求。

2. 互联网的技术特点

以上各种传输与服务模式，都是以互联网为基础，通过各种技术的优化组合实现传输与服务的一体化。互联网方式的特点是传输手段灵活多样，传输与服务的整体性较好，能够实现双向传输；其缺点是受到网络带宽的限制，目前的大数据量资源传输仍有一定困难。

（二）卫星网

1. 卫星网的技术内容

卫星网是文化共享工程另一条行之有效的资源传输服务渠道，尤其对于一些互联网相对薄弱的地区，卫星网能够在资源传输服务中发挥主要作用。基层点可通过卫星接收系统，使用计算机或机顶盒接收卫星播发数据，开展服务，主要方式如下。

（1）流媒体直播：文化共享工程卫星主站每日实时播发流媒体数据，基层点可使用计算机或机顶盒接收卫星直播的流媒体数据，并通过投影机、电视机、计算机进行播放。直播数据不能进行存储。卫星直播的节目码率为 1.5Mbps，其清晰度高于网站视频（300Kbps）。

（2）文件投递：文化共享工程卫星主站将图文、视频等资源，以 IP 数据包的形式投递，基层网点可使用计算机或具备存储功能的机顶盒，将投递的数据文件接收、解析、还原，并存储到本地数据库中。目前，文化共享工程通过卫星方式，日均投递资源的数量约为 4GB。

2. 卫星网的技术特点

卫星模式的主要优点是广播式的资源传输与服务方式，不因基层服务点的增多而增加网络带宽的负载，这就使得基层点越多，卫星模式的性价比越高。而且卫星模式不受地面网络线路的限制，在互联网建设薄弱的偏远地区越发体现该模式的优越性。文化共享工程使用的卫星网方式的不足之处是，作为一种单向广播方式，缺少互动性，无法实现资源的双向传输。

（三）电子政务外网

1. 电子政务外网的技术内容

电子政务外网是国家中心重点使用的一条资源传输渠道。作为我国电子政务建设的基础网络平台，电子政务外网设计为中央与各省（区、市）互联互通的专线广域网络，中央节点至各省节点采用 155M 专线（部分西部省、区初期为 10M），并通过省级骨干网，进一步将网络延伸至市、县。国家中心经过与国家发展改革委员会信息中心（以下简称"国家信息中心"）协商，最终确认文化共享工程可以免费使用该网络开展资源传输工作。

截至 2011 年，国家中心已建立与国家信息中心的光纤专线，并开通了外网服务镜像，包括中纪委（国家监察部）、国务院扶贫办、人力资源与社会保障部、农业部、国家审计署、中央编办等单位在内的所有接入政务外网的单位用户，均可免费浏览文化共享工程的数字资源，使用效果良好。同时，文化共享工程各省级分中心均已连通政务外网，可进入国家中心的资源下载专区，进行资源传输下载，日均传输量可以达到 50～100GB，取得了预期效果。通过政务外网，使国家中心与省级分中心的双向资源传输更加方便、快捷、成本低廉。

2. 电子政务外网的技术特点

该网络具有高效、安全、支持资源的共享与交换等特点，非常适合文化共享工程的资源传输应用，特别是国家中心与省级分中心之间大量资源的双向传输。电子政务外网传输资源的主要不足是各市、县需在当地电子政务外网接通的情况下，解决最后 1 公里的接入问题。

(四)电视网

随着我国广播电视"村村通"工程和数字电视整体转换工作的快速推进，电视网络的服务覆盖能力强、传输效率高、安全稳定性好等特点体现得日益明显，电视网已逐渐成为文化共享工程资源传输与服务的另一条重要途径。

1. 有线电视内容与特点

在辽宁、新疆生产建设兵团、黑龙江等地，文化共享工程依托当地有线电视网络，通过有线电视中的 SDH 骨干传输网播发（直播和下载）数字化资源，带宽可以达到 38M。在使用端，通过配备有线电视卡的计算机或有线电视机顶盒接收直播节目，并能够将节目下载到本地。通过视频图形阵列（VGA）分配器，可将计算机或有线电视机顶盒与电视、投影仪相连，以供群众集体收看。

有线电视的特点：网络带宽有保障，视频播放流畅，终端配置灵活多样，操作方便，维护较为简单。但其互动性相对欠缺，不能直接进行视频点播。

辽宁省委、省政府高度重视文化共享工程建设，积极探索适合辽宁本地实际的文化共享工程建设模式。自 2008 年 10 月以来，经过调研论证，依托广播电视"村村通"网络，传输文化共享工程资源，采用"进村和入户相结合、广播和点播相结合"的方式，在有条件的地区把文化共享工程建设与有线电视改造结合起来推进，利用有线电视网络资源，让广大基层群众在家里用电视机就能收看文化共享工程资源。文化信息资源共享工程辽宁平台的开播，使文化共享工程通过有线电视走进 226 万户农民家庭。（见图 3-1）

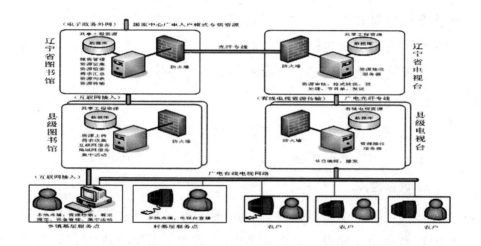

图 3-1　辽宁省文化共享工程入户模式网络拓扑示意图

通过广播电视"村村通"网络，辽宁省将国家中心提供的大量丰富的文化信息资源与本省文化、教育、农业、人口计生、科协等部门的涉农资源整合，提供贴近农民群众日常生产生活实际的文化信息资源服务。作为"十二五"期间工程入户的新模式，"辽宁模式"以覆盖面广，成本低，建设进程快，传输安全稳定，服务便捷贴近的特点和优势，为文化共享工程建设开辟出了一条新路，受到了广大基层群众的欢迎和好评。

2. 有线数字电视内容与特点

在山东、天津、海南、青岛、佛山、深圳、杭州等地，文化共享工程依托当地的有线数字电视网，采用准 VOD 方式开展信息资源服务，通过数字电视向当地居民播放文化信息资源。有线数字电视明显的特点就是互动性强、清晰度好、传输效率高，代表了今后电视技术的发展方向。

(五)辅助传输手段

1. 光盘

光盘的优点是传递方便，可直接播放，易于分发，缺点是每张光盘的容量较少，制作后无法更新资源。光盘是文化共享工程起步时就有的资源传输手段，目前在很多地区，特别是一些网络条件不发达的地区仍是一个有效的资源传输途径。

2. 移动硬盘

移动硬盘容量大，传递方便，可不断更新资源，缺点是人工工作量大，无法实时传输，当资源传输量较大时成本高。

3. 移播宝

移播宝是一个可以直接通过电视、投影机播放音视频信息资源的新型移动存储设备，具有存储容量大、可更新内容、可自动记载工作日志、可身份认证、操作简单、易于携带、价格低廉等特点。移播宝的主要不足是，该产品目前不具备网络传输功能，资源更新需通过连接计算机进行，工作量大，费时费力。

(六)各种传输手段在资源传输体系中的定位

根据前面的介绍和分析，这里对各种传输手段在文化共享工程资源传输体系中的定位作一初步探讨。(见表 3-1)

表 3-1　各种传输手段在文化共享工程资源传输体系中的定位

传输渠道	传输手段	适用区域	优点	限制条件	定位
互联网	网站	国家中心、省、市、县、网络发达的乡/镇、村、用户家庭	传播最为广泛，服务与传输一体	视频资源码率较低	对公众服务，少量的资源传输
	VPN	国家中心、省、市、县、网络发达的乡/镇、村	安全、稳定、可控，服务与传输一体	通常限制在集中区域（如电子阅览室）开展服务	在网点开展公众服务，在互联网带宽充足的时段进行资源传输
	IPTV	省、市、县、网络发达的乡/镇、村、用户家庭	使用与维护方便、交互性强、安全可控、服务与传输一体	对终端和服务节点的网络带宽有要求，需建立后台的资源播发管理平台，现有的资源格式需做转换	在网点开展公众服务，通过后台的资源播发管理平台进行资源传输
	CDN+VOD	省、市、县、网络发达的乡/镇、村	网络带宽和后台存储的利用率高、分发智能、扩展性好	对终端和服务节点的网络带宽有要求	开展公众服务，在互联网带宽充足的时段进行资源传输
	同步复制	国家中心、省、条件好的市、县	实时同步、具有数据恢复能力	网络带宽对资源的更新量有限制，无法根据需求进行智能分发	适用于建立某一资源集完全相同的镜像站点

续表

传输渠道	传输手段	适用区域	优点	限制条件	定位
卫星网	卫星直播	国家中心（发送）、省、市、县、网络不发达的乡/镇、村	不因服务点的增多而增加网络带宽的负载，不受地面网络的限制	缺少互动性，对基层点的维护工作要求较高，服务限制在集中区域	适用于网络不发达地区在集中区域提供公众服务
	卫星投包		不因服务点的增多而增加网络带宽的负载，不受地面网络的限制	缺少互动性，对基层点的维护工作要求较高，资源传输量有一定限制	适用于网络不发达地区接收国家中心投递的资源
专网	电子政务外网	国家中心、省、市、县、已接通电子政务外网的乡/镇、村	网络安全、稳定、双向、可传输较大量资源	需解决接收节点的网络接入问题，不能直接对公众开展服务	非常适合国家中心与各省级分中心之间大量的资源双向传输，也适合电子政务外网发达地区的省级分中心与市、县支中心、乡/镇、村基层点的资源传输

续表

传输渠道	传输手段	适用区域	优点	限制条件	定位
电视网	有线电视	省、市、县、乡/镇、村、用户家庭	带宽有保障、播放效果好、操作和维护简单、安全可控、服务与传输一体	需依托当地电视网络	适用于有线电视发达地区开展文化信息资源服务
	卫星电视		带宽有保障、操作和维护简单、安全可控、服务与传输一体		适用于地面网络不发达地区开展文化信息资源服务
	数字电视		互动性强、清晰度高、操作和维护简单、安全可控、服务与传输一体		适用于数字电视发达地区开展文化信息资源服务
辅助传输手段	光盘	国家中心、省、市、县、乡/镇、村、用户家庭	传递方便、易于分发，服务与传输一体	容量较少，制作后无法更新资源，手工工作量大	适用于网络不发达地区开展文化信息资源服务
	移动硬盘	国家中心、省、市、县、乡/镇、村	容量大，传递方便，可不断更新资源	人工工作量大，无法实时传输，成本较高	适用于网络不发达地区进行资源传输
	移播宝	国家中心、省、市、县、乡/镇、村、用户家庭	容量大，传递方便，可自动记录日志，操作与维护简单、服务与传输一体	尚不具备网络传输功能，资源更新工作量大	非常适合网络不发达及维护力量不足的地区进行开展文化信息资源服务

二、分中心技术应用案例

如前所述，文化共享工程发展 10 年来，全国各省级分中心结合地域条件突显创新特点，形成了 IPTV、VPN、数字电视、移动互联、三网融合、云计算等多种与工程业务需求相适应的技术服务模式。下面以山东、河南、陕西三省，即东、中、西各一个省级分中心为例，简要介绍技术应用。

1. "一站式"网络服务模式

山东省文化共享工程多年的实践和探索形成了自己的运行服务模式。即以文化共享工程山东省级分中心为资源发布和技术支持中心，以市、县级支中心为资源分布式存储转发和区域管理中心，以遍布全省的乡村终端服务点为资源接收服务对象，以互联网和卫星的混合传输体系为主要渠道，建立集网上图书馆、网络视频分发点播/直播、卫星播发于一体的"一站式"服务体系。这一技术运行模式由五种基本体系构成。2009 年，山东省文化共享工程运行服务模式荣获文化部第三届文化创新奖。①

(1)基础网络体系是文化共享工程系统运行的硬件主体。几年来山东省建立并完善了省、市、县(区)、乡镇(街道)、村(社区)网络架构，形成层次分明、分级管理、功能定位明确、覆盖全省城乡的网络服务体系，率先实现全省基层站点全面覆盖。

其一，建立了功能较完善的省级分中心镜像站，有效担负起接收和存储数字文化资源、整合数字图书馆资源、面向全省文化共享工程网络提供数字信息服务、对全省文化共享工程进行监控管理的职能。其二，突出市级支中心的功能，把市级支中心当作文化共享工程主干网络体系中承上启下的重要一环，发挥其在区

---

① 周玉山. 山东文化共享工程及公共电子阅览室建设和运行情况介绍，2011(11).

域资源镜像、区域资源开发整合、对所属县的技术培训指导及业务协调协作等方面的功能。其三，各级中心及站点都安装了卫星接收系统，接入了互联网，通过卫星和互联网实现信息传递，拥有电子阅览室、多媒体教室等较为完善的服务阵地。

　　(2)信息资源整合体系。通过开发加工、购置、搜集、征集等不同的方式，多渠道多来源地汇集了大量的信息资源，建立起文化共享工程省级资源库。山东省级分中心按资源类型进行有序化整理，属于多媒体资源的，整合为网络视频点播系统，属于文本资源的，整合成网上图书馆。将省馆和各级图书馆拥有的数字文献资源纳入到共享工程资源体系中，建立了"山东网上图书馆共享服务平台"；注意根据基层群众的实际需求整合资源，针对农村需求建立"山东新农村网上图书馆"，整合视频资源尤其是农业科技和文化视频资源，建立文化共享工程省级视频资源库，截至 2011年年底达到 8900 余部，5000 多个小时。(见图 3-2)

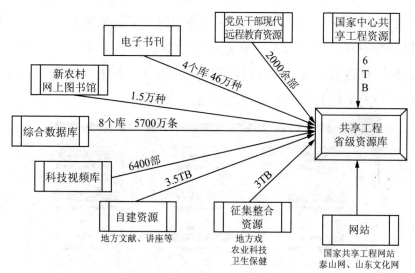

图 3-2　山东省文化共享资源整合体系

　　(3)资源传输发布体系。山东省文化共享工程的传输模式是以互联网为主、数字通信卫星为辅，两者构成了山东共享工程资源的基本传输途径，互联网接入的高普及率为这种传输模式提供了有力的支撑，其中省级分中心作为主要的资源发布端，互联网带宽达到 1000M，能够较好地满足视频发布需要。

建立科学的资源传输策略。把文化共享工程资源划分为低码率资源和高码率资源，针对两者的特点采取不同的传输策略。建立起流媒体分发点播系统和网络电视直播系统，充分利用各支中心网络带宽优势和镜像存储空间，有效地分担省级分中心的单点压力，形成多点分发、分布存储、负载均衡的资源传输服务系统。

（4）终端服务体系。建立面向需求的终端服务环境，群众可以多种方式获取资源。具体服务方式主要包括公益网吧（电子阅览室）、视频剧场（多媒体放映室及卫星终端播放）、网上图书馆三种主要服务方式，以及流动放映、现场培训、光盘发放等辅助的服务方式。针对基层点访问文化共享工程资源途径分散，用户计算机操作能力较低，信息资源不易查找的实际情况，专门开发制作了"山东文化信息资源共享工程一站式服务平台"，将来自网络和数字卫星的文化共享工程资源链接集中在一个页面上，在基层点计算机桌面上建立一个快捷图标，用户打开后可以集中查找访问文化共享工程的相关资源，方便了基层用户对文化共享工程资源的利用。（见图3-3）

图3-3　山东文化信息资源共享工程一站式服务平台

（5）监控管理体系。建立运行监控管理体系，对文化共享工程的设备运行、资源使用、服务培训、业务协作与交流等方面进行可控性的管理，是保证工程可持续健康发展的重要手段。针对各支中心的设备运行和信息安全，部署了网络督察管理系统；针对基层资源使用情况和业务数据管理汇总，前期部署了国家中心开发的"文化共享工程运行管理系统"，部署了全省公共电子阅览室运行管理平台；针对各支中心之间的业务协作和信息交流，部署了山东文化共享工程业务协作交流平台，省级分中心的文件、通知、培训课件均通过此平台发布，基层的业务动态、工作经验、技术问题都通过该平台进行反馈和交流，提高了工作效率。

2. IPTV 管理系统服务模式

IPTV 即交互式网络电视，是一种利用宽带有线电视网，集互联网、多媒体、通信等多种技术于一体，向用户提供包括数字电视在内的多种交互式服务的崭新技术。它以机顶盒和电视机作为用户终端，通过运营商互联网宽带接入，为用户提供一整套高质量视频服务和其他增值服务。

河南省级分中心结合本省实际，通过与农村党员干部现代远程教育结合，依托联通宽带网，采用"宽带网络＋机顶盒＋电视机"方式，走出了以 IPTV 技术服务文化共享工程的"河南模式"。由省、市、县播出平台和终端接收点四个层次构成，实现全省158 个县（市、区）、48000 个行政村的"村村通"目标。较为完善的管理体系、运营体系和技术体系，不仅可以满足目前文化共享工程的基本业务需求，也可以满足未来文化共享工程的业务需求。[①]

（1）系统平台建设。河南省文化共享工程在技术方面采用了先进且未来可扩展的宽带多媒体技术体系构建共享工程的技术平台，该模式终端接入灵活快捷，设备操作简单，耐用，实用性强。并

---

① 杨向明. 文化共享工程的长效机制研究——以河南为例. 中国图书馆学会年会论文集（2009 年卷）. 北京：国家图书馆出版社，2009（10）.

随着 IPTV 和互联网技术与 3G 网络的融合，工程资源在 3G 网络平台的应用将成为未来的重要的传播渠道之一。（见图 3-4）

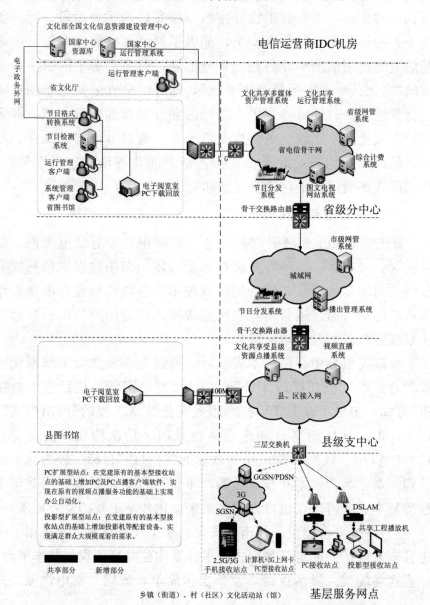

图 3-4　河南文化共享 IPTV 网络结构图

（2）运行管理体系。河南省文化共享工程运行管理体系由"资源管理平台"、"运行管理平台"、"活动管理平台"、"互动管理平台"等组成。通过互联网实现省、市、县、乡、村（社区）五级管理网络，大大节约了共享工程管理队伍的人力和物力。（见图 3-5）

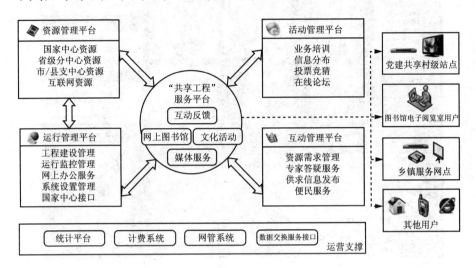

图 3-5　河南文化共享工程运行管理体系

3. VPN 网络应用系统服务模式

2006 年下半年起，陕西省从工程的技术建设框架入手，探索建设模式。经过对多种组网方式的调研、设计和考察，最终决定使用 VPN（Virtual Private Network"虚拟专用网"）的组网方式，实现陕西省级分中心纵向与各市、县支中心以及各基层服务点，横向与全省级相关部门的互通互联，搭建"陕西省文化共享工程服务专网"[1]。（见图 3-6）

---

① 秦升．发挥专网优势，共享数字资源——陕西 VPN 网络建设及应用，2012(2)．

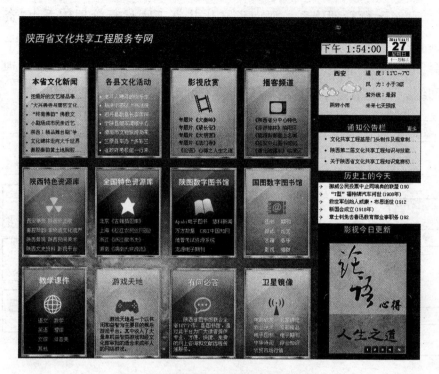

图 3-6　陕西省文化共享工程服务专网

（1）VPN 网络建设的目标。利用虚拟专网（VPN）技术，将省、市、县各馆连接一起，实现陕西省、市、县的专有互通网络；在统一的网络平台下实现各地的信息受控互联，以及全省各地共享省图书馆数字资源；网络平台能够平滑演进可以承载云平台的应用；确保网络安全运行、相应数据安全。

（2）基于 VPN 网络的应用。陕西省利用虚拟专网（VPN）的独特优势，在充分研究用户需求的基础上，不断研发和改善，目前已经完成了基层综合信息管理系统（方舟系统）、影视资源服务系统、播客系统、远程自主发布、远程视频监控、远程培训、图书馆服务联盟平台、数字图书馆资源共享等应用开发。这里介绍其中部分应用。

①基层综合信息管理系统的研发和使用。该系统一是把工作

单位、人员档案、各地基本情况与特色资源等静态信息录入系统，便于随时查询和统计、开展针对性服务；二是借助现代化技术手段，利用 VPN 优势，提取设备配置、运行状况等动态信息，便于及时了解全省工程建设动态与系统运行情况。按照文化部"十二五"战略规划，陕西省完善了其中的"公共电子阅览室监控管理模块"，确保利用技术手段实现对公共电子阅览室的监控、管理和统计。

②影视资源服务系统。采用了基于流媒体的 P2P 技术。在专网内充分利用各支中心空余的存储空间，初步实现了全省影视数字资源的分布式存储。陕西省级分中心将自建、购买、共享的各类视频节目都放入分布式存储空间内，各地群众通过互联网可以看到影片介绍，但只有在专网内才可以欣赏到影片内容，各地群众可根据喜好自行点播，节目自动缓存在本地服务器上，观看的人越多、资源越受欢迎，则观看速度越快。

③远程自主发布。包括文图自主发布与播客系统两部分。为了扩大陕西文化信息网的信息覆盖范围、调动基层参与收集、整理地方信息的积极性，2008 年陕西省级分中心对陕西文化信息网进行了改版，增加了县支中心动态栏目，利用陕西文化信息网的文图自主发布 TRS WCM 内容协作平台，实现各厅局和各县级支中心远程自主发布文化信息的功能。实现了各类信息的及时汇聚展示，搭建起一个全省文化信息的交流平台。

除了文图信息资源的自主发布之外，陕西省级分中心结合 WEB2.0 技术开发播客互动平台，通过"播客系统"的建设，引导各基层服务点自主、有序的上传各类具有版权的视频节目，逐步实现了视频资源的各地自主上传与发布，为基层展示本地特色视频资源提供了渠道。

④远程视频监控。通过全省的 VPN 专网，保证陕西省级分

中心流畅地对全省各地的公共电子阅览室、多媒体放映室、中心机房进行视频监控，使全省的服务活动实现可视化管理。所有视频监控的数据要求保存一个月，省级分中心可随时远程检查。（见图 3-7）截至 2010 年年底陕西省的 107 个市县支中心全部接入VPN 专网。

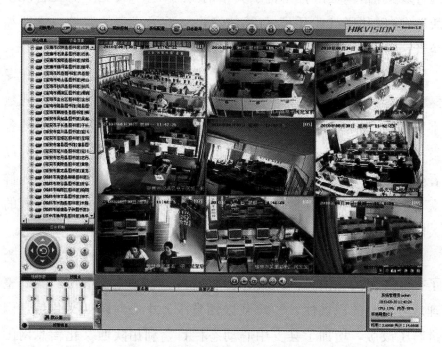

图 3-7　陕西 VPN 网络视频监控管理平台

三、技术应用的未来展望

（一）主要任务

为了进一步推进文化共享工程的开展，在文化共享技术应用方面，未来要完成三个方面的主要任务。

第一，要加大构建先进、实用、完善的技术体系，加快资源建设，丰富"三贴近"的资源内容，提升信息服务和图文服务的能力，在省级平台上尽快建设电视图文网站，简化农村用户在电脑上的操作程序，为广大人民群众服务。

第二，要在完善信息交互功能上下功夫，整合网站浏览、信息发布、在线答疑等综合性多媒体业务，并将这些功能不断扩展到各级文化共享工程网点的交流沟通、信息反馈、文化活动赛事活动发布、报名和网络投票等实际应用当中。

第三，云计算（包括云存储、云服务）和三网融合是文化共享工程"十二五"规划中技术工作贯穿全局的两个重点，力争打造全国联动的技术体系。

（二）云计算对文化共享工程的影响

1. 云计算的概念与特点

云（Cloud）指的是互联网（Internet）。云计算（Cloud Computing）是分布式计算、网格计算、并行计算、互联网和虚拟技术的综合应用及发展，是一种基于互联网的新的 IT 资源提供模式和商业模式。在云计算模式下，用户不必拥有使用信息技术所需的基础设施或应用系统，而是可以租用各种云服务[①]。云计算不仅是新技术的结合，更是一种业务模式的创新。（见图 3-8）

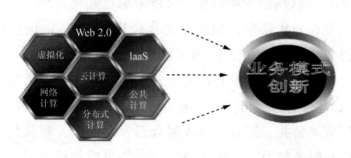

图 3-8　云计算

---

① 王文清. 云计算模式与文化共享工程服务创新. 公共文化服务的创新与跨越. 北京：国家图书馆出版社，2010.

云计算具有以下几个特点：(1)超大规模的整合能力：云计算能够在网络中实现由数十万台乃至百万台服务器组成的大规模服务器集群，构成一个功能强大的超级计算和存储平台，通过互联网为用户提供前所未有的计算和存储能力。(2)动态扩展能力和高性能：云计算中的资源能在现有硬件资源上很方便地扩展，具有超强的计算与存储能力。各种应用运行在这种云中具有极高的性能，能更好满足应用和用户规模增长的需要。(3)虚拟化和云服务：虚拟化是云计算的核心技术，能对不同类型资源(包括服务器、存储、网络设备、系统软件、应用系统等)全面实现虚拟化，并能根据用户需要对这些资源进行动态分配和管理，还能提供不同类型的云服务，具有很高的可用性。

2. 云计算在文化共享工程中的应用模式

在实际应用中，云分为公共云、专有云、混合云等类型。公共云能为多种用户同时提供云服务，专有云用于客户内部使用，混合云则将公共云与公共云、公共云与专有云结合起来使用。

文化共享工程由国家中心、省级分中心、市县级支中心和基层服务点组成。根据这一特点以及各中心职能的不同，结合三网融合、3G、互联网的发展趋势，可以考虑在文化共享工程中采用公共云、专有云和混合云相结合的建设模式：(1)由国家中心牵头，选择部分省级分中心/图书馆作为承担单位，在全国建立一个或若干个国家级云服务中心，为公共文化服务体系提供统一的云服务。(2)部分省市级分中心，可以根据条件建立自己的专有云，并能与国家级公共云结合，形成混合云，既能提升和优化图书馆本身的信息服务能力，也能适当为中小图书馆提供云服务，以满足本区域的需要。

文化共享工程应用"云计算"的总体目标，就是建立一个"全网可统一管理、可伸缩调度、开放互动、共建共享的技术服务环境",更好地实现文化共享工程整体服务的"高效、丰富、贴近、便捷、智能"。

3. 云计算对文化共享工程的影响

云计算应用于文化共享工程建设,将带来以下发展机遇:

(1)优化投资结构,提升整体服务能力;

(2)降低整体硬件成本,提高资源利用率,实现规模经济效益;

(3)改善数据和软件的使用方式,促进资源和服务的共建共享;

(4)带来更丰富的应用,全面提升用户服务体验。

云服务中心可以建立统一的信息和服务接口、统一的技术和服务标准,支持各类应用程序的开发和整合,减少信息孤岛的产生,实现对资源和服务的统一调度。利用上述几种云计算服务方式,共享工程体中的各级分、支中心能按需获取应用软件、开发平台和基础设施,整合各种应用和资源,强化信息服务和知识服务功能,最终为用户提供更好的信息服务。

第二节　文化共享工程各级中心
(基层服务点)的软硬件配置

文化共享工程在启动阶段,有关软硬件由国家中心统一采购分发,招标中都有相应的技术标准规范。近年来,随着社会信息化水平与应用环境的不断变化,在文化部指导下,国家中心与时俱进,适时提出了各年度的《文化共享工程各级中心(基层服务点)软硬件配置标准》作为指导。这些标准规划都是工程正常运转的重要保障。

以国家中心为中心,沿着文化共享省级分中心、地(市)级支中心、县级支中心的红线,一直到乡镇(街道)、村(社区)等各基层服务点,其对应配套的软硬件产品,伴随着时代的脉搏也在悄

然提升。可以说，各级中心的软硬件平台，构成了对全国各基层服务网点提供服务的基石。（见图 3-9）

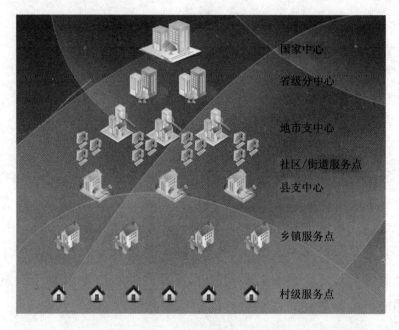

国家中心
省级分中心
地市支中心
社区/街道服务点
县支中心
乡镇服务点
村级服务点

图 3-9　全国文化共享工程六级服务网络图

为做好文化共享工程建设工作，从 2007 年起，文化部办公厅开始制定并发布当年文化共享工程各级分支中心基层服务点建设配置标准。

2010 年 9 月，文化部办公厅印发《2010 年全国文化信息资源共享工程各级分支中心和基层服务点建设配置标准》的通知（办社文函〔2010〕452 号）。对省级分中心、市级支中心、县级支中心、乡镇基层服务点、村基层服务点等相关软硬配置标准进行了详细叙述。

2011 年 10 月，文化部办公厅印发《2011 年度公共电子阅览室设备配置标准》及《公共电子阅览室标牌样式》的通知（办社文发〔2011〕31 号）。对乡镇、街道、社区等各基层服务点的相关配置标准同样进行了详细描述。

2011 年与 2010 年印发的配置标准不同之处在于，前者对后者的乡镇基层服务点基本配置进行了提升，并对街道、社区各基层服务点的配置标准进行了补充阐述。特别注明 2011 年度文化共享工程在建设过程中，其相关的文化共享省级分中心、地市级与县级支中心基本配置参照文化部 2010 年已下发的标准，不进行设备升级。

一、国家中心

文化共享工程国家中心是全国文化共享工程的资源建设中心、技术支持中心以及管理服务中心，其职责由文化部全国文化信息资源建设管理中心承担。国家中心负责中央本级平台建设，支持各省级平台的基础功能。

(一)国家中心网络与服务器

截至 2011 年年底，国家中心互联网出口共有 3 条，其中中国联通公司 1 条，出口带宽 40M，此外还有 2 条网络专线出口，1 条连接国家信息中心提供电子政务外网服务的出口，1 条与国家图书馆共享带宽出口，并配置服务器等相应的软硬件设备设施。

国家中心运行的服务器按功能划分为：媒资管理系统、卫星推送/接收服务器、运行管理系统服务器、OA 系统服务器、邮件服务器、网络直播系统服务器、视频专版服务器、短信平台服务器、联合编目服务器、DNS 服务器、视频监控服务器、电子政务外网、清华同方电子期刊等。

(二)国家中心技术应用案例

1. 国家中心运行管理系统

运行管理系统基于各地填报的现有数据，可供各级中心工作人员及时了解站点情况，掌握信息资源应用与服务的情况。(见图 3-10)

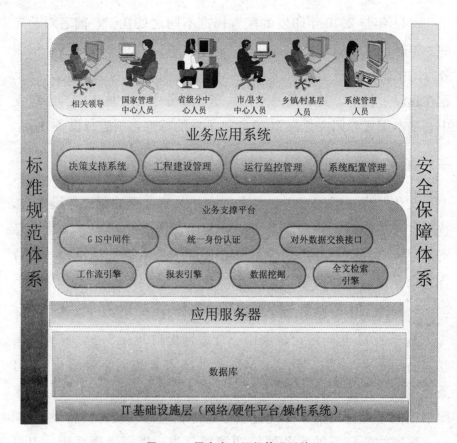

图 3-10　国家中心运行管理系统

2. 国家中心政务外网业务系统

共享工程国家中心与国家信息中心合作开发了信息资源目录、数据交换、文件传输系统、部委版网站，共同推进全国政务外网的建设工作。（见图 3-11）

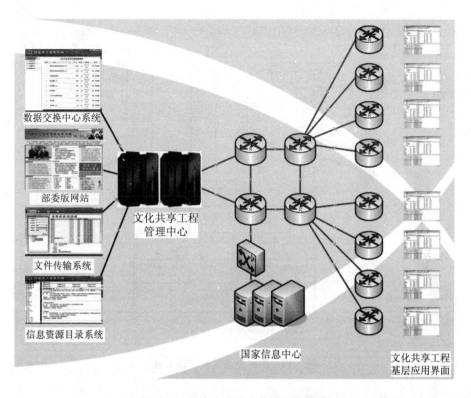

数据交换中心系统

部委版网站

文化共享工程
管理中心

文件传输系统

信息资源目录系统

国家信息中心

文化共享工程
基层应用界面

图 3-11　国家中心政务外网业务系统

3. 国家中心媒资管理系统

媒资管理系统是指一个对各种媒体数据进行保存，并提供再利用手段，实现媒体资产化、价值化的整体解决方案，为媒体资产的拥有者提供收集、保存、查找、编辑、发布、再利用各种媒体资源的业务平台。该系统是国家中心核心业务系统，全部数字资源通过该系统进行保存、管理和再利用，任何与资源有关的业务也通过该系统开展。（见图 3-12）

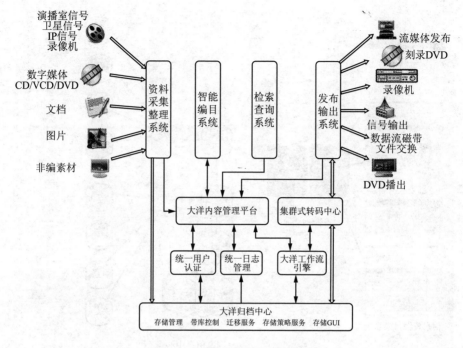

图 3-12　国家中心媒资管理系统

4. 国家中心卫星推送系统

国家中心通过亚太 6 号卫星，将丰富多彩的文化资源分发到各地，为基层尤其是欠发达地区提供了一条便捷的信息获取通道。（见图 3-13）

5. 国家中心网络直播系统

国家中心利用 P2P 技术，推出网络视频直播服务，用户直接通过互联网就可以清楚、流畅地观看共享工程各种视频节目。（见图 3-14）

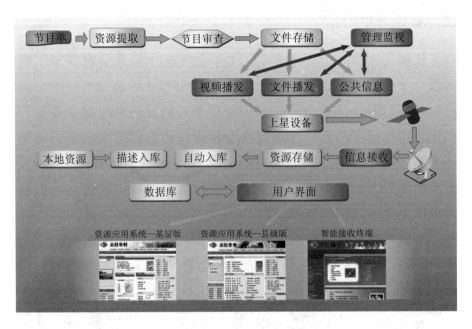

图 3-13　国家中心卫星推送系统

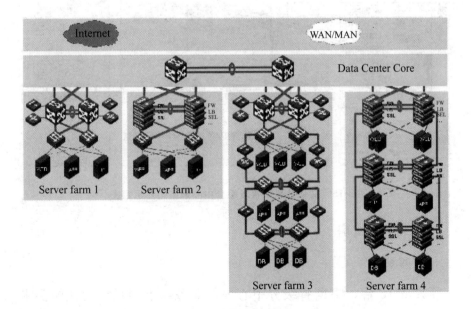

图 3-14　国家中心网络直播系统

二、省级分中心

按照文化部办公厅印发《2010 年全国文化信息资源共享工程各级分支中心和基层服务点建设配置标准》的通知（办社文函［2010］452 号），文化共享工程省级分中心的软硬件配置主要分为必配项与选配项两部分。必配项为各地应达到的基本要求，选配项中的设备，各地可以根据当地的具体应用方案选择一至多种。本节主要对《通知》中规定的必配项进行说明，对应的选配项内容可以详见上述《通知》要求。

文化共享省级分中心"必配项"包括中控机房、多媒体演示厅、流动服务、电子阅览室、资源加工与办公区域等。（见图 3-15）

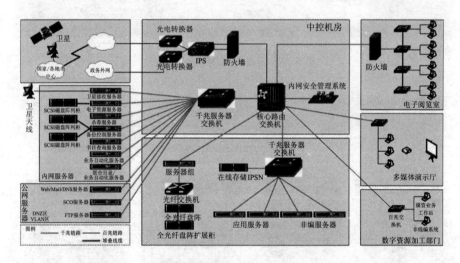

图 3-15　文化共享工程省级分中心网络拓扑示意图

（一）中控机房

1. 服务器

数量 15 台，根据省级分中心内部业务需求和系统的性能要求进行设备分配，主要用于政务外网、资源加工、资源发布、资源传输等基础业务的正常运转。

2. 存储(磁盘阵列)

存储设备可用容量不少于 30TB。设备指标可根据实际情况适当提高。应保证政务外网、卫星接收系统及资源发布系统有足够空间。

3. 备份系统

1 套,可通过自动或手动方式实现连续备份、自动搜索磁带等功能,可在管理软件的支持下实现智能恢复、实时监控和统计。

4. 网络设备

1 套,主干采用双核心结构,核心达到千兆或万兆,支持设备堆叠,支持 SNMP 等。网管交换机的配置和数量要根据当地环境决定,建议无线设备需具备漫游能力。

5. 安全设备

1 套,自主知识产权,具有完备的状态检测防火墙、入侵防御、防病毒及 VPN 等功能。设备具体数量根据出口线路数量决定,要为政务外网接入预留端口。

6.42U 标准机柜

用于安装中心机房服务器、网络设备,包括必要的盲板、滑轨、电源插座、螺丝、底板、密网门、风扇等规定部件。具体数量可以根据机房空间和设备占用空间调整。

7. UPS 电源设备

1 套,30 KVA 断电后电池维持 2 小时以上,UPS 设备、净化稳压电源。主要负责中控室设备供电。

8. 其他配套硬件

(1)配电箱。1 套,具备 60 KW 以上三相交流电(AC 380V)。

(2)机房空调。3套，根据当地自然状况而定，确保机房温度适合。(3)互联网接入。互联网出口带宽不低于100 M。(4)政务外网接入。提供不低于10M的接入带宽。(5)防火器材。3套。(6)地线系统。(7)防雷系统。(8)综合布线。(9)机房装修。(10)防静电地板。上述(6)至(10)，按照国家相关标准各1套。

9. 配套软件

(1)系统备份软件。5套，针对核心软件系统提供实时或基于策略的备份保护，当系统发生故障时，可快速恢复系统并保留原有配置。

(2)资源应用系统。1套，主要用于资源服务。能自动识别、导入国家中心下发的数据资源，对资源管理系统提供的资源进行有效的展示，并对资源进行统一管理、控制和服务。

(3)资源管理软件。1套，主要用于分中心内部资源管理。能够对分中心制作和加工的数据进行有效的管理和检索，提供资源的上传、下载、转码和编目能力，数据加工标准应完全符合国家中心下发的数据格式规范要求。

(4)信息浏览监控软件。1套，系统能够屏蔽不良网站，抵御网络攻击；能够制定访问策略，具备上网行为管理和访问控制功能；具备用户上网信息数据采集能力。

(5)设备远程管理软件。1套，对相关设备进行桌面服务、网络管理和硬件诊断的远程管理和维护。

(6)办公软件。金山Office、永中Office、Windows Office等，具体套数可根据实际人员确定。

(7)网站管理软件。1套，提供文化共享工程网站服务。

(8)网络杀毒软件。保障所有客户端和服务器能够受到保护。具体数量可根据分中心实际配置数量调整，提供3年内免费升级。

（二）多媒体演播厅

1. 投影机

1台，标准显示分辨率 1024×768，亮度大于 3500 ANSI LM，灯泡寿命不小于 4000 小时。

2. 投影幕

1套，100 英寸以上电动幕布，幕布尺寸应根据环境大小确定。

3. 中央控制台

1台，用于多路信号源输入和切换，提供 VGA 和复合端口。

4. 有源音箱

1台，5.1 声道高保真有源音箱（200W 以上）。

5. 大屏幕电视机

52 英寸以上大屏幕电视，HDMI 输入 1 组，可视比例 16：9、4：3，制式 PAL/NTSC/SECAM。

（三）流动服务

1. 投影机

1台，标准显示分辨率 1024×768，亮度不小于 3500 ANSI LM，灯泡寿命不小于 4000 小时。

2. 投影幕

1套，不小于 100 英寸，具体尺寸根据场地环境确定。

3. 有源音箱

1台，高保真有源音箱，选择适合开放环境下使用设备。

4. 多媒体播放器

1台，能够识别和播放共享工程的视频和动漫资源，并具备日志记录、统计汇总等功能，数据格式符合运行管理系统相关要求。

(四)电子阅览室

终端计算机配置：Intel Core i3 530 或 AMD Phenom II X4 965 处理器，内存 2G，硬盘容量 160GB，光驱类型：DVD-ROM，19 英寸以上液晶显示器，配操作系统，具备系统还原功能，原厂商 3 年以上免费现场质保，附加耳麦、USB 摄像头。

终端计算机数量，省会城市(直辖市)人口与终端计算机对应数量如下：100 万人口以下——100 台以上；100 万人至 200 万人——130 台以上；200 万人至 500 万人——150 台以上；500 万人至 1000 万人——200 台以上；1000 万人以上——300 台以上。

(五)资源加工与办公区域

1. 非线编系统

2 套，用于视频资源的编辑处理，该系统应包含软件和配套硬件设备，可支持高/标清全兼容的系统，配套监视器。

2. 多功能扫描仪

2 台，光学分辨率 2400dpi，扫描范围 216mm×356mm，扫描元件 CCD。

3. 激光网络打印机

6 台，具备传真、复印、打印功能，提供网络接口模块。

4. 移动硬盘

8 块，500GB USB2.0 接口，配带 USB 数据线及电源线。

5. 数码照相机

8 台，CCD 有效像素 1200 万以上，光学变焦倍数。用于各地采集和制作节目，其中入门单反相机不少于 3 台。

6. 数码广播级摄录像机

2 台，具备 60 万像素以上 3CCD，记录格式达到 DVCPRO50、DVCPRO HD 同等水平，高清、标清、DV 格式全程记录，USB 和 IEEE1394 接口，能够与非线编系统上载，具备 16：9 和 4：3 幅面可选，专用三脚架，不低于 3 小时的备用电池 3 块等附属设备，用于各地采集和制作节目。

7. 录放机

2 台，具备回放功能，需要与摄像机配合使用。

8. 便携式计算机

6 台，Intel i5-520 处理器，14.1 英寸宽屏显示器，2GB DDR3，320GHDD，DVD 刻录光驱，10－100－1000M 内置以太网卡，中文 Windows，802.11g 无线局域网卡，集成显卡，3 年以上免费现场质保。

三、地(市)级支中心

按照文化部办公厅印发《2010 年全国文化信息资源共享工程各级分支中心和基层服务点建设配置标准》的通知(办社文函[2010]452 号)，文化共享工程地(市)级支中心的软硬件配置主要分为必配项与选配项两部分。必配项为各地应达到的基本要求，选配项中的设备，各地可以根据当地的具体应用方案选择一至多种。本节主要对《通知》中规定的必配项进行说明，对应的选配项内容，可以详见上述《通知》要求。

文化共享工程地(市)级支中心"必配项"包括中控机房、多媒体演示厅、流动服务、电子阅览室、资源加工与办公区域等。(见图 3-16)

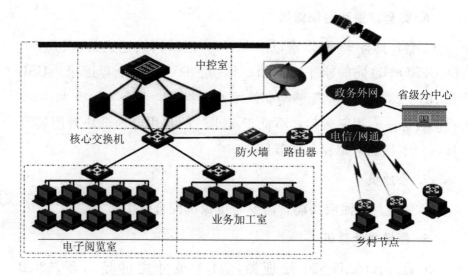

图 3-16　文化共享工程地(市)级支中心拓扑图

(一)中控机房

1. 服务器

数量 5 台,其中用于文化共享工程应用管理系统和网站服务的应用服务器 2 台,用于业务自动化等管理的业务服务器 1 台,用于本地特色资源加工的资源加工服务器 1 台,流媒体点播服务器 1 台。

2. 存储(磁盘阵列)

存储设备可用容量不少于 8TB,设备指标可根据实际情况适当提高。

3. 网络设备

1 套,具备 96 个百兆以上端口,场馆主要服务区内提供无线接入能力,支持设备堆叠,支持 SNMP 网管,网管交换机的配置和数量要根据当地环境决定。

4. 安全设备

1套，自主知识产权，具有完备的状态检测防火墙、入侵防御、防病毒及 VPN 等功能，设备具体数量根据出口线路数量决定，要为政务外网接入预留端口。

5. 网络专用配线架

2套，24端口网络专用配线架，用于灵活连接业务终端计算机、服务器、管理工作站等物理设备，提高系统配置的灵活性。

6. 键盘、鼠标、显示器

1套，1U 机架式可折叠键盘/鼠标/15英寸液晶显示器。

7. 8 路 KVM 切换器

1套，支持电动8路 KVM 切换功能。

8. 42U 标准机柜

用于安装中心机房服务器、网络设备，包括必要的盲板、滑轨、电源插座、螺丝、底板、密网门、风扇等规定部件。

9. UPS 电源设备

1套，10KVA 断电后电池维持1小时以上，UPS 设备、净化稳压电源，主要负责中控室设备供电。

10. 其他配套硬件

(1)配电箱。1套，具备 15KW 以上三相交流电（AC 380V）。(2)机房空调。3套，根据当地自然状况而定，确保机房温度适合。(3)互联网接入，互联网出口带宽不低于 10M。(4)政务外网接入，本地有政务外网接入条件的应提供不低于 2M 的接入带宽。(5)防火器材。3套。(6)地线系统。(7)防雷系统。(8)综合布线。(9)机房装修。(10)防静电地板。上述(6)至(10)，按照国家相关标准各1套。

11. 配套软件

(1)服务器系统备份软件。5 套，针对 Windows 操作系统提供实时或基于策略的备份保护，当服务器操作系统发生故障时，可快速恢复操作系统并保留原有配置。

(2)资源应用管理系统。1 套，能够自动识别、导入国家中心通过移动硬盘、政务外网、卫星等途径下发的数据资源，对资源管理系统提供的资源进行有效的展示，能够对资源进行统一管理和控制。

(3)业务自动化系统。1 套，具备对馆藏各类资源(含数字资源)的采访、编目、检索、流通等管理功能；具备读者管理功能；如业务需要实现总分馆模式，可选用统一图书馆自动化业务平台。

(4)信息浏览监控软件。1 套，系统能够屏蔽不良网站，抵御网络攻击；能够制定访问策略，具备上网行为管理和访问控制功能；具备用户上网信息数据采集能力。

(5)设备远程管理软件。1 套，对相关设备进行桌面服务、网络管理和硬件诊断的远程管理和维护。

(6)办公软件。金山 Office、永中 Office、Windows Office 等，具体套数可根据实际人员确定。

(7)网站管理软件。1 套，提供文化共享工程网站服务。

(8)网络杀毒软件。保障所有客户端和服务器能够受到保护，具体数量可根据支中心实际配置数量调整，提供 3 年内免费升级。

(二)多媒体演播厅

1. 投影机

1 台，标准显示分辨率 1024×768，亮度大于 3500 ANSI LM，灯泡寿命不小于 4000 小时。

2. 投影幕

1套，100英寸以上电动幕布，用于多媒体室和开放环境，具体尺寸根据场地环境确定。

3. 4路VGA输入切换器

用于多路VGA信号源输入，切换一路输出到投影机上显示用。

4. 有源音箱

1台，5.1声道高保真有源音箱(200W以上)。

5. 大屏幕电视机

52英寸以上大屏幕电视，HDMI输入1组，可视比例16∶9、4∶3，制式PAL/NTSC/SECAM。

(三)流动服务

1. 投影机

1台，标准显示分辨率1024×768，亮度不小于3500 ANSI LM，灯泡寿命不小于4000小时。

2. 投影幕

1套，不小于100英寸，具体尺寸根据场地环境确定。

3. 有源音箱

1台，高保真有源音箱，选择适合开放环境下使用设备。

4. 多媒体播放器

1台，能够识别和播放共享工程的视频和动漫资源，并具备日志记录、统计汇总等功能，数据格式符合运行管理系统相关要求。

(四)电子阅览室

终端计算机配置：Intel Core i3 530或AMD Phenom Ⅱ X4

965 处理器，内存 2G，硬盘容量 160GB，光驱类型：DVD-ROM，19 英寸以上液晶显示器，配操作系统，具备系统还原功能，原厂商 3 年以上免费现场质保。

终端计算机数量，40 台是最低要求，各地可根据场地环境需要适当增加。

(五)资源加工与办公区域

1. 非线编系统

1 套，用于视频资源的编辑处理，该系统应包含软件和配套硬件设备，可支持高/标清全兼容的系统，配套监视器。

2. 多功能扫描仪

2 台，光学分辨率 2400dpi，扫描范围 216mm×356mm，扫描元件 CCD。

3. 激光网络打印机

1 台，具备传真、复印、打印功能，提供网络接口模块。

4. 移动硬盘

2 块，500GB USB2.0 接口，配带 USB 数据线及电源线。

5. 数码照相机

2 台，用于各地采集和制作节目。其中入门单反相机和卡片式相机各 1 台。

6. 数码广播级摄录像机

2 台，具备 60 万像素以上 3CCD，记录格式达到 DVCPRO50、DVCPRO HD 同等水平，高清、标清、DV 格式全程记录，USB 和 IEEE1394 接口，能够与非线编系统上载，具备 16∶9 和 4∶3 幅面可选，专用三脚架，不低于 3 小时的备用电池 3 块等附属设备。用于各地采集和制作节目。

7. 录放机

2台，具备回放功能。需要与摄像机配合使用。

8. 便携式计算机

2台，Intel i5-520处理器，14.1英寸宽屏显示器，2GB DDR3，320GHDD，DVD刻录光驱，10－100－1000M内置以太网卡，中文Windows，802.11g无线局域网卡，集成显卡，3年以上免费现场质保。

9. 日常管理工作站

20台，Intel Core i3 530或AMD Phenom Ⅱ Ⅹ4 965处理器，内存2G，硬盘容量320GB，光驱类型：DVD-ROM，19英寸以上液晶显示器，配操作系统，具备系统还原功能，原厂商3年以上免费现场质保。

四、县级支中心

按照文化部办公厅印发《2010年全国文化信息资源共享工程各级分支中心和基层服务点建设配置标准》的通知（办社文函〔2010〕452号），文化共享工程县级支中心按照68万元标准进行配置。软硬件配置主要分为必配项与选配项两部分。必配项为各地应达到的基本要求，选配项中的设备，各地可以根据当地的具体应用方案选择一种至多种。本节主要对《通知》中规定的必配项进行说明，对应的选配项内容，可以详见上述《通知》要求。

文化共享工程县级支中心"必配项"包括中控机房、多媒体演示厅、流动服务、电子阅览室、资源加工与办公区域等。（见图3-17）

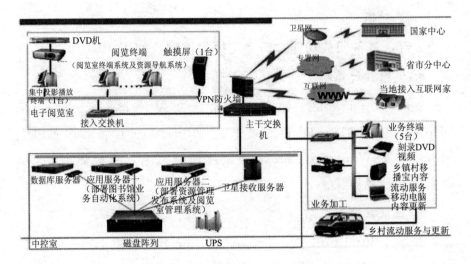

图 3-17 文化共享工程县级支中心网络拓扑图

(一)中控机房

中控室是县支中心的局域网与外网的衔接点,是县级支中心主要设备的集中区与控制中心,通称为机房。它是县支中心建设的重点和核心。

1. 服务器

4 台,其中用于文化共享工程应用管理系统的应用服务器 1台,用于业务自动化等管理的业务服务器 1 台,用于数据资源管理或数据远程传输的传输服务器 1 台,用于设备远程管理的管理服务器 1 台。

2. 存储(磁盘阵列)

存储设备可用容量不少于 3.6TB,可扩展、不附属于服务器设备。

3. 网络设备

1 套,提供 48 个百兆以上端口,4 个千兆以太网口,场馆主要服务区内提供无线接入能力。支持设备堆叠，支持 SNMP 网管。网管交换机的配置和数量要根据当地环境决定。

4. 安全设备

1 套，自主知识产权，具有完备的状态检测防火墙、入侵防御、防病毒及 VPN 等功能。设备具体数量根据出口线路数量决定，要为政务外网接入预留端口。

5. 网络专用配线架

2 套，24 端口网络专用配线架，用于灵活连接业务终端计算机、服务器、管理工作站等物理设备，提高系统配置的灵活性。

6. 键盘、鼠标、显示器

1 套，1U 机架式可折叠键盘/鼠标/15 英寸液晶显示器。

7. 4 路 KVM 切换器

1 套，支持电动四路 KVM 切换功能。

8. 42U 标准机柜

用于安装中心机房服务器、网络设备，包括必要的盲板、滑轨、电源插座、螺丝、底板、密网门、风扇等规定部件。

9. UPS 电源设备

1 套，10KVA 断电后电池维持 1 小时以上，UPS 设备、净化稳压电源，主要为中控室与电子阅览室设备供电。

10. 其他配套硬件

(1)配电箱。1 套，具备 15KW 以上三相交流电（AC 380V）。(2)机房空调。3 套，根据当地自然状况而定，确保机房温度适合。(3)互联网接入。互联网出口带宽不低于 2M。(4)政务外网接入。本地有政务外网接入条件的应提供不低于 2M 的接入带宽。

(5)防火器材。3套。(6)地线系统。(7)防雷系统。(8)综合布线。(9)机房装修。(10)防静电地板。上述(6)至(10),按照国家相关标准各1套。

11. 配套软件

(1)资源应用管理系统。1套,能够自动识别、导入国家中心通过移动硬盘、政务外网、卫星等途径下发的数据资源,对资源管理系统提供的资源进行有效的展示,能够对资源进行统一管理和控制。

(2)业务自动化系统。1套,具备对馆藏各类资源(含数字资源)的采访、编目、检索、流通等管理功能;具备读者管理功能;如业务需要实现总分馆模式,可选用统一图书馆自动化业务平台。

(3)信息浏览监控软件。1套,系统能够屏蔽不良网站,抵御网络攻击;能够制定访问策略,具备上网行为管理和访问控制功能;具备用户上网信息数据采集能力。

(4)设备远程管理软件。1套,对相关设备进行桌面服务、网络管理和硬件诊断的远程管理和维护。

(5)网络杀毒软件。保障所有客户端和服务器能够受到保护,具体数量可根据分中心实际配置数量调整,提供3年内免费升级。

(二)多媒体演播厅

1. 投影机

1台,标准显示分辨率 1024×768,亮度大于 3500 ANSI LM,灯泡寿命不小于 4000 小时。

2. 投影幕

1套,不小于 100 英寸,具体尺寸根据场地环境确定。

3. 4 路 VGA 输入切换器

用于多路 VGA 信号源输入，切换一路输出到投影机上显示用。

4. 有源音箱

1 台，高保真有源音箱(200W 以上)。

5. 大屏幕电视机

52 英寸以上大屏幕电视，HDMI 输入 1 组，可视比例 16：9、4：3，制式 PAL/NTSC/SECAM。

6. 触摸屏

1 套，15 英寸以上，具备较好的防尘功能，用于门厅，为用户提供共享工程简介和基本信息。

(三)流动服务

1. 投影机

1 台，标准显示分辨率 1024×768，亮度不小于 3500 ANSI LM，灯泡寿命不小于 4000 小时。

2. 投影幕

1 套，不小于 100 英寸，具体尺寸根据场地环境确定。

3. 有源音箱

1 台，高保真有源音箱，选择适合开放环境下使用设备。

4. 多媒体播放器

1 台，能够识别和播放共享工程的视频和动漫资源，并具备日志记录、统计汇总等功能，数据格式符合运行管理系统相关要求。

(四)电子阅览室

县级支中心电子阅览室主要为读者提供计算机终端,供读者观看和浏览共享工程资源。

终端计算机配置:Intel Core i3 530 或 AMD Phenom Ⅱ X 4 965 处理器,内存 2G,硬盘容量 160GB,光驱类型:DVD-ROM,19 英寸以上液晶显示器,配操作系统,具备系统还原功能,原厂商 3 年以上免费现场质保。

终端计算机数量,25 台是最低要求,各地可根据场地环境需要适当增加。

(五)资源加工与办公区域

综合业务加工室是县级支中心管理人员的办公空间,为管理人员提供了一个较为先进的自动化办公环境。

1. 非线编系统

1 套,用于视频资源的编辑处理,该系统应包含软件和配套硬件设备,可支持高/标清全兼容的系统,配套监视器。

2. 多功能扫描仪

1 台,光学分辨率 2400dpi,扫描范围 216mm×356mm,扫描元件 CCD。

3. 激光网络打印机

1 台,具备传真、复印、打印功能,提供网络接口模块。

4. 移动硬盘

2 块,1TB USB2.0 接口,配带 USB 数据线及电源线。

5. 数码照相机

2 台,用于各地采集和制作节目,其中入门单反相机和卡片式相机各 1 台。

6. 便携式计算机

2 台，Intel i5-520 处理器，14.1 英寸宽屏显示器，2GB DDR3，320GHDD，DVD 刻录光驱，10－100－1000M 内置以太网卡，中文 Windows，802.11g 无线局域网卡，集成显卡，3 年以上免费现场质保。

7. 日常管理工作站

5 台，5 台是最低标准，各地可根据实际应用予以增加。Intel Core i3 530 或 AMD Phenom Ⅱ Ⅹ4 965 处理器，内存 2G，硬盘容量 320GB，光驱类型：DVD-ROM，19 英寸以上液晶显示器，配操作系统，具备系统还原功能，原厂商 3 年以上免费现场质保。

8. 政务外网接入

1 套。

五、乡镇基层服务点

按照文化部办公厅印发《2011 年度公共电子阅览室设备配置标准》及《公共电子阅览室标牌样式》的通知（办社文发［2011］31 号），包括乡镇、街道以及社区等部分。文化共享工程乡镇基层服务点的软硬件配置主要分为必配项与选配项两部分。必配项为各地应达到的基本要求，选配项中的设备，各地可以根据当地的具体应用方案选择一种至多种。本节主要对《通知》中规定的必配项进行说明，对应的选配项内容，可以详见上述《通知》要求。

文化共享工程乡镇基层服务点"必配项"包括信号接入、资源管理、资源展示、网络连接、办公设备、控制台、光盘架与软件等。

（一）信号接入

1. 网络

1条，互联网络或专网，带宽不低于2M。

2. 电视信号

1条，电视电缆接口入室。电视信号应能够接收到包括中央1台等的20套以上电视节目内容，没有有线信号的地区可以使用卫星电视信号接入。

（二）资源管理

PC服务器。1台，2G ECC DDR3内存，SATA硬盘1TB，支持RAID5，双千兆网卡，支持远程管理，配操作系统及备份软件，原厂商3年以上免费现场质保。

（三）资源展示

1. 大屏幕电视机

1台，52英寸以上大屏幕电视，HDMI输入1组，可视比例16：9、4：3，制式PAL/NTSC/SECAM。

2. 投影机

1台，DLP显示，标准显示分辨率1024×768，对比度2000：1，光亮度不低于3000流明，投影灯泡寿命不小于3000小时，配100英寸以上幕布。

3. 终端计算机

不少于10台，Intel i5-2400或AMD X6 1100T处理器，内存2G，硬盘容量500GB，光驱类型：DVD-ROM，17英寸以上液晶显示器，配操作系统，具备系统还原功能，原厂商3年以上免费现场质保。

4. 音箱

1 套，2.0 声道以上音箱，有源，输出功率：150W，信噪比：≥80dB。

5. DVD

1 台，兼容可播放碟片 DVD/DVD-R/DVD-RW/SVCD/VCD/CD/CD-R/CD-RW/DVD＋R/DVD＋RW/DVD-R DL，防尘、防震、纠错能力强。

(四)网络连接

网络设备。1 台，端口数应根据设备具体数量确定。支持无线接入，支持 VPN，支持 NAT 功能，支持内置防火墙。

(五)办公设备

打印机。1 台，A4 打印机；长寿命硒鼓。

(六)控制台

中央控制台。1 台，用于切换多路视频信号，可控制 DVD、投影机、音响设备，可以切换 AV 信号和 VGA 信号等。

(七)光盘架

光盘架。1 套，可用于摆放光盘、光盘套装及光盘箱等。宽度不小于 1.2 米，至少提供 4 层展架，其中至少有两层层高不低于 40 厘米。

(八)软件

1. 资源服务软件

1 套，能够应用和管理符合国家中心要求的资源数据。功能包括：资源分类浏览、检索、上传、下载、管理、播放、重点推荐及讨论区；用户日志；热点视频；系统设置；在线升级。

2. 信息浏览监控软件

1套，能够屏蔽不良网站；具备防火墙功能，抵御网络攻击；能够制定访问策略，具备上网行为管理和访问控制功能；具备用户上网信息数据采集能力。系统还应具备数据上传功能，提供给国家中心统计。

3. 设备远程管理软件

1套，对相关设备进行桌面服务、网络管理和硬件诊断的远程管理和维护。

4. 网络杀毒软件

1套，具体数量可根据乡镇基层服务点实际配置数量调整。提供3年内免费升级。

六、街道基层服务点

按照文化部办公厅印发《2011年度公共电子阅览室设备配置标准》及《公共电子阅览室标牌样式》的通知（办社文发［2011］31号），文化共享工程街道基层服务点的软硬件配置主要分为必配项与选配项两部分。必配项为各地应达到的基本要求，选配项中的设备，各地可以根据当地的具体应用方案选择一种至多种。本节主要对《通知》中规定的必配项进行说明，对应的选配项内容，可以详见上述《通知》要求。

文化共享工程街道基层服务点"必配项"包括信号接入、资源服务、网络连接、控制台、光盘架与软件等。

(一)信号接入

1. 网络

1条，互联网络或专网，带宽不低于2M。

2. 电视信号

1 条，电视电缆接口入室。

(二)资源服务

1. 投影机

1 台，DLP 显示，标准显示分辨率 1024×768，对比度 2000∶1，光亮度不低于 3000 流明，投影灯泡寿命不小于 3000 小时，幕布大小根据场地决定。

2. 管理计算机

1 台，1 个 Intel Xeon E3-1220 或 AMD 1389 四核处理器，内存 2G，硬盘容量 2TB 以上，DVD 刻录光驱，19 英寸以上宽屏液晶显示器，配操作系统，具备系统还原功能，原厂商 3 年以上免费现场质保。

3. 终端计算机

不少于 12 台，Intel i5-2400 或 AMD X6 1100T 处理器，内存 2G，硬盘容量 500GB，光驱类型：DVD-ROM，17 英寸以上液晶显示器，配操作系统，具备系统还原功能，原厂商 3 年以上免费现场质保。

4. 移动终端自助服务设备

1 台，15 寸以上的触摸屏控制，能够通过 WIFI、USB 等方式，为多种笔记本、手机、MP4 等移动终端设备提供文化信息资源的自助服务功能，能够发布通知和消息等，能够展示社区信息，具备良好的日志记录管理功能。

(三)网络连接

网络设备。1 台，端口数应根据设备具体数量确定，支持无线接入，支持 VPN，支持 NAT 功能，支持内置防火墙。

(四)控制台

中央控制台。1 台，用于切换多路视频信号，可控制 DVD、投影机、音响设备，可以切换 AV 信号和 VGA 信号等。

(五)光盘架

光盘架。1 套，可用于摆放光盘、光盘套装及光盘箱等。宽度不小于 1.2 米，至少提供 4 层展架，其中至少有两层层高不低于 40 厘米。

(六)软件

1. 资源服务软件

1 套，能够应用和管理符合国家中心要求的资源数据。功能包括：资源分类浏览、检索、上传、下载、管理、播放、重点推荐及讨论区；用户日志；热点视频；系统设置；在线升级。

2. 信息浏览监控软件

1 套，能够屏蔽不良网站；具备防火墙功能，抵御网络攻击；能够制定访问策略，具备上网行为管理和访问控制功能；具备用户上网信息数据采集能力。系统还应具备数据上传功能，提供给国家中心统计。

3. 网络杀毒软件

1 套，具体数量可根据分中心实际配置数量调整，提供 3 年内免费升级。

七、社区基层服务点

按照文化部办公厅印发《2011 年度公共电子阅览室设备配置标准》及《公共电子阅览室标牌样式》的通知(办社文发[2011]31 号)，文化共享工程社区基层服务点的软硬件配置主要分为必配项与选配项两部分。必配项为各地应达到的基本要求，选配项中的设备，各地可以根据当地的具体应用方案选择一至多种。本节主要对《通知》中规定的必配项进行说明，对应的选配项内容，可以详见上述《通知》要求。

文化共享工程社区基层服务点"必配项"包括信号接入、资源服务、网络连接、控制台与软件等。

(一)信号接入

1. 网络

1条，互联网络或专网，带宽不低于 2M。

2. 电视信号

1条，电视电缆接口入室。

(二)资源服务

1. 投影机

1台，DLP 显示，标准显示分辨率 1024×768，对比度 2000：1，光亮度不低于 3000 流明，投影灯泡寿命不小于 3000 小时，幕布大小根据场地决定。

2. 管理计算机

1台，1个 Intel Xeon E3-1220 或 AMD 1389 四核处理器，内存 2G，硬盘容量 2TB 以上，DVD 刻录光驱，19 英寸以上宽屏液晶显示器，配操作系统，具备系统还原功能，原厂商 3 年以上免费现场质保。

3. 终端计算机

不少于 10 台，Intel i5-2400 或 AMD X6 1100T 处理器，内存 2G，硬盘容量 500GB，光驱类型：DVD-ROM，17 英寸以上液晶显示器，配操作系统，具备系统还原功能，原厂商 3 年以上免费现场质保。

(三)网络连接

网络设备。1 台，端口数应根据设备具体数量确定，支持无线接入，支持 VPN，支持 NAT 功能，支持内置防火墙。

(四)控制台

中央控制台。1 台，用于切换多路视频信号，可控制 DVD、投影机、音响设备，可以切换 AV 信号和 VGA 信号等。

(五)软件

1. 资源服务软件

1 套，能够应用和管理符合国家中心要求的资源数据。功能包括：资源分类浏览、检索、上传、下载、管理、播放、重点推荐及讨论区；用户日志；热点视频；系统设置；在线升级。

2. 信息浏览监控软件

1 套，能够屏蔽不良网站；具备防火墙功能，抵御网络攻击；能够制定访问策略，具备上网行为管理和访问控制功能；具备用户上网信息数据采集能力。系统还应具备数据上传功能，提供给国家中心统计。

3. 网络杀毒软件

1 套，具体数量可根据分中心实际配置数量调整，提供 3 年内免费升级。

八、村基层服务点

按照文化部办公厅印发《2010 年全国文化信息资源共享工程各级分支中心和基层服务点建设配置标准》的通知(办社文函[2010]452 号)，文化共享工程村基层服务点按照 5000 元、6000元两种预算提供配置方案，各地可根据本地实际情况自行选择，并对相关类型适用范围做了规定。

文化共享工程村基层服务点 5000 元配置方案，包括以下设备之一：一是 1 台 PC；二是 1 台投影机；三是 1 台 32 寸电视机加一台 IPTV 机顶盒；四是 1 台移动播放器加 1 台投影机或 1 台电视机；五是 1 台 42 寸等离子电视机。

文化共享工程村基层服务点 6000 元配置方案，包括以下设备之一：一是 1 台 PC；二是 1 台投影机；三是 1 台 32 寸电视机加一台 IPTV 机顶盒；四是 1 台移动播放器加 1 台投影机或 1 台电视机；五是 1 台 42 寸等离子电视机；六是 1 台高清视频播放机；七是 IP 电话加上述 5000 元方案。

文化共享工程村基层服务点的配置方案没有必配项，均为选配项。只有硬件，没有配套软件。两种预算所列选配项内容，可以详见上述《通知》要求。

第三节　文化共享工程网站建设

一、网站的定位

近年来，伴随着国家信息化建设工程的全面展开，网络已成为许多行业拓展服务领域、提高服务水平的重要渠道，网站更成为信息存储、管理和传播的主要途径。文化共享工程作为国家公共数字文化服务体系的重要组成部分，越来越多的文化共享工程各级分支中心与基层服务点通过建立与丰富网站内容，为用户提供更加多样化、更加便捷的服务，并将网站作为其对外宣传与交流的重要阵地，成为用户获得信息服务的重要平台。

(一)文化共享工程网站的定位

文化共享工程网站建设的出发点是以提升公共服务为目标，网上服务应是其网站服务建设的重点。文化共享工程网站不仅是某一地区的文化信息发布中心，更应当成为服务中心。文化共享工程的网站建设不仅为人们提供一个获取信息的平台和交流的窗口，也是其向远程用户提供数字化、网络化文献信息服务、特别是音视频多媒体资源的桥梁和纽带。因此，文化共享工程网站建设是全国各级文化共享事业发展不可或缺的重要方面，在整个文化共享工程中具有不可替代的地位。

自2002年文化共享工程启动之初，国家中心就建立了全国性、公益性服务网站——全国文化共享工程网站（http://www.ndcnc.gov.cn）。该网站已成为文化共享工程建设与服务最权威的国家级信息发布网站。国家中心网站是文化共享工程主要的资源服务模式之一，立足于将国家中心整合的优秀文化资源通过全国各地的基层网络实现共享，各地用户可以通过工程网站欣赏优秀的视频资源、阅读电子书刊、了解文化要闻，使更多网民了解文化共享工程的宗旨和建设发展情况。[①]

(二)文化共享工程网站建设原则

1. 目标性

明确定位、统筹规划、分步实施。文化共享工程各级分支中心要结合自身的实际情况制定网站建设规划，网站主题要小而精，主要内容的选定应该有一定的针对性。题材应以本级分支中心的特点和优势为主，目标不宜过高。网站建设是一个长期的过程，要在统一规划的

---

① 琚存华. 外包模式下的全国文化信息资源共享工程网站建设. 图书馆建设，2008(2)：64-66.

基础上，逐步丰富和完善网站的内容，增强网站的功能和服务。

2. 方便性

网站代表着文化共享工程各级分支中心的形象，是各级分支中心与公众交流和联系的桥梁和纽带，也是公众和其他网站用户了解各级分支中心的窗口。因此，文化共享工程各分支中心网站界面设计应生动清新，网页风格一致，栏目设置合理，网页层次不宜过多，杜绝空链、死链，保持 24 小时全天开放，最大程度方便读者使用。

3. 特色性

基本服务与特色服务相结合。文化共享工程各级分支中心网站不应追求大网站的面面俱到，主要体现为地方特色数据库及特色服务。尽可能地揭示本级分支中心的各类相关资源，提供基本的信息服务项目，同时要加大各分支中心特色资源建设的力度，逐步增加特色服务的项目和内容。

4. 扩展性

易维护性和可扩展性。文化共享工程各级分支中心网站要能够提供内容的实时更新和数据维护服务，在设计时，要在前台界面和后台管理界面中都留有可扩充的位置，以适应不断发展的用户需求。

二、网站的技术环境

(一)网站建设流程

1. 注册域名

域名是图书馆(分支中心)在互联网上的名称，根据需要注册国际或国内域名和二级域名。域名要突出图书馆(分支中心)的特点，容易记忆。

2. 网站的内容结构设计

包括栏目设计、导航图、网页制作、程序编码等。

3. 数据准备

包括基本资源和特色资源(文本、图像、音频、视频资源的格式转换)。

4. 数据整合

将网页文件和数据文件等多种数字资源文件统一进行编辑、修改和审校。

5. 网站发布与运行

网站建成后应先在局域网内试运行,在广泛征求读者和员工意见的基础上进行修改和完善,最后在互联网上发布和正式运行。

6. 网站的运行维护

Web 服务器要使用专用服务器,并作好必要的数据备份;保证服务器网络通畅和正常运行;每天 24 小时开放;出现问题应及时解决,并做好问题存档工作。需要更新服务器设备和软件而不能正常提供服务时应提前通知。

(二)网站建设的技术实现

1. 网站硬件环境

网站的最低配置应包括网络接入设备、Web 服务器、DNS(域名解析)服务器等,对于有条件的分支中心还可以考虑大型存储设备、数据库存储检索设备、MAIL(邮件)服务器、FTP(文件传输)服务器、应用服务器、控制系统、集群系统、安全系统(防火墙、入侵检测等)、备份系统以及开发维护系统等。

文化共享工程各级分支中心在选择 Web 服务器时应考虑以下性能指标:可管理性、可用性、可扩展性、安全性、高性能、模

块化等。存储设备采用 RAID 阵列式磁盘技术。文化共享工程各
级分支中心可根据本地区具体情况选择 ADSL 接入、DDN 专线
接入、CABLE MODEM 接入、无线接入、光纤接入等多种接入
方式和接入设备。

2. 网站软件环境

开发与引进相结合，合理选择网站建设技术，采用专业化成
熟软件打造网站核心技术平台。网站的核心技术包括：结构化信
息检索、全文检索、异构检索、概念检索及多媒体检索。因此应
该考虑采用目前专业化的成熟软件来打造网站的核心技术平台。

网站软件环境主要包括系统软件、应用软件开发工具等。

（1）系统软件。有网络操作系统、WEB 服务器软件、后台数
据库软件。网络操作系统有 WINDOWS SERVER2000/2003/
2008、SCO UNIX、LINUX；WEB 服务器软件有 IIS、A-
PACHE、IPLANET WEB SERVER；数据库软件有 SQL
SERVER、MYSQL、SYBASE 等。

（2）开发工具。WINDOWS 下网站应用程序开发工具包括
VB、JAVA、ASP；LINUX 下包括 C/C++，PERL、PHP 等。

3. 网站安全

网站安全主要包括：网站物理安全、网络平台安全、系统安
全、应用安全、管理安全等方面。网站安全策略主要有：

（1）建立、健全网站安全策略，并将其与硬件及软件等方法结
合起来，构成一个统一的防御系统，有效阻止非法用户进入网络，
减少网络的安全风险。

（2）定期进行漏洞扫描、审计跟踪，及时发现问题和解决
问题。

（3）通过入侵检测等方式实现实时安全监控，提供快速响应故
障的手段，同时应具备很好的安全取证措施。

（4）在受到攻击后，网管人员能较快恢复网站文件和相关应用，使系统恢复正常，最大限度地减少损失。

（5）在服务器、工作站上安装防病毒软件，统一进行控制和管理，实现全网统一防毒。

4. 网站的维护、数据备份

各级分支中心网站建设是一项长期的工作，网站投入运行时还需制定网站的维护工作计划和网站的更新工作计划。

（1）网站维护的内容及要求：①测试。网站投入运行后，要经常做一些网络连通性测试和文件链接测试，确保网站正常运行和内容的正常浏览。②网页维护。网页更新发布后要检查所有的超级链接能否正常使用；定期检查网页上的导航条以确保网站的内链接端点的正确性；定期检查网页文件和目录结构是否一致，删除无用的代码等。

（2）网站的数据备份是一种数据安全的策略，是将原始数据完全一样的复制，在原始的数据丢失或遭到破坏的情况下，利用备份数据把原始数据恢复出来，使系统能够正常工作。因此，数据备份是一项非常重要的工作。网站在制作完成及日常更新后，一定要创建备份，备份时要制定备份策略，包括备份介质、备份频率、备份内容等，对备份要定期验证。

（三）网站的保障措施

为保证文化共享各级分支中心网站建设及运行工作的有序开展，应建立相应的管理机构和运行机制，成立网站建设与运行领导小组，一般可以考虑下设数据加工组、网站编辑组和技术保障组。数据加工组主要负责对网站建设及更新中的源数据做好准备，对将要发布的信息进行编辑、修改和审校；网站编辑组主要负责版面设计、网页制作和程序编制；技术保障组主要负责网站的技术支持与安全保障。

三、网站的主要功能与结构

　　文化共享工程各级分支中心网站具备信息发布、资源查询服务、互动交流、业务辅导、网络导航等功能，包括网站内容、网站设计与性能、网站管理与安全、网站运行与效益等方面。

　　结合浙江省文化厅组织开展的"2010 年浙江省文化共享工程十佳网站"评选活动，以分项说明方式对文化共享工程网站的主要功能与结构进行阐述。

　　【案例】2010 年 10 月，为了推进浙江省文化共享工程各级中心网站建设，提高网站服务水平，促进文化共享工程各级中心的网络化、数字化建设，集中展示全省文化共享工程风采，浙江省文化厅组织开展了"2010 年浙江省文化共享工程（公共图书馆）十佳网站"评选活动。经过初评专家委员会评审，网络投票，复评专家委员会复评，从参评的 75 家网站中评选出十佳网站及各单项奖获奖网站。其中，浙江省图书馆、杭州市图书馆、温州市图书馆获得省市组前三甲；杭州萧山图书馆、杭州余杭图书馆（太炎读书网）、杭州桐庐县图书馆等七家单位获得县区组优胜奖。

　　2010 年浙江省文化共享工程（公共图书馆）十佳网站评比内容分为：网站功能、网站设计与性能、网站管理与安全、网站运行与效益等方面。[①]（见表 3-2）

---

　　① 浙江省文化厅. 2010 年浙江省文化共享工程（公共图书馆）十佳网站评比，2010 年 10 月.

表 3-2　2010 年浙江省公共图书馆十佳网站评比内容分项说明

一级指标（分数）	二级指标（权重）	三级指标（权重）	指标解释
网站功能（35）	馆藏查询（0.22）	1. 图书检索(0.3)	OPAC 检索入口
		2. 借阅情况检索(0.3)	读者借阅情况检索入口
		3. 预约(0.2)	读者图书借阅的预约和续借入口
		4. 续借(0.2)	读者办理图书馆际互借入口
	公告宣传（0.21）	1. 本馆概况(0.2)	是否有详尽本馆整体情况，包括馆舍配置，软硬件设施
		2. 新闻报道(0.2)	本馆新闻与各部门工作动态发布
		3. 服务说明(0.2)	本馆所提供各项服务的详尽说明
		4. 新书公告(0.2)	最近上架的新书推荐
		5. 讲座活动通知(0.2)	各种为读者举办的讲座及活动的通知
	读者互动（0.18）	1. 读者意见栏(0.4)	是否有读者向图书馆提意见的平台或入口
		2. 读者推荐(0.3)	读者对新书、新刊等的推荐平台
		3. 参考咨询(0.3)	是否有对读者提供咨询的平台或入口
	资源服务（0.28）	1. 多媒体资源(0.2)	是否有各类多媒体资源可供读者自由浏览
		2. 特色资源(0.2)	是否有本馆或本地域特色的自建数据库或资源链接(包含多媒体资源)
		3. 共享工程资源推荐(0.2)	是否有文化共享工程各类数字资源的推荐和链接
		4. 共享工程视频点播县级版(0.2)	是否有共享工程视频点播县级版链接，运行是否正常
		5. 其他特色服务(0.2)	是否提供一些有特色的服务项目
	其他功能（0.10）	1. 联系方式(1)	是否有网站联系邮箱等资料

续表

一级指标 （分数）	二级指标 （权重）	三级指标 （权重）	指标解释
网站设计 与性能 （25）	网站设计 （0.45）	1. 整体风格（0.2）	是否独具个性、创意水平如何；网站所有构件的搭配是否富有美感；首页创意是否有特色
		2. 网页布局（0.2）	在主题确立、Logo 制作、版面布局、色彩搭配、文字设计、表格应用、内容加工上，追求形式与内容的统一性、新颖性与个性化；页内模块布局是否突出重点、平衡协调
		3. 栏目设置（0.2）	栏目分类层次是否合理，是否清晰
		4. 网站导航（0.2）	导航栏目是否清晰，是否提供站点地图；每个网页是否设有直接返回本部分资源起始页或网站主页的功能键
		5. 网站链接（0.1）	是否建立图书馆相关系统的链接和内部网站的链接
		6. 界面友好性（0.1）	整体设计是否以人为本，是否有使用指南等帮助信息
	技术性能 （0.55）	1. 兼容性能（0.2）	是否兼容各主流浏览器；页面大小是否能随分辨率自动适应大小
		2. 访问速度（0.1）	访问时的响应速度情况
		3. 检索功能（0.2）	是否提供网站检索功能；检索方式单一还是多样；检索结果的组织与呈现方式，检索的速度如何
		4. 网站稳定性（0.2）	网站是否长时间稳定正常运行；网页出错情况
		5. 访问与统计（0.2）	主页是否提供访问量功能；是否有信息统计
		6. 新技术应用（0.1）	是否充分地使用了流媒体技术、虚拟现实技术、网上视频点播技术、RSS、Ajax 技术等，不断提高网站技术含量，拓展网站功能和容错能力

续表

一级指标 （分数）	二级指标 （权重）	三级指标 （权重）	指标解释
网站管理 与安全 （10）	网站管理 （0.5）	1. 网站备案(0.3)	是否已向相关部门进行域名的备案；是否已向公安局做信息安全等级保护备案（一般主页上要做备案链接）
		2. 组织机构与人员配备(0.3)	网站是否有专人维护；网络管理员是否具备相关专业技术资格证书及相关业务技术培训
		3. 管理制度(0.4)	是否有图书馆网站内部管理制度
	网站安全 （0.5）	1. 技术安全防护(0.3)	是否建立安全防护机制，如：防火墙、防病毒、漏洞扫描、入侵检测、网页防篡改、防 SQL 注入等
		2. 数据安全(0.3)	是否有数据备份机制
		3. 安全制度(0.4)	是否已制定网络安全制度；是否已制定信息、资源发布审核制度；是否制定突发事件应急预案
网站运行 与效益 （10）	运行情况 （0.4）	1. 信息发布(0.3)	图书馆各部门工作信息发布是否有更新
		2. 内容更新(0.3)	内容的更新情况
		3. 资源增长(0.4)	图书馆各种资源更新情况
	网站效益 （0.6）	1. 文化特征(0.4)	是否能体现本地域的文化特征
		2. 网站访问量(0.2)	网站被访问情况（Alexa 上进行测试）
		3. 网站被链接数(0.2)	网站被其他站点链接情况（Alexa 上进行测试）
		4. 网站流量排名(0.2)	网站在 Alexa 上的排名
网站投票 （20）			在数字文化网的"十佳浙江省公共图书馆网站网络投票"公布各参评网站，在规定时段进行网络投票

四、网站的访问流程

(一)国家中心网站

用户访问文化共享工程国家中心网站(http://www.ndcnc.gov.cn)分为四类。

(1)访问主网站文本内容(不包括视频资源和活动服务器上的小型网站)。首先通过 DNS 域名解析,判断用户所处位置,将用户访问解析至蓝讯公司在全国范围内的 CDN 节点,若为已访问过的老用户,则直接将以前的缓存内容返回给用户,提高用户访问速度;若是新访问用户,最近 CDN 节点中无此缓存数据,则 CDN 节点通过从主网站抓取数据,获得后再返回,并将记录 cache 缓存数据。

(2)访问视频内容。通过 DNS 解析判断是南方用户还是北方用户,北方用户直接访问中心网站视频服务器,提供视频内容;而南方用户需访问浙江镜像站,由镜像站中的 2 台视频服务器来提供视频内容。

(3)访问网站中活动服务器和电子图书期刊服务器。南北方用户都是访问国家中心网站,但南方用户要通过蓝讯公司的 GSLB 加速,提高南方用户的访问速度。

(4)观看网络直播。南北方用户则在悠视公司视频服务器群的支持下直接通过网络电视服务器访问。

(二)各省级分中心网站

截至 2012 年 10 月,文化共享工程各省级分中心均建立了各自的文化共享工程网站或专栏。特别是文化共享工程西藏分中心双语版网站开通,使西藏文化共享工程有了全新的服务阵地和宣传窗口,使优秀文化信息资源的传输渠道更畅通,改善了公共文化服务的基础设施条件,标志着西藏公共文化服务的信息化水平迈上了新台阶。

下面将全国文化共享工程各省级分中心网站的地址集结如下，以便访问。（见表 3-3）

表 3-3　文化共享工程各省级分中心网站地址

序号	地　区	网站地址
1	北京市	http://www.bjgxgc.cn/
2	天津市	http://www.tjgxgc.cn/jsp/gxgc/index.jsp
3	河北省	http://www.dhbc.net/
4	山西省	http://www.sxcnt.com/
5	内蒙古自治区	http://www.nmgcnt.com/
6	辽宁省	http://www.lnlib.com/
7	吉林省	http://jlwh.jllib.com/
8	黑龙江省	http://www.ljwhxx.cn/
9	上海市	http://whgx.library.sh.cn/
10	江苏省	http://www.jsgxgc.org.cn/
11	浙江省	http://www.zjwhgx.cn/
12	安徽省	http://www.ahlib.com/ahlib/gxgc/index.jsp
13	福建省	http://www.fjwh.net/
14	江西省	http://www.jxdcn.gov.cn/
15	山东省	http://www.sdlib.com/library/web/gx/
16	河南省	http://www.henanlib.gov.cn/
17	湖北省	http://hbgxgc.library.hb.cn/index.html
18	湖南省	http://www.library.hn.cn/gxgc/
19	广东省	http://www.gddcn.gov.cn/
20	广西壮族自治区	http://gxwh.gxlib.org.cn/
21	广西桂林	http://www.gll-gx.org.cn/gxgc/index.asp
22	海南省	http://www.hilib.com/
23	重庆市	http://gxgc.cqlib.cn/lib/cnc/index.jsp
24	四川省	http://www.sclib.org/imap/index/index1

序 号	地 区	网站地址
25	贵州省	http://www.gzndc.cn/
26	云南省	http://ndcnc.ynlib.cn/Index.html
27	西藏自治区	http://www.xzgxgc.com/portal/site/
28	陕西省	http://www.snwh.gov.cn/
29	甘肃省	http://www.gslib.com.cn/
30	青海省	http://www.qhlib.org/
31	宁夏回族自治区	http://www.nxlib.cn/gxgc/
32	新疆维吾尔自治区	http://www.xjlib.org/000001950009_1.html

五、网站的内容设计

文化共享工程网站建设中最为关键的是其内容建设，它直接关系到读者利用所建资源的效率以及文化共享与用户之间交流、沟通的效果。因此，各级文化共享工程分支中心都高度重视各自的网站建设工作，推出了众多内容丰富、各具特色的文化共享工程门户网站。

(一)内容的设计

网站内容一般分为静态内容和动态内容，静态内容是网站中相对不变的部分，它的作用是维持整个网站的风格与特点，便于读者了解使用。例如，各分支中心服务指南、发展概况、机构设置、开放时间、入馆须知、阅览指南等内容；动态内容是网站中的主体部分，需要定期更新的内容，也是读者主要查阅的内容，它以交互的方式表现，例如，本分支中心动态、讲座培训信息、读者论坛、多媒体数据库等内容。

特色馆藏和服务是图书馆在信息时代彰显自身存在价值和重要地位的标志，各个分支中心应根据本地区、服务对象的特点与服务目的，将特色馆藏数字化，建设特色数据库，同时数据库的数量、质量、可用性、易用性等均应适应用户的需求。近年来，文化共享各分支中心（公共图书馆）都比较重视本馆的数字资源建设情况，这与网络的迅速发展是分不开的。各支中心充分考虑到自身的特点，购置了相应的中外文数字资源。另外由于省级的公共图书馆是省内的资源中心，所以文化共享各分中心（省级图书馆）都根据本省的文献资源特色自建了一些特色数据库。① 特色专题数据库是文化共享各分支中心网站特色服务的一大亮点，基本上各省级分中心网站都有自己的特色资源或特色服务。

据统计，各省级分中心（省级公共图书馆）网站中较为常见和使用率较高的栏目有以下 19 种②：业界新闻动态、公告栏、服务指南、读者自助服务登录系统、图书馆简介及基本信息、经典或最新书目推荐、书评性栏目、在线多媒体资源展播（讲座、展览、电影、音乐等）、读者交互性论坛（意见反馈、读者活动等）、上级直属单位链接（文化厅、文化共享工程、政府信息公开等）、特色馆藏、地方特色文化资源、馆藏书目检索、外购电子资源检索、网络导航、参考咨询（课题查新）、自办图书馆学研究交流性学会、少儿专栏或网站链接、借阅排行榜。

(二)杭州数字图书馆(杭州文化共享支中心)"文澜在线"

【案例】杭州图书馆自新馆建成开放以来，依托先进的技术、舒适的阅读环境、多元化的服务方式及人性化的服务手段，为广大读者带来了非凡的品质生活体验，并贯彻"平等、免费、全民共

---

① 纪晓平，赵闯. 我国省级公共图书馆网站建设调查与评价. 情报科学，2006(11)：1669－1672.

② 南开大学中国图书馆网站评价研究组. 我国省级公共图书馆网站评价. 国家图书馆学刊，2009(3)：37－44.

享"的服务理念，成为国内首家实现免证阅览、免押金、免服务费的大型公共图书馆。近年来，杭州市图书馆把握时机，及时将建设工作提上重要日程，秉承"有限资源、无限服务"的思路，积极挖掘行业潜力，致力于服务软件升级。将数字电视平台、智能移动终端平台与网站平台整合成综合性杭州市数字图书馆（杭州市文化共享支中心）"文澜在线"（http：//www. hzlib. net）。之所以取名为"文澜在线"，除了纪念杭州悠久的文化外，也是为了区别于国内其他文化网站和数字图书馆。

杭州市数字图书馆（文化共享杭州市支中心）利用网站提供各种网络服务，帮助用户获取所需的资源或享受服务。其网站的九大栏目，涉及三个方面服务内容：一是为用户提供书目查询、预约续借等个人图书馆服务；二是馆内活动信息、国内外文化资讯查询服务；三是涵盖多学科的数据库资源服务，是集中体现现代图书馆文献收藏、文化传播、社会教育和信息服务等功能的综合性重要平台。专题数据库，主要着眼于对杭州本地特色文化、杭州市图书馆品牌活动、地方文献或在线出版物等资源的策划与建设，从而改变了一般数字图书馆只是单纯的数据上传、内容相对单一的不足。如数据库中的《杭州历史大事记》，上溯 10 万年前的"建德人"，下至 1949 年中华人民共和国成立，展示了一幅杭州文明发展变迁的雄伟画卷。该数据库以电子书形式，除了有检索功能外，它同样具备纸质图书翻阅的快感和页面圈点等多种人性化功能。专题还将搜集并整理国内外关于推广和普及国粹艺术的有关新闻报道，以及相关的图文、视频资料搜集上传，与该社团所致力于进行的"京剧青年爱好者养成计划"互动互推。

第四节　文化共享工程公共电子阅览室建设

一、公共电子阅览室建设计划

(一)公共电子阅览室的由来

为适应信息化、数字化、网络化的发展要求，进一步加强公共数字文化建设，提高公共文化服务能力，推动覆盖城乡的公共文化服务体系建设，2012 年 2 月，文化部、财政部联合下发了《"公共电子阅览室建设计划"实施方案的通知》(文社文发〔2012〕5号)。决定于"十二五"期间在全国实施"公共电子阅览室建设计划"。

公共电子阅览室作为基层服务窗口，是汇聚文化共享工程、数字图书馆及互联网海量信息资源的公共数字文化服务终端①。(见图 3-18)公共电子阅览室建设是对文化共享工程的一个延续和提升，是文化共享工程在"十二五"新时期的一项重要任务，是文化共享工程在"十二五"新时期工作打开新局面的一个重要抓手，是文化共享工程在"十二五"新时期面向基层服务的一种新模式。其中乡镇、街道、社区公共电子阅览室建设，更是践行中央为加快城乡文化一体化发展而提出的"扩大覆盖、消除盲点、提高标准、完善服务、改进管理"的具体体现。

---

①　杨志今. 在全国文化信息资源共享工程工作会议暨公共电子阅览室建设试点工作现场经验交流会上的讲话. 2011.5.

公共电子阅览室的功能

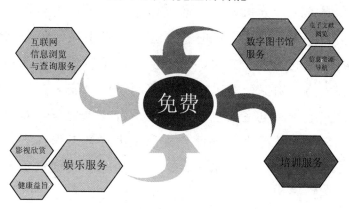

图 3-18　公共电子阅览室的功能

(二)公共电子阅览室的技术保障

"十二五"期间，在文化共享工程县级支中心及基层服务点的基础上，按照文化部制定印发的《公共电子阅览室设备配置标准（试行）》，提升、完善设施条件，配备统一标准的信息安全管理软件，建设一批标准、规范的公共电子阅览室。

通过建立公共电子阅览室信息安全管理平台，实现综合信息统计分析，确保公共电子阅览室网络信息安全；通过建立资源传输调配体系，确保公共电子阅览室资源更新的及时性；通过建立公共电子阅览室用户的资源导航与信息采集系统，及时收集并上报基层文化信息需求和利用文化信息资源开展服务的情况。充分应用云计算、智能服务、流媒体、移动互联网等最新适用技术，与"三网融合"发展战略紧密结合，依托已有技术管理平台，逐步建立先进实用、安全可靠、开放互联的公共电子阅览室技术支撑平台。

1. 建立信息安全管理平台

公共电子阅览室信息安全管理平台包括用户登记管理系统、

内容监控管理系统、软硬件设备运行管理系统、工作人员档案管理系统和服务统计分析系统。通过信息安全管理平台，对上机用户进行实名登记，限制上机时长，通过技术手段保障公共电子阅览室内容服务的健康、文明，杜绝反动、淫秽、暴力等不良信息的侵入和传播，确保公共电子阅览室网络信息安全。国家中心负责制定公共电子阅览室信息安全管理平台技术规范，对全国公共电子阅览室服务情况进行统计分析；文化共享工程各省级分中心在本区域内形成一致的技术平台；各公共电子阅览室负责本电子阅览室的用户登记管理、内容监控和服务数据采集。

2. 建立资源传输调配体系

与"三网融合"发展战略相结合，因地制宜，充分利用互联网、国家电子政务外网、卫星网、有线/数字电视网，广开传输渠道，创新传输手段，各省要制定资源传输调配方案和管理办法，确保公共电子阅览室资源更新的及时性。

3. 实现公共电子阅览室用户的资源导航与信息采集

建立公共电子阅览室信息资源导航系统，提升导航的实用性和针对性，引导基层用户访问互联网上优秀的文化信息资源。国家中心负责制定信息资源导航系统模板，各省根据本地实际进行配置。各地要根据统一规范建设公共电子阅览室用户访问信息采集系统，及时收集并上报基层文化信息需求和利用文化信息资源开展服务的情况。

二、公共电子阅览室的资源导航与管理信息系统功能规范

(一)公共电子阅览室资源导航

建立公共电子阅览室信息资源导航系统，其目标是提升导航的实用性和针对性，引导基层用户访问互联网上优秀的文化信息

资源。文化部全国文化信息资源建设管理中心负责制定信息资源
导航系统模板，各省根据本地实际进行配置。（见图 3-19）

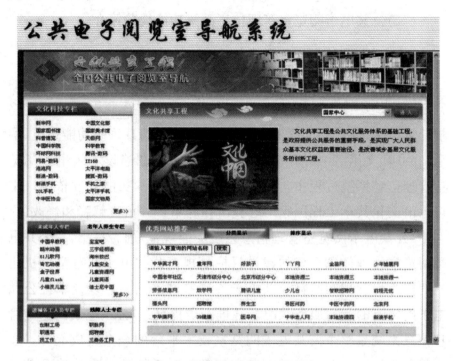

图 3-19　公共电子阅览室导航系统

　　公共电子阅览室信息资源导航是优秀数字资源整合会聚的导
航入口，可以包括网站、游戏、VPN 网和本地局域网资源等多项
数字资源。

　　其中资源导航中的"网站"包括：文化共享国家中心、各省与
各地区的文化共享工程网站；公共文化数字资源网站：数字图书
馆、博物馆、美术馆等；政府网站：中央政府门户网站、新华网、
人民网、文化部网站、当地政府网站等；搜索引擎和新闻信息类
网站：百度、新浪、搜狐、网易等；专题网站：少儿专题、进城
务工专题、信息技术专题、文化专题、当地风土人情专题等。

　　游戏包括：网络上的益智小游戏，经过认证的游戏。

VPN 网和本地局域网资源包括：音视频资源，电子书刊，互动学习系统。

(二)公共电子阅览室管理信息系统功能规范简介

1.《公共电子阅览室管理信息系统功能规范》产生的背景与过程

为了规范文化共享工程各级公共电子阅览室管理信息系统的开发建设，2012 年 1 月由文化部办公厅印发《公共电子阅览室终端计算机配置标准》和《公共电子阅览室管理信息系统功能规范》的通知(办社文函[2012]7 号)。各级分支中心在建设本级电子阅览室管理信息系统过程中，应将本规范作为基本功能开发依据。本规范由文化共享工程国家中心提出和起草，并负责解释和修改。

《公共电子阅览室管理信息系统功能规范》前言指出："公共电子阅览室管理信息系统的建设目标是规范公共电子阅览室上机用户的行为，管理和监督公共电子阅览室网络信息，以及掌握公共电子阅览室的运行服务状况。"并进一步指出："公共电子阅览室管理信息系统是整个公共电子阅览室技术平台的一个组成部分，在本规范中描述了公共电子阅览室管理信息系统的基本功能及其部署架构、编码规范和数据交换格式规范。"它是一个"采用信息技术手段实现各级业务需求的信息化管理系统"①。

2. 公共电子阅览室管理信息系统部署架构

公共电子阅览室建设，本着"统一标准，分级建设"的原则。公共电子阅览室管理信息系统由五部分组成：国家中心管理信息系统、省级分中心管理信息系统、地市级支中心管理信息系统、县级支中心管理信息系统、终端管理信息系统。(见图 3-20)

---

① 文化部全国文化信息资源建设管理中心. 公共电子阅览室管理信息系统技术规范，2011(9).

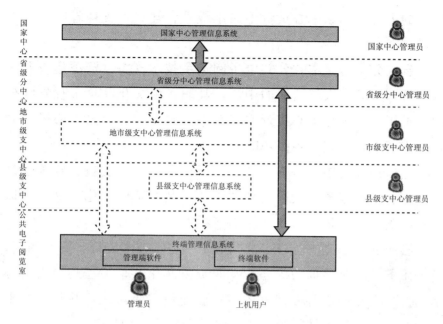

图 3-20　公共电子阅览室管理信息系统部署架构图

国家中心管理信息系统部署在国家中心，由国家中心负责开发建设。

省级分中心管理信息系统部署在省级分中心，由省级分中心负责实施。

地市级支中心、县级支中心原则上使用省级分中心建立的管理信息系统。如具备条件可根据本规范建设本级管理信息系统，并承担下辖范围内各级管理信息系统的建设。

终端管理信息系统包括管理端软件和终端软件。管理端软件部署在公共电子阅览室管理端，终端软件部署在公共电子阅览室终端。终端管理信息系统应根据本规范由负责建设管理信息系统的上级分支中心统一开发，并与上级管理信息系统实现对接。

3. 公共电子阅览室各级职责定位

国家中心是全国公共电子阅览室资源建设、技术支持、管理服务的中心。国家中心负责中央本级平台建设，支持省级平台的基础功能。

省级分中心是本省公共电子阅览室技术支持、资源建设及调度、管理服务、人员培训的中心，其职责由文化共享工程省级分中心承担。省级分中心负责本省级平台建设，与国家中心平台对接，实现本省区域内各级功能。

地(市)级支中心是本市公共电子阅览室技术支持、资源建设及调度、管理服务、人员培训的中心，其职责由文化共享工程地(市)级支中心承担。

县级支中心是本县(区)公共电子阅览室技术支持、资源调度、管理服务、人员培训的中心，其职责由文化共享工程县级支中心承担。县级支中心可根据上述《规范》建设本级系统，并与省级平台对接；不具备条件的统一由省级平台实现。（见表3-4）

表3-4　公共电子阅览室各级功能列表

各级名称	一级功能	二级功能	说明
国家中心	基本信息管理	分支中心基本信息	
		公共电子阅览室信息	包括公共电子阅览室基本信息和设备信息
	黑白名单管理	网站黑名单管理	
		网站推荐名单管理	
		应用白名单管理	
		更新同步	
	运行管理	在线状态	
		在线抽查	
	查询统计	基本信息统计	
		网站访问统计	
		应用运行统计	
		服务情况统计	
		明细查询	
	数据交换		

续表

各级名称	一级功能	二级功能	说明
省级分中心	基本信息管理	支中心基本信息管理	
		公共电子阅览室信息管理	包括公共电子阅览室基础信息和设备信息
	黑白名单管理	网站黑名单管理	
		网站推荐名单管理	
		应用白名单管理	
		更新同步	
	运行管理	在线状态	
		在线抽查	
		报警查询	
	查询统计	基本信息统计	
		网站访问统计	
		应用运行统计	
		服务情况统计	
		明细查询	
	数据交换		
	权限管理		
地市级县级支中心	基本信息管理	支中心基本信息管理	
		公共电子阅览室信息管理	
	运行管理	在线查询	
		在线抽查	
		报警查询	
	查询统计	基本信息统计	
		网站访问统计	
		应用运行统计	
		服务情况统计	
		明细查询	
	数据交换		
	权限管理		

续表

各级名称	一级功能	二级功能	说明
终端管理信息系统	管理端软件功能	基本信息管理	包括公共电子阅览室基础信息和设备信息
		上机用户信息管理	
		黑白名单管理	
		运行管理	
		查询统计	
		数据交换	
		限时上机	
	终端软件功能	上机用户登录、退出	
		统一综合浏览	
		行为管理	
		日志记录	
		远程控制执行	
		限时上机	

表(3-4)中，公共电子阅览室管理端是指公共电子阅览室中对终端及上机用户进行管理和监控的计算机或服务器。公共电子阅览室终端是指公共电子阅览室中提供信息服务的计算机，而上机用户是指通过公共电子阅览室终端获取信息服务的个体。

此外，《公共电子阅览室管理信息系统功能规范》还对公共电子阅览室管理信息系统编码规范以及公共电子阅览室管理信息系统数据交换格式规范等进行了详尽的规定。

三、公共电子阅览室技术应用案例

公共电子阅览室建设工作启动之后，各省根据本省的实际情况，本着充分利用现有的设备设施，科学规划，合理布局的原则，纷纷制定了本省的公共电子阅览室建设工作方案。截至 2012 年 6

月，全国公共电子阅览室建设工作启动已近两年，上海、山东、广东、陕西、浙江、安徽等省市的公共电子阅览室技术应用成绩显著，积累了大量的经验。

1. 上海东方社区信息苑

"十一五"期间，上海创建了以上海市图书馆电子阅览室、区（县）电子阅览室、社区（街镇）电子阅览室的三级电子阅览室网络服务体系。依托全市 300 多家"东方社区信息苑"，以互联网等高新技术、载体和模式集成创新，构建了直接建在社区、面向普通群众、具有公益上网、现场培训、数字影院放送等功能的新型互联网公共文化设施和服务平台，积累了较为成熟的系统管理及运作经验。通过融合创新、技术创新、服务创新、机制创新，上海已初步实现了公共电子阅览室的全覆盖服务、绿色普及化服务、公共共享化服务、内容整合化服务、便民先进化服务，形成了"全覆盖布点"的服务渠道、"联网连锁"的服务模式和"共建共享"的服务品牌。真正做到了"建好、管好、用好"社区电子阅览室，初步保障了社区居民、未成年人及进城务工人员的公共文化信息化需求，取得了良好的社会反响。

上海东方社区信息苑公共电子阅览室综合管理平台具体由运营管理系统、用户管理系统、内容管理系统、终端管理系统四个子系统组成。（见图 3-21）目前系统在上海 300 余家公共电子阅览室与东方社区信息苑中稳定运行，日上报数据大于 5000 万条。

2. 山东一站式服务门户

山东省文化共享工程抓住"十一五"与"十二五"的跨越这一机遇，积极落实公共电子阅览室试点建设工作，形成了政府主导实施、文化部门牵头、社会各界参与的工作机制。在技术运行服务模式上，因地制宜，探索形成了"一站双网三平台"和"一卡通、互动式、分区域"的全功能服务模式。（见图 3-22）

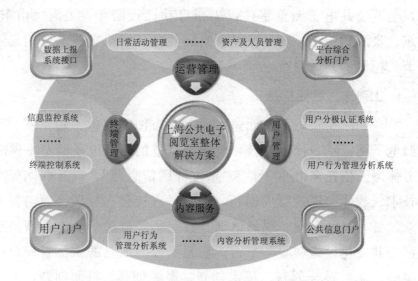

图 3-21 上海东方社区信息苑公共电子阅览室支撑平台架构

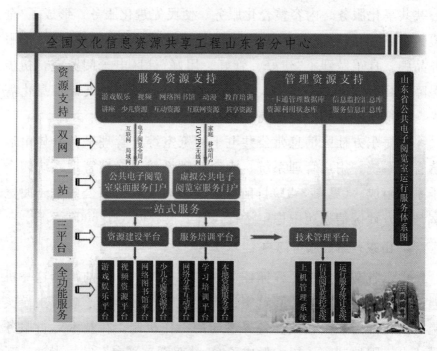

图 3-22 山东公共电子阅览室技术运行图

（1）"一站"：即"山东省公共电子阅览室桌面服务门户"，就是面向终端用户提供便捷、易用、高效、全能的一站界面服务。针对电子阅览室上机用户和家庭、移动用户的实际需求，分别打造方便易用、界面简洁美观、资源及服务功能高度集成的一站式服务门户。安装在公共电子阅览室的每台服务终端，并在桌面生成直观易用的托盘图标，实现服务功能全面展示、对资源库链接同步更新、一站式导航，包含 8 个门类，30 余个资源库。（见图 3-23）

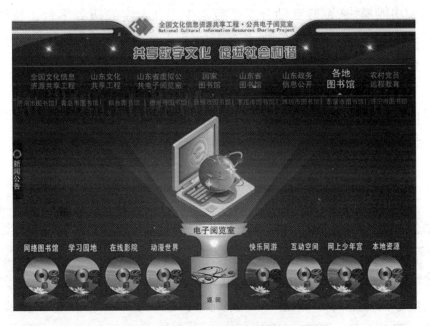

图 3-23　山东公共电子阅览室终端服务平台

一站式服务平台注重面向终端用户服务的便利性要求，简洁集中，一目了然，方便使用。

（2）"双网"：互联网与无线 3G 网。一是通过互联网实现省级分中心与各公共电子阅览室之间的网络互联，以电子阅览室上机用户为服务对象，让读者利用互联网体验公共电子阅览室服务；二是通过向群众发放专用 3G 无线上网卡，通过无线 3G 网络实现与共享工程资源中心的 VPN 连接，通过 3G VPN 网络访问山东省公共电子阅览室专门定制的资源内容。

3G VPN 上网卡将服务领域拓展到家庭、移动用户，为群众提供的是实体电子阅览室之外的虚拟电子阅览室服务。

（3）"三平台"：即资源建设平台、服务培训平台以及技术管理平台。资源建设平台包含四大功能模块（游戏娱乐平台、网络图书馆平台、视频资源平台、少儿专题资源平台）；服务培训平台包含三大功能模块（百姓互动分享平台、少年儿童专题服务平台、技能考试培训平台）；技术管理平台：包含三大功能模块（阅览室管理平台、信息浏览平台、统计评估平台）。

通过"一站双网三平台"所搭建的服务模式，用户在山东省公共电子阅览室内可以实现学习知识、游戏休闲、获取信息、数字阅读体验、在线教育、互动交流等一系列全功能的文化服务。

3. 东莞"文化 e 管家"

2010 年，作为公共电子阅览室首批试点地区，东莞开始了新型公共电子阅览室建设探索。依托发展较好的城市图书馆总分馆体系，东莞图书馆建立了市域公共电子阅览室的云服务管理中心，全市公共电子阅览室以集群式进行管理和服务，实现对各基层公共电子阅览室的"5 个统一"，即统一标识、统一风格、统一技术、统一服务、统一管理，将其打造成政府为人民群众提供公益文化服务的"连锁店"，以丰富、趣味、健康、生动的内容，成为政府保障人民群众基本数字文化权益的服务阵地。

广东东莞图书馆在新型公共电子阅览室中推行了"文化 e 管家"，即采用云计算技术将软件系统、数字资源、安全网络设备、无线接入设备等构建公共电子阅览室相关元素集成到一台服务器上，（见图 3-24）实现基层电子阅览室的快速部署与可控、可管理、可扩展，为用户提供自助式服务。同时也有效解决基层文化服务缺资源、少人才的现实问题。

图 3-24　东莞"文化 e 管家"统一技术平台

　　具体地说，"文化 e 管家"就是将公共电子阅览室管理及身份登记系统、桌面虚拟化系统、云终端管理控制系统、网络监控系统、资源导航、数据分析和智能决策系统等多平台合一，封装在服务器端，客户端只需安装简单的锁屏软件。此外，"文化 e 管家"一个重要的功能是网站导航和资源推送，可方便地针对不同人群或特发事件组织相关资源进行推送。

四、公共电子阅览室技术的创新与发展

　　建设好公共电子阅览室，对于健全我国公共文化服务体系网络，提升构建我国公共文化服务体系的水平，具有重要作用。建设好这一新平台，也是拓展公共文化服务内容和形式的新探索和新举措。

　　公共电子阅览室的创新突出体现在以下方面：(1)形态创新，移动电子阅览室、农民网络培训学校、城市社区信息服务中心等；(2)配置创新，云终端配置、多媒体数字终端配置、接入服务配置等；(3)资源整合创新，视频分享、可信资源链接、网络社区、资

源打包服务等；(4)服务创新，居民上网卡、未成年人上网家长知情同意书、进城务工人员学习卡等；(5)管理创新，外包管理、服务奖励等。

公共电子阅览室在充实基层公共文化服务资源、丰富服务手段、创新服务形式、拓展服务范围等方面具备独特的发展优势。"十二五"时期，要加大技术平台建设力度来提高工程的管理能力，完善公共数字文化设施网络，实现双向互动，不断丰富工程的技术服务模式，进一步提升工程的管理能力，尤其是安全监管和信息管理的能力，使得公共电子阅览室的服务更加贴近百姓。

【本章小结】

文化共享工程是以现代信息技术为支撑，依托国家骨干通信网络，采用数字图书馆技术，服务于广大基层群众文化需求的文化创新工程。

在中央和地方各级财政的大力支持下，经过十年发展，从早期的卫星传输与网站应用，到如今的移动互联与云计算，文化共享工程技术应用模式已经初步形成，使基层文化单位的信息化水平和数字资源服务能力得到跨越式提升。目前，工程从硬件配置到软件设计，从国家中心的资源传输到基层终端用户的信息使用，从文化共享门户网站的建立到公共电子阅览室的资源导航直至管理信息系统的运行，在全国范围初步形成了"层次分明，互联互通，多方并举"具有鲜明行业特色的技术应用模式。

【思考题】

1. 文化共享工程主要的技术内容与技术特点？

2. 文化共享县级支中心的软硬件配置有哪些？

3. 文化共享工程网站的定位是什么？

4. 公共电子阅览室管理信息系统的架构是什么？

【推荐阅读】

1. 张彦博主编. 公共文化服务的创新与跨越——全国文化信息资源共享工程建设研究论文集. 北京：国家图书馆出版社，2010.

2. 邱冠华，于良芝，许晓霞著. 覆盖全社会的公共图书馆服务体系：模式、技术支撑与方案. 北京：图书馆出版社，2008.

第四章 文化共享工程的数字资源建设

【目标与任务】

　　本章主要目的是帮助学习者认识数字资源是文化共享工程的核心内容，也是工程的安身立命之本。了解数字资源建设意义、原则、内容和建设重点；了解国家中心和省级分中心按照不同类型采用适用的建设方法与工作流程，也包括在资源征集过程中的相关需求；掌握数字资源建设标准及资源建设的整体规划；了解在数字资源建设和服务过程中，要注意著作权的保护及解决著作权问题的有效途径。为此，本章涵盖的主要内容包括数字资源建设在整个文化共享工程发展过程中的关键地位，资源建设的方式与流程，资源建设标准和规划以及资源建设中的著作权问题等。

　　数字资源是文化共享工程建设的核心内容，也是工程安身立命之本。文化共享工程各级服务点和传输通道可以看成是覆盖全国的信息高速公路，数字资源相当于信息高速公路上各种车辆运输的货物，货物的数量、质量、是否满足需要以及提供及时与否都决定着信息高速公路建设运行的成败。

第一节 数字资源建设的意义与原则

一、数字资源建设的意义

(一)数字资源是文化共享工程建设与服务的核心内容

　　文化共享工程建设、传播和服务均是围绕数字资源这一核心内容展开。文化共享工程的建设与服务，从数字资源角度即为共建与共享。建设是基础，共同建设是数字资源基础工作的目标。共享是目的，共同分享是服务工作的目标。可以说，文化共享工程所有的服务均是围绕数字资源的共建与共享开展的。各地对独具文化特色的数字资源进行提取和建设，然后以数字化形式展现，并通过互联网、卫星网、有线/数字电视网、移动通信网、移动播放器/光盘等信息传播手段将数字资源提供给基层群众。

(二)数字资源建设是满足基层群众基本文化需求的重要来源

作为开展惠民服务的文化创新工程，文化共享工程能否保持长久生命力的关键是文化共享工程所提供的内容和服务最大程度地满足群众的精神文化需求。大量优秀的文化信息资源，通过文化共享工程平台源源不断地传输到基层群众，尤其是欠发达地区的农民手中，缓解了农民看书难、看戏难、看电影难的问题，满足广大农民求富裕、求健康、求文明的需要，从而得到广大基层群众的普遍欢迎，是文化共享工程十年来取得快速发展的主要原因，也是文化共享工程进一步发展的根本动力。

(三)数字资源建设是信息时代文化建设的任务需要

数字化、信息化、全球化的今天，文化的生产、制作和传播方式已经和正在发生着前所未有的变革。利用现代信息技术手段，将中华五千年优秀文化进行系统化整合、数字化制作、网络化传播，对于满足人民群众精神文化需求、提高公民文化素质和信息素养、强化中华民族的文化认同、增强国家文化软实力具有重要意义，成为新时期有中国特色社会主义文化建设的重要构成，也是文化共享工程数字资源建设所承载的重要使命和神圣职责。

二、数字资源建设的原则

坚持正确导向，把社会效益放在首位，贴近实际、贴近生活、贴近群众，不断加大文化资源数字化整合力度，制作文化含量高、体现社会主义核心价值、反映当代科技文化发展趋势又易于为广大基层群众接受、能给群众带来实惠、易于普及的数字文化精品资源，是文化共享工程资源建设所遵循的基本原则。

(一)正确导向

文化共享工程作为公共文化服务体系的基础工程，是整个社会意识的表现形式，反映了社会的价值观，对全社会的文化建设工作起着积极的推动作用。因而，资源建设作为文化共享工程这一意识形态的核心，要始终坚持党对文化工作的领导，坚持用社会主义核心价值体系引领多样化的思想观念和社会思潮，坚持思想性、知识性、艺术性、观赏性相统一，坚决抵制低俗、庸俗、媚俗之风，牢牢把握社会主义先进文化的前进方向。同时，自觉把科学发展理念贯穿到资源建设的各个方面、各个环节，遵循文化发展规律，既积极为文化共享工程资源的建设服务，又为社会文化的繁荣发展提供必要条件。

(二)需求牵引

需求是资源建设的源头，满足不同地域、不同层次、不同年龄段基层群众日益增长的精神文化需求是文化共享工程资源建设追求的目标。随着社会经济快速发展，"求知识、求富裕、求健康、求快乐"成为百姓基本的精神文化需求，要通过对资源的选题、征集、加工、管理等一系列流程，制作出符合需求、为群众所喜闻乐见的数字资源库群。同时，注重需求调研与使用反馈，根据实际不断调整和优化资源建设的方向、内容与表现形式。

(三)共建共享

共享是目标，共建是手段。文化共享工程的资源建设不是单打独斗，而是集全社会之力共同建设。在资源建设分工上，国家中心负责建设普适资源，各省级分中心负责建设地方特色资源。在此基础上，广泛整合图书馆、博物馆、美术馆、艺术院团及广电、教育、科技、农业等部门的优秀数字资源，形成面向基层、惠民利民的公共文化海量数字资源库群。

(四)突出特色

文化共享工程资源是一个整体，每一级服务站点的信息资源都是这个整体的组成部分，只有每个站点的资源都各具特色，才能在最大程度上体现共建共享的优势。文化共享工程通过对丰富的优秀文化资源进行收集、整理、加工、整合，形成了地方的、民族的、特色的优秀文化资源库群，充分展示了其资源具有"人无我有，人有我优，人优我特"的资源主导地位。

(五)标准统一

元数据作为"数据的数据"或者"信息的信息"，是有效地组织与处理任何数据化文献信息资源的工具，元数据标准从功能、数据结构格式、语义语法等诸多方面保持一致，便于在更大范围内实现不同数字资源库或不同系统间的互操作和数据共享。文化共享工程所采用的"元数据统一管理，对象数据分布存储"的资源建设模式不仅为各类数字资源的创建、加工与统一应用提供了可能，更为数字资源的统筹规划与管理提供了保证。随着资源建设规模越来越大，对技术的要求越来越复杂，加强资源建设标准的一致性尤显重要。

第二节　数字资源建设的内容与建设重点

经过 10 年努力，文化共享工程数字资源建设已经初具规模。截至 2011 年年底，通过广泛整合图书馆、博物馆、美术馆、艺术院团及广电、教育、科技、农业等部门的优秀数字资源，文化共享工程数字资源建设总量已达到 136.4TB。国家中心建设普适资源建设，完成 35.9TB；各省级分中心和有建设能力的市县支中心建设地方特色资源，完成 100.5TB，制作优秀特色专题资源库 207 个。目前，文化共享工程资源建设已形成了全国上下积极协作，共建共享的良好局面。

"十二五"期间，文化共享工程数字资源建设工作进一步得到了党中央、国务院的高度重视，文化部、财政部联合出台了《关于进一步加强公共数字文化建设的指导意见》，其中要求文化共享工程在"十二五"末期的数字资源建设总量应达到 530TB。其中，视频资源应达到 33 万小时，专题资源库不少于 500 个。国家中心数字资源建设总量不少于 100TB，视频资源不少于 6 万小时。文化共享工程数字资源建设工作将以公共数字文化服务为主线，以基层服务为落脚点，突出重点，增强资源内容系统性、资源揭示逻辑性、资源服务针对性，使文化共享工程数字资源成为公共文化服务体系的基础性、战略性资源库。

一、国家中心数字资源建设

经过 10 年建设，文化共享工程数字资源形成了独具特色的品牌资源，国家中心建设的普适资源包括：舞台艺术、知识讲座、影视作品、农业专题、进城务工专题、少年专题、文化专题、少数民族语言资源、电子图书与电子期刊等。

(一)舞台艺术

舞台艺术是指在舞台上表演的艺术，其中主要包括戏剧(含戏曲)、曲艺、音乐、舞蹈、杂技、魔术、武术等艺术形式，是基层群众喜闻乐见的艺术形式，凝聚了优秀文艺的精髓，满足了时代需求。因而，文化共享工程通过舞台艺术资源，尤其是贴近群众生活的舞台艺术资源，满足基层群众的精神文化需求。截至 2012

年 6 月，舞台艺术类资源共 5594 部/集，5256.6 小时，内容主要包括京剧、地方戏、话剧、歌剧、舞剧、芭蕾舞、综艺汇演、曲艺表演等。如京剧《贵妃醉酒》、昆曲《牡丹亭》、黄梅戏《女驸马》、越剧《红楼梦》、川剧《变脸》、豫剧《村官李天成》、话剧《不知秋思在谁家》、歌剧《党的女儿》、舞剧《红河谷》，还有历届春节晚会等。

(二)知识讲座

信息与知识急剧增长，知识更新周期缩短，创新频率加快，人力资源重要性增加，学习就成为社会的迫切需求。在此背景下，文化共享工程所提供的知识讲座类资源满足了学习型社会的这种需求。到 2012 年 6 月，此类资源已累计 6763 场，6375.15 小时，内容包括文学艺术鉴赏、文化遗产、历史地理、中外文化交流、医疗保健、普法教育、经济管理、素质教育、科普知识等。如《刘心武揭秘红楼梦》、《于丹论语心得》、《钱文忠说三字经》、《易中天品三国》、厉以宁的《当前宏观经济形势分析》、李光羲的《音乐欣赏和美育教育》、楼宇烈的《传统礼仪的现代意义》、《名家讲科普系列》等。

(三)影视作品

影视作品是深受人民群众喜爱的文化娱乐形式之一，文化共享工程选取其中贴近生活、贴近百姓的精品力作向公众提供。文化共享工程既有国产爱国主义电影，也有近年来获奖的优秀电影，还有经典外国名著老电影，也有经典的电视剧作品。截至 2012 年 6 月，影视资源有 1553 部/集，2599 小时，包括经典老电影、新时期优秀电影、精品电视剧。如电影《开国大典》、《张思德》、《铁道游击队》、《恰同学少年》、《梅兰芳》、《建国大业》、《国歌》、《集结号》、《傲慢与偏见》、《战争与和平》，电视剧《水浒》、《红楼梦》、《刘老根》等。

(四)少儿专题

引导和辅助教育青少年健康成长是文化共享工程基层服务的重要工作,向未成年人提供健康、积极向上的优秀数字资源,是文化共享工程的责任,也是工程基层网点电子阅览室与网吧的重要区别体现。几年来,共享工程整合建设了一批少年儿童喜爱的、寓教于乐的素质教育资源,包括少儿动漫、科普知识、学习课件、益智游戏、有声读物等类型资源。其资源栏目的内容丰富,深受少年儿童的喜爱。截至 2012 年 6 月,此类资源共 5277 部/集,986 小时。如《西游记》、《三国演义》、《小鲤鱼历险记》、《福娃奥运漫游记》、《中华勤学故事》、《彩虹英语》、《身边的科学》等。

(五)文化专题

中国传统文化博大精深,其中不乏优秀元素。对优秀传统文化进行数字化,不仅有利于中华民族传统文化的保护与传承,还可以使更多人接触到优秀传统文化积淀的熏陶,感受到中华民族的智慧和独特魅力,推动整个中华优秀传统文化源远流长。截至 2012 年 6 月,此类资源有 4143 部/集,1783.9 小时,内容包括展现中国珍贵文化遗产的《中国非物质文化遗产》、《中国传世国宝》等专题;有展现祖国大好河山的《走遍中国》专题系列;有介绍传统文化教育的专题《中国古代名人圣贤》、《台北故宫》、《昆曲600年》、《世界遗产——中国档案》系列等。

(六)农业专题

我国农业人口众多,通过文化共享工程向农村基层传播先进文化,可以使农村群众方便、快捷地享受到文化共享工程提供的各类内容丰富、形式多样的文化服务。到 2012 年 6 月,农业专题片 12241 部/集,4424.2 小时,主要包括农业种植技术、农业养殖技术、农业政策法规,农业医疗卫生,以及农业科普知识资源。

如《果树嫁接实用技术》、《科学养猪综合配套技术》、《农机辨假一点通》、《风雹灾害与防御》、《新农村的文化建设》、《老人防健忘有啥招》等。

(七)进城务工专题

服务于广大农村基层群众的生产与生活、聚焦农民工问题是文化共享工程的重要任务之一，满足农民群众需要、适合农村基层群众观看的资源一直是近年来资源建设工作的重要内容。文化共享工程以农村向城镇进行劳动力转移过程中，进城务工者所需的基本知识、生活素养、务工技能、办事指南类资源建设为主，关注近年来城镇劳务需求的实际，重点提供城镇劳务需求缺口较大的务工技能培训资源。这类资源要求直观易懂、实用指导性强，能够帮助进城务工人员易于掌握一定的知识或技能。如《保安员的素质培训》、《电工操作技能》、《车身特殊部位修复技术》等。

(八)多媒体资源库

多媒体精品资源库一直是文化共享工程的资源拳头产品，采用现代计算机技术，通过图文、音频、视频、动画多种形式生动地展现中华优秀文化。文化共享工程的多媒体资源库主要有红色历史精品资源库和文化艺术精品资源库。如《纪念抗日战争专题资源库》、《红军长征史诗资源库》、《辛亥革命专题资源库》红色历史精品资源库；《中国古琴库》、《中国昆曲库》、《中国地方戏曲库》、《中国国画库》等文化精品资源库。

(九)电子图书与电子期刊

随着科技的日新月异，电子图书与电子期刊孕育而生。电子图书馆与电子期刊作为一种新形式的知识载体具有方便检索与利用、信息存储容量大、成本低廉、不受地域限制等特点，为更多社会公众所接受。截至 2012 年 6 月，国家中心整合了电子图书

32555 种，235 万册；电子期刊 3404 种，500 万篇。同时，各个省级分中心整合了大批电子书刊。

(十)少数民族语言资源

我国是多民族聚居的国家，少数民族造就了中国现代多语言多文字的社会，少数民族语言文字在少数民族社会生活中起着十分重要的、其他民族语言文字无法完全替代的作用。针对少数民族群众观看汉语资源存在一定困难的实际情况，2006 年起，国家中心与新疆、内蒙古、西藏、青海、延边等少数民族地区密切合作，从共享工程资源库中挑选精品资源，陆续开展了藏语(卫藏、安多方言)、蒙古语、维吾尔语、哈萨克语、朝鲜语的译制工作。同时，国家中心与相关公司签订译制卡通片合同，将内容健康、形式活泼、富有教育意义的优秀动画片译制成藏语、蒙古语、维吾尔语、朝鲜语等少数民族语言资源，为当地未成年人提供服务。此外，国家中心还征集了少数民族及维吾尔语电影等少数民族相关资源。截至 2012 年 6 月，此类资源 7232 部/集，3756 小时。语种主要包括藏语(卫藏、康巴、安多方言)、维吾尔语、哈萨克语、蒙古语、朝鲜语，内容主要包括舞台艺术、文化讲座、综艺晚会、动漫专题片和农业种养技术、农民城镇务工技能培训、涉农法规、农业经济等。此外，少数民族语言电子图书 1250 种，125000 册。

二、各地数字资源建设

各地资源建设的主要内容包括：地方特色资源、红色历史文化资源、少数民族语言资源、"进村入户"专题资源。

(一)地方特色资源

地方特色信息资源一般是指与某一地域的政治、经济、文化、教育等相关的独特的信息资源。将这些资源经过科学地整合，可以方便地通过网络等工具提供给用户。在地方特色资源建设中要重点建设具有鲜明地域特色、有较大影响力和深厚群众基础的地方艺术、风土人文、民族民间文化等类资源。这部分资源以自建为主，部分通过购买或受赠所获取。

(二)红色历史文化资源

红色文化是中国独具特色的历史文化，通过对现代信息技术的充分利用，制作红色历史文化大型多媒体资源库，展示中国共产党领导全国人民走过的光辉历程，将文化共享工程建设成为网上爱国主义教育基地。该部分资源以中国共产党在革命、建设、改革过程中的重要事件、主要人物、历史资料、文艺作品为主要内容，深入挖掘本地红色历史文化内涵，注重与当地相关部门合作，广泛整合红色数字资源，并以自建方式为主进行建设。

(三)少数民族语言资源

在管理中心已开展少数民族语言资源译制工作的基础上，西藏、青海、四川分别开展藏语卫藏方言、安多方言、康巴方言的译制，新疆开展维吾尔语、哈萨克语的资源译制，内蒙古、吉林延边开展蒙古语、朝鲜语的资源译制，取得了良好的服务效果，受到了广大少数民族地区群众的普遍欢迎。少数民族语言资源译制工作需要特别注重拟译资源的选择，要选择当地少数民族群众喜爱的、体现中华民族和谐一家的优秀数字资源，并经管理中心的查重、审核后方可进行译制。

(四)"进村入户"专题资源

根据本区域基层群众需求特点，文化共享工程选择适合通过有线(数字)电视方式播放、群众喜闻乐见的资源，重点建设群众文艺、影视文化、农业科技、生活百科、医疗卫生、科普知识、普法教育等类资源，并要求所建资源应用达到广播电视播出相关标准，建设方式以征集为主。

第三节　数字资源建设的方式与流程

一、建设方式

在文化共享工程资源建设体系中，国家中心和省级中心按照不同类型资源采用适用的建设方法。主要建设方法包括自主建设、公开征集、网络采集等。

(一)自主建设

自主建设是文化共享工程资源建设的重要方式之一，是指建设成果具有自主版权，通过策划、设计、组织、整合建设原创为主要特征的资源建设方式。自建既可以完全依靠自身人员、软硬件设备创作资源，也可以提供资源制作创意和思路，对资源建设要点、过程和结果进行策划统筹，其他部分采取购买素材或委托建设。文化共享工程资源自建过程中，要充分发挥市县一级文化行政主管部门及文化艺术单位的积极性，保证文化信息资源的多样性、地域性；由于地方特色资源在文献内容上的地域性和唯一性，其作用是其他类型信息资源所不能替代的。各地在文化共享工程资源建设中紧密结合本地区文化信息资源的特点，重点建设有地方特色的文化信息资源。

(二)公开征集

公开征集成品资源是通过市场购买等方式获取完整的信息资源。市场采购主要是依据文化共享工程的需求，在经费有限的情况下，以市场购买的方式引进各类数字资源的有效方式。市场采购是文化共享工程与出版商等资源所有者博弈的必然选择，通过文化共享工程购买资源能够有效避免单独购买所产生的高成本和资源重复等问题，有利于在价格、许可协议以及服务等方面争取有利条件。市场采购要坚持公平、公开、公正的原则，努力建设一批体现社会主义核心价值、科技文化含量高、符合基层群众需求的数字信息资源。最终采购的资源将通过文化共享工程服务体系向全国广大基层群众免费提供，这种方式不仅大大提高了资源利用率，也有利于通过统一平台方便进行管理。

(三)网络采集

在购买各种商业数据库的基础上，免费网络资源的采集是文化共享工程数字资源建设的有益补充和扩展。面对零散无序且质量良莠不齐的海量数据资源，国家中心及各分支中心利用信息技术，严格采选、充分发掘整合各类网络免费资源，使各级服务点的任何人都可以及时、免费、不受任何限制地通过网络获取。网络资源的采集要坚持从用户实际需求出发的原则，按需采集，尽量为用户采集整理高质量且有一定利用价值的信息资源。此外，网络信息资源的动态更新与维护也是文化共享工程吸引用户，彰显社会价值最大化的保证。

二、资源自主建设流程

(一)基本流程

数字资源的建设过程与传统产品生产一样，具有资料分配、任务分解、时间安排、质量与效率测评、流程优化等生产管理特征。文化共享工程的资源建设作为以优秀文化资源数字化加工、整合为主要内容的信息产品生产过程，同样需要以流程化方式进行管理、实施。另一方面，文化共享工程采用分布式建设、集中整合利用的建设方法，要求各级中心协调统一，有计划、有重点、有步骤、有协作、有检查验收地开展资源建设。其中，自建资源建设的基本流程可分为以下四个环节。

1. 项目规划

为达到统筹规划、协调一致的目的，文化共享工程采用分级规划的方式。国家中心和各级分支中心制定整体规划，对建设原则、重点、总体要求、选题方向、成果类型、标准规范等提出明确要求，以指导全国各级中心的资源建设。

各级资源建设单位在制定地方年度规划的同时，要对具体建设项目编制项目方案书。中央财政支持的资源建设项目方案，还要通过专家组评审，接受上级主管部门的监管，方案书中逐一明确需求分析、选题内容及特色、预期社会效益和经济效益、拟采取的建设方法和主要技术指标、建设周期与进度安排、成果形式、经费预算、项目负责人等内容。项目执行期间还可以进一步制订季度、月度任务计划，控制建设进度。（见图 4-1）

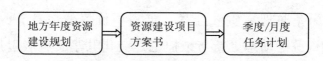

图 4-1　资源建设项目规划流程图

该流程需要注意的问题是规划方案要贴近工程服务对象基本需求，既要紧密围绕规划"不偏离"，又要突出特色"不重复"。

2. 素材审验

自建资源素材可以通过免费获取、征集、自创自建等多种方式获取，且在正式进入加工前要经过专家的审验，其主要目的是通过认真细致的检查，继续发现问题，提供更加准确具体的加工要求。文字素材要坚持三级审校，音视频资源要采取 1∶1.5 时长的初审、复核。专家组的审验结果由专人统计汇总，反馈给征集人员进行复核，合格信息用于合同支付，不合格信息由征集人员进行再次判断，确认最终审查意见。（见图 4-2）

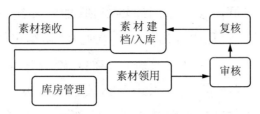

图 4-2　素材审验流程图

此流程需要注意的问题主要有：一是复核方面，进一步确认验收结论，尤其对于存在质量、内容问题，但因资料珍贵而值得保存的资源，需要考虑调整初审意见，最终确定是否合格或破格通过。二是审验方面，初审与复核都属于审验工作。专家组及征集人员对审验结果要详细记录到秒（如某时某分某秒出现字幕错误，修改意见是什么），该记录将入素材档案，为编辑、数字化、编目等后续加工提供信息。三是要逐步提高视频片源质量，片源质量要求的逐渐提高由文化共享工程日渐先进的服务手段以及基层群众不断提升的欣赏要求决定。清晰度较低的 VCD 画质以及单机拍摄、少有编辑的片源将逐步退出服务一线，取而代之的是DVD、标清或高清录像带。

3. 资源加工

资源加工流程分为编辑整理、数字化、编目、整合 4 个步骤。其中前 3 个步骤由资源建设单位独立完成，整合步骤由多家共建单位合作完成。

以视频资源加工为例，编辑整理又可细化为初编辑（制作样片）、初编审核（提出附加需求）、终编（最终编辑成片）3 个步骤。数字化加工要严格遵循对象数据加工标准，而编目是依据一定的元数据结构及著录规则，针对数字化对象展开内容描述与管理信息数据描述，让对象数据从离散变得有序，可检索查询、随要随取。

此流程需要注意的问题主要有：一是编辑方面，视频的编辑较之图文编辑复杂，且非图书馆、文化馆人员所长，需要配备专门设备及专业人员，参照通用编辑规则（如增加统一片头、片尾、台标）以及"审验"流程中提出的整改意见及"初编审核"提出的附加要求逐步实施。二是数字化及编目方面，资源建设指南对建设标准有明确规定，对于视频资源建设标准，国家中心下发过相关规定（详见《全国文化信息资源共享工程省级分中心视频资源建设格式规定》文全信资发［2007］2号）。三是资源整合方面，为保证整合工作的顺利实施，首先要确保共建单位严格遵循统一的标准规范开展资源建设；其次要有能够整合、包容各单位资源的软件系统，充分兼容统一标准框架下不同软件系统加工的资源成果。

4. 成果验收

验收针对三个对象，即数字化对象、编目数据（即元数据）和整合后的资源库系统。验收有三方面依据，即资源建设指南中所指的技术标准、素材采购及委托加工合同中相关标准条款或附件及资源审验记录、初编审核记录。验收方法有两种，即专项通查与抽样验收。验收工作介入方式有两种，即随建设过程一起时时监理与建设项目全部完工后实施终审。

不同验收对象应当根据实际需要选择不同的验收方法，以视频资源建设为例。（见表4-1）

表4-1 视频资源建设验收表

验收对象	相关验收依据	适宜验收方法	推荐介入方式
数字化视频对象	合同中相关标准条款或附件、资源审验记录以及初编审核记录、《数字资源加工标准规范》、《数字资源加工操作指南》、《全国文化信息资源共享工程省级分中心视频资源建设格式规定》	数据完整性及技术参数采用专项通查，加工画质及音效采用抽样验收	终审

验收对象	相关验收依据	适宜验收方法	推荐介入方式
节目层、片段层编目数据(元数据)	《中国广播电视音像资料编目规范》、各类型视频资源编目细则	核心字段采用专项通查，非核心字段采用抽样验收	监理/终审
视频资源库系统	《资源建设指南》之"资源建设的技术标准"	抽样验收	终审

上述四个环节为文化共享工程资源自主建设的基本流程，[①]文化共享工程各类资源建设应参照执行。

(二)流程举例

以 2011 年地方特色资源建设为例，介绍自建资源相关要求及工作流程。

1. 要求

自主建设资源原则上应以移动硬盘为载体提交经过数字化的资源成品。其中，视频资源提交参照《全国文化信息资源共享工程视频资源数字加工格式规范 V2.0》中符合广电播出级质量的保存级指标，即需要提交 25M 码流 AVI 格式（WAV 独立音频）和 6M 码流 MPGE 格式资源各一份，同时提供 1.5M 码流和 300K 码流 WMV 格式资源各一份、XML 编目数据一份、2011 年度地方资源建设工作生产的重要文档（应至少包括项目组名单、资源制作大纲、资源建设历次专家会文件、合同、经加盖公章的财务清单、资源清单等）的复印件一份以及配套使用权限的正式文书一份。专题资源库应提交完整资源库成品、配套应用插件、资源库部署和使用的说明文档、重要素材资源、重要文档（同上述）的复印件以

---

① 赵保颖. 全国文化信息资源共享工程资源建设流程及其相关问题. 图书馆建设，2008(2)：61—63，67.

及配套使用权限的正式文书。

2. 工作流程

为了规范文化共享工程资源自建流程，保证建设进度和质量，各地在进行资源建设工作时，具体可参照如下基本流程开展工作。（见图 4-3）①

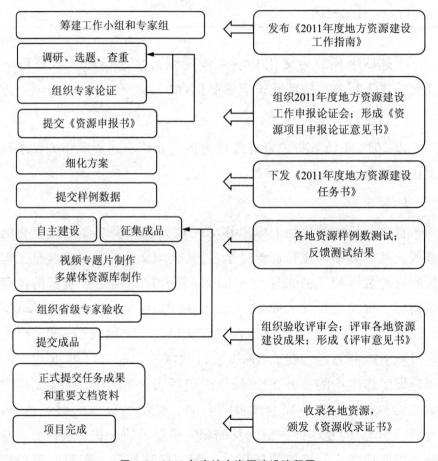

图 4-3　2011 年度地方资源建设流程图

---

①　全国文化信息资源共享工程 2011 年度地方资源建设指南．（2012-02-01）[2012-06-13]．http://www.ccnt.gov.cn/sjzznew2011/shwhs/shwhs_tsgsy/201202/W020120201353303325350.doc．

（1）规划选题是地方特色资源建设流程的难点和重点。下面就以福建数字资源建设的总体规划为例，介绍资源建设前的选题规划。福建省级中心的资源建设紧紧围绕附件地域文化特点，特色鲜明，不仅有步骤地建设了文化信息资源，而且指导思想明确，值得各省级分中心借鉴。

福建文化信息资源共享工程特色数据库建设纲目

一、综合性文化资源

（1）福建名人名家数据库。内容包括：福建历史名人、福建著名红军将领、闽籍爱国华侨、闽籍科学院士、闽籍"五一"奖章获得者、福建著名艺术大师、福建民族民间文化传承人、福建名老艺人。

（2）闽台文化数据库。内容包括：闽台民间信仰、闽台文化源流、闽台宗教文化、闽台历史名人、闽台民俗、闽台文化艺术、闽台五缘文化交流。

二、地域性文化资源

（1）闽北朱子文化数据库。内容包括：以朱熹为代表的多位理学家介绍、朱子理学文物展示、朱子理学理论研究、纪念朱子系列文化活动。

（2）闽东畲族文化数据库。内容包括：迁入分布、盘歌活动、畲族文物、畲族民间文艺、畲族语言、畲族风情习俗（宗族家庭、生产习俗、生活习俗、岁时节令、人生礼俗、民间信仰）、畲族历史名人、革命英雄。

（3）闽西客家文化数据库。内容包括：文物名胜、文化景观、客家文艺、客家书画、客家方言、客家习俗、客家建筑。

（4）福建红土地文化数据库。重要革命人物、重要历史事件、革命文物、革命文献、闽西红色旅游。

(5)福建侨乡文化数据库。

(6)福建船政文化数据库。内容包括：船政文化历史人物、重要史料文献、中法马江海战、船政建筑、船政学堂、船政文物。

(7)妈祖文化数据库。内容包括：妈祖文化文献资料、妈祖文化文物展示、妈祖信仰、妈祖信仰之旅游。

三、民族民间文化资源

1. 福建民间戏曲类

(1)福建省曲艺数据库。曲目包括福州评话、福州尺唱、厦门南乐、厦门答嘴鼓、东山歌册、漳州锦歌、南平南词曲艺、霞浦畲族小说歌。

(2)福建地方戏曲数据库。剧目包括福建歌仔戏、福建高甲戏、闽剧、漳州布袋木偶戏、诏安铁枝戏、南靖竹马戏、泉州梨园戏、泉州提线木偶戏、泉州南派布袋戏、泉州打城戏、永安大腔戏、泰宁梅林戏、沙县肩头棚、莆仙戏、政和四平戏、延平塔前大腔金线傀儡、南平南词戏、邵武三角戏、闽西汉剧、闽西上杭傀儡戏、柘荣布袋戏、寿宁北路戏、屏南四平戏。

2. 福建民间音乐舞蹈类

(1)福建省民间音乐数据库。内容包括泉州南音、福建客家山歌(漳州南靖田螺坑客家山歌、龙岩永定客家山歌)、福建北管、福建畲族民歌、茶亭十番音乐、南靖四平锣鼓乐、仙游度尾鼓吹乐、黄石惠洋十音、浦城闽派古琴、邵武长门、闽西客家十番音乐、龙岩山歌、新罗静板音乐。

(2)福建省民间舞蹈数据库。内容包括漳州浦南古傩、泉州拍胸舞、泉州踢球舞、泰宁大源傩舞、荔城沟边九鲤灯舞、延平战胜鼓、邵武傩舞、龙岩采茶灯、宁德畲族奶娘催罡亚舞。

(3)福建省民间杂技图文数据库。内容包括建瓯挑幡、武平民俗绝技、宁德霍童线狮。

3. 福建民间习俗类

福建省民间习俗数据库，内容包括闽西客家春耕习俗、惠安女服饰、丰泽蟳埔女服饰、闽东畲族婚俗、仙游枫亭元宵游灯习俗、闽西客家元宵节庆、宁德畲族三月三节俗、武夷岩茶习俗。

4. 福建民俗活动类

(1)民俗活动数据库。内容包括：云霄开漳圣王巡安民俗、南安英都拔拔灯、石狮蚶江端午海上泼水习俗、龙岩适中盂兰盆节俗、福鼎双华畲族二月二歌会、周宁浦源护鱼习俗。

(2)福建省传统体育竞技数据库。内容包括厦门中秋博饼。

(3)福建省民间信仰数据库。内容包括湄洲妈祖信仰习俗、福建陈靖姑信仰习俗、闽南大道公信仰、厦门送王船习俗、东山关公信仰习俗、延平闽蛇崇拜民俗、延平蛙崇拜民俗。

5. 福建民间工艺美术类

(1)福建省民间美术数据库。内容包括漳州木版年画、漳浦剪纸、永春纸织画、柘荣剪纸。

(2)福建省民间手工艺术数据库。内容包括福建脱胎漆艺、福州软木画、福州寿山石雕刻、厦门蔡氏漆线雕、漳州徐竹初传统木偶雕刻、华安玉雕、惠安石雕、泉州花灯、德化瓷艺、泉州李尧宝刻纸、安溪蓝印花布、将乐民间龙池古砚、将乐西山造纸术、建阳建本雕版印刷、永定客家土楼建筑、连城四堡雕版、福安银器制作、寿宁木拱廊桥制作、福鼎饼花工艺。

四、当代文化艺术资源

(1)福建美术作品欣赏数据库。内容包括：在省级学术部门举办的展览、展示、邀请展、提名展或联名展的荣获作品。

（2）福建优秀舞台表演剧目数据库。内容包括："'五个一'工程奖"、"国家舞台艺术精品工程"、"文华奖"、"四进社区"、"群星奖"、"梅花奖"、"金狮奖"等各类国家级奖项的优秀作品；荣获省市两级政府奖励的优秀艺术表演作品；连续演出 300 场以上、基层广大群众欢迎、具有地方特色的优秀文艺表演作品。

（2）项目立项。国家中心对各地项目申报组织资源论证会，形成《资源项目申报意见书》下发各地。各地根据《资源项目申报意见书》调整和细化本年度资源建设方案，并再次提交国家中心通过评审后，领取年度资源建设任务书。自正式领取任务开始，各省级分中心联系人应于每月固定日期前以电子邮件形式向国家中心汇报资源建设进展情况。resource@ndcnc.gov.cn。

（3）项目建设。为保证资源建设符合相关技术规范，各地首先应制作资源样例数据并报国家中心进行技术测试，通过后方可正式开展该年度地方资源建设工作。

视频专题片制作项目应按：细化资源制作大纲、明确制作脚本、准备素材、拍摄素材、后期制作、成品包装等流程进行。

专题资源库项目应按：细化资源制作大纲、明确数据库结构、准备素材、专题库搭建、系统测试、数据加工与录入、成品包装等流程进行。

征集成品资源应按：细化项目需求内容、公开招标、签署资源征集合同、获取成品资源等流程进行。

（4）资源验收。各地年度资源建设任务初步完成后，先自行组织省级专家验收会进行资源验收和修正调整。之后，按国家中心组织的验收评审会要求，准备有关文档资料提交国家中心统一验收评审。会后，领取《评审意见书》，并按有关要求进行资源修正。

(5)资源提交。各地进行资源最终调整后，按统一标准制作数字化资源成品，同时将配套软件以及加盖公章的重要文档资料一并提交国家中心。领取由国家中心颁发的《资源收录证书》。

三、资源征集相关要求及工作流程

(一)基本流程

征集资源的基本流程与自建资源的基本流程相似，同样包括以下四个环节。

1. 项目规划

文化共享工程各分支中心、拥有相关资源版权单位、拥有相关资源合法代理权单位作为征集对象，参照国家中心及各级分支中心制定的征集要求中确立的征集方向、征集内容、版权要求、质量要求等，提供编制项目方案书。

该流程需要注意的问题主要有：一是规划要贴近工程服务对象基本需求，充分考虑资源服务方式和服务范围；二是项目方案书内容要由专家论证。

2. 素材征集

根据不同的资源类型，对征集资源素材的质量有不同要求：音视频作品应当符合有关广播电影电视节目的管理规定；作品内容、声音、画面等应符合各征集单位所要求的视频节目播出标准。节目中不应有广告、宣传语等与节目内容不相关的部分；数据库应主题完整、明确，结构合理，使用方便，具有良好的互动性和较强的检索功能。支持目前主流操作系统、播放软件和浏览器，避免不必要软件插件的应用。

资源素材包括文本、图片、音频、视频等，要采用捐赠、自创自建、优惠采购、市场化购买等多种方式组织征集。以视频素材的市场化购买为例，征集过程能分为片源调研、样片审查、签订合同、素材接收等几个步骤。

根据项目方案书反映的素材需求，征集人员要对内容供应商提供的大量片源目录，从内容、时效、片质、版权等各个角度进行筛选。

选定的片源要分类审查样片。样片能直接反应素材质量，通过审查发现问题并提出整改意见，要在与供应商签订采购、授权合同中提出要求。

采购、授权和他要对合作双方的权利义务做明确约定，如采购标准、授权范围、交货时间、验收标准、著作权说明、合同价格、付款方式及违约责任等。其中授权范围及著作权说明，对知识产权为主要交易内容的资源征集合同最为关键。

此流程需要注意的问题主要有：一是样片审查环节不容忽视。如去掉不必要的片头片尾、广告游标，合成声道、添加字幕、提高清晰度以及内容调整等重大修改意见应在审查时及时发现，以确保素材源头质量，减少后期修改的繁琐。二是合同方面要划清授权界限，充分考虑传输与播放手段、时空范围等因素。并在遵守法律的前提下，最大限度地满足文化共享工程公益服务的需要。此外，合同中要明确供应商权利，注意供应商所提供资源权利的合法性，如是否具有著作权、经营权及权利界限等，以避免法律风险。

3. 素材审验

同自建资源一样，素材在正式进入加工前需经资源审验专家组的验收评审，才能保证资源被有效利用。文字素材要坚持三级审校，音视频资源要采取 1：1.5 时长的初审、复核。

此流程需要注意的问题参照资源自主建设部分。

4. 成果验收

征集资源的验收同样需要依据技术标准、素材采购及委托加工合同中相关标准条款或附件及资源审验记录、初编审核记录，并专项通查与抽样的方式进行验收。

此流程需要注意的问题参照自建资源部分。

上述四个环节为文化共享工程资源征集的基本流程，① 文化共享工程各类资源征集均应参照执行。

(二)流程举例

以 2012 年资源征集为例，介绍资源征集相关要求及工作流程。

1. 要求

征集建设的资源应以移动硬盘形式提交经过数字化的资源成品，对资源质量的要求如下。

(1)音视频作品应当符合国家有关广播电影电视节目的管理规定；作品内容、声音、画面等应符合国家广播电影电视总局所要求的视频节目播出标准。节目中不应有广告、宣传语等与节目内容不相关的部分。

(2)资源库。主体完整、明确，结构合理，使用方便，具有良好的互动性和较强的检索功能。支持目前主流操作系统、播放软件和浏览器，避免不必要软件插件的应用。

2. 工作流程

(1)征集信息发布。国家中心在《中国文化报》及文化共享工程网站(http://www.ndcnc.gov.cn)发布"全国文化信息资源共享工

_____

① 赵保颖. 全国文化信息资源共享工程资源建设流程及其相关问题. 图书馆建设，2008(2)：61-63，67.

程年度资源征集公告",并提供下载填报表格。

（2）填报应征报名函。应征单位根据要求填报应征报名函（须附资源样片及版权声明）、项目申报书及其他相关信息，盖章后邮寄至国家中心。

（3）资格审查。国家中心组织专家对应征资源进行查重、资质预审、样片质量预审、版权预审。通过预审的应征单位，国家中心向其发放"全国文化信息资源共享工程资源提交系统"的链接、账号和口令，应征单位使用该系统自行填报所提交资源的详细信息。

（4）资源评审。国家中心将适时组织专家进行资源评审。

（5）确定并购买资源。评审通过后的资源，国家中心根据评审专家意见，结合本年度经费预算，本着质优价廉的原则，确定本年度资源征集目录，进入资源采购环节。

第四节　文化共享工程资源建设标准

一、标准化在资源建设中的重要性

标准规范是建立在一个具有领域性群体都能接受的基础之上，是该群体共同建设的基础，具有明确的通用格式，强调可使用性、互操作性和可持续性。坚持标准化建设，是文化共享工程数字资源具备可使用性和可交换性的基础，是数字资源持久生命力的保证。

（一）标准化为资源统筹规划提供参照

自建资源是一个覆盖范围广泛、类型多样的资源体系。其中，数字资源的创建、加工与应用是一项复杂和集聚挑战性的任务，其复杂性主要源于不同的应用环境和需求会对数字资源的加工方式和具体组合要求产生极大的影响。同时，数字资源的多样性、网络宽带之间的平衡、播放实施要求、技术演变和更新等因素加大了数字资源加工的难度和复杂性。因此，在数字资源的创建与加工过程中，必须从宏观应用角度进行规划，对各级分支中心的资源建设内容做出具体要求。为此，国家中心对资源建设的内容、版权要求、质量要求以及相关流程等都制定了具体而翔实的标准。这种从国家中心层面统筹全局的做法，能够从源头上避免资源重复建设和资金浪费严重的现象，从而有效地推动文化共享工程自建资源深入持久发展。

(二)标准化为资源组织加工提供规范

在资源建设管理方面，文化共享工程资源建设已初步具备资源加工、存储、上传、发布等功能，并形成了国家中心版和省级分中心版资源加工系统，对文化共享工程的资源建设起到了较好的推动作用。尤其是资源建设规范以元数据、对象数据的标准规范为基础，以资源库和资源目录为中心建设内容，以版权管理为基本建设保障，实现数字化资源的收集、整理、加工、整合、存储、检索、发布和维护等功能。[1] 在统一的数字资源元数据规范标准基础上，构建公共文化数字资源共建共享体系和公共文化数字资源公众查询系统，完善网上查重、反馈机制。(见图 4-4)

由图 4-4 可以看出，数字资源元数据规范标准不仅是自建资源组织加工的客观要求，而且还成为整个文化共享工程数据资源组织与利用的根基。

---

[1]　文化部全国文化信息资源建设国家中心. 公共文化技术支撑体系研究报告. 2011 年 7 月.

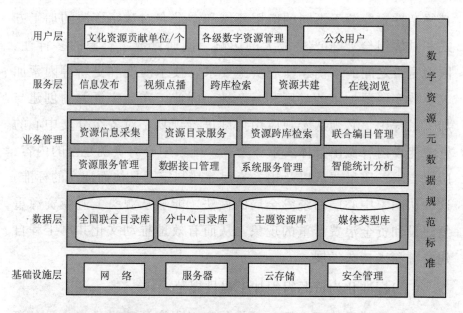

图 4-4 数字资源元数据规范标准基础上的共建共享体系框架图

(三)标准化为资源审核验收提供依据

突出标准,制定各级分中心验收标准、基层服务点验收细则等标准,为进一步组织文化共享工程的实施和加强对分中心、基层服务点的管理提供科学依据,对资源建设工作做出全面、准确的评价,确保资源建设保质保量按时完成。尤其是 2008 年,由国家中心启用的《文化共享工程视频资源初步验收标准》中规定:作品图像画面稳定,无跳动、闪烁和变色,画面清晰,亮度层次分明,画面柔和细腻,色彩清晰自然,肤色正常,不同镜头色彩一致性好。正式作品记录段落内禁止出现彩条、黑场或其他杂乱信号;作品混合声记录的声道正确,音量符合要求,不失真,无明显过大过小,时大时小,无明显背景噪声,无明显解说声与现场声的比例失调,声音与画面同步,语言规范;字幕规范,对于非标准普通话的作品(包括歌曲)应配有相应字幕,字幕与声音同步,字幕无明显差错，不影响收视效果；作品的署名、字幕等语言文字，应符合《中华人民共和国著作权法》、《中华人民共和国国家通用语言文字法》等有关规定；作品内容符合国家相关法律、法规的要求，正式节目中不应有广告宣传语等与合同约定内容不相关的部分。该标准同时更对可能遇到的问题进行了详细列举，使资源质量得到了最大程度的控制。

（四）标准化为资源共享服务提供支撑

文化共享工程在进行资源建设过程中依据资源内容和服务群体的特性从各个细节方面都进行了标准化，尤其是在资源标准建设基础上对公共文化搜索引擎的开发和全国公共文化资源联合目录数据库的建立，实现了各级中心在统一平台上的跨库资源检索与利用，为用户快捷方便地获取所需资源提供了保障。另外，资源形式的标准化也为各级中心对用户资源利用进行培训与辅导提供了便利，成为文化共享工程吸引用户获取资源的优势之一。资源建设的标准化无疑已成为文化共享工程提供资源共享服务的坚强后盾，其中对各级中心在资源建设中所承担的相应责任规定更成为资源共享服务的有力保障。可以说，资源建设标的准化成为推进基本公共文化服务均等化和保障民生工程不可缺少的支撑。当然，文化共享工程在强调资源建设标准化的同时并不排斥个性化服务，提供服务的各级中心可以根据自身条件和当地用户需求寻求资源标准化和服务个性化之间的平衡。

二、采用标准规范

（一）资源建设标准规范体系框架

文化共享工程在调研国际标准、国家标准、行业标准基础上，根据指导性、通用性和灵活性原则，主要参考广播电视相关行业标准和数字图书馆有关标准，并结合实际工作需要做了适当裁剪和扩展，形成了文化共享工程视频资源编目和数字化加工等一系列标准规范。基于文化共享工程的公共文化信息资源标准规范和资源建设分类框架体系，为资源获取、资源交换和资源捐赠等方式提供便利，发展面向全社会机构、个人的资源生产模式，以实现公共文化资源生产供给体系的标准化和规范化（见图 4-5）。各级分支中心在文化共享工程标准规范的统一框架下开展数字资源建设。

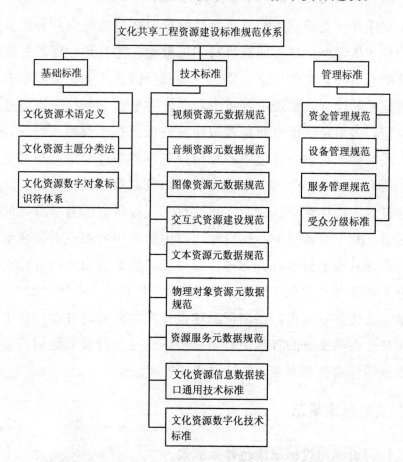

图 4-5　文化共享工程资源建设标准规范体系框架图

(二)现阶段资源建设的主要标准

1. 数字资源加工标准规范

文化共享工程的数字资源内容丰富、类型多样,其中视频资源是最重要的组成部分,因此视频资源建设的规范化是文化共享工程资源建设标准化工作的重中之重。具体而言,此类标准规范主要如下。

(1)《文化共享工程视频资源建设格式(V2.0)》。该格式标准为解决文化共享工程视频数字化提供了标准规范。该规范由适用于视频源质量达到广电播出级质量的资源的一级推荐标准、适用于视频源质量达到准广电播出级的资源的二级推荐标准以及视频源质量相当于浏览级的视频资源的三级推荐标准三部分内容构成。(见表4-2,表4-3,表4-4)

表 4-2　一级推荐标准(视频源质量达到广电播出级质量的资源)

级别	格式类型	对象名称	数据格式参数	建立方式
存储	标清视频(AVI格式,MPEG2编码,码率25Mbps)	标清存储视频	分辨率:720×576 幅宽比:4:3 帧率:50i 量化:8bit 取样结构:4:2:2 压缩格式:Mpeg2 IBP GOP=4 Ref=2 文件格式:AVI 码率:23.4Mbps	信号采集或DVD文件转码
		高质量音频	声道格式:立体声左右声道 取样频率:48kHz 量化:16bit 存储格式:PCM WAV 码率:1.6Mbps	信号采集或DVD文件转码

级别		格式类型	对象名称	数据格式参数	建立方式
应用	L	标清视频(PS格式,MPEG2编码,码率6Mbps,视音频合一)	标清应用视音频	分辨率:720×576 幅宽比:4∶3 帧率:25 取样结构:4∶2∶0 压缩格式:Mpeg2 IBP GOP=12 Ref=2 文件格式(后缀):MPG 码率:6Mbps 内嵌音频 声道格式:MP2立体声左右声道 取样频率:48kHz 量化:16bit 码率:128kbps	信号采集或文件转码
	M	标清视频(WMV,1.5Mbps)	标清应用视音频	分辨率:720×576 幅宽比:4∶3 帧率:25fps 量化:8bit 取样结构:4∶2∶0 压缩格式:WMV9(VC-1) 文件格式:WMV 码率:1.372Mbps 内嵌音频 声道格式:立体声左右声道 采样频率:48kHz 量化:16bit 码率:128kbps	由标清存储视频Offline转码生成

续表

级别	格式类型	对象名称	数据格式参数	建立方式
应用	S	标清视频（WMV，300Kbps）	标清应用视音频	分辨率：352×288（CIF） 幅宽比：4：3 帧率：25fps 量化：8bit 取样结构：4：2：0 压缩格式：WMV9（VC-1） 文件格式：WMV 码率：260kbps 内嵌音频 声道格式：立体声左右声道 采样频率：32kHz 量化：16bit 码率：40kbps	由标清存储视频 Offline 转码生成

表 4-3　二级推荐标准（视频源质量达到准广电播出级的资源）

级别	格式类型	对象名称	数据格式参数	建立方式
保存	—	标清视频（AVI格式，MPEG2编码，码率6Mbps）	标清存储视频	分辨率：720×576 幅宽比：4：3 帧率：50i 量化：8bit 取样结构：4：2：0 压缩格式：Mpeg2 IBP GOP=12 Ref=3 文件格式：AVI 码率：4.4Mbps	信号采集或DVD文件转码
			高质量音频	声道格式：立体声左右声道 取样频率：48kHz 量化：16bit 存储格式：PCM WAV 码率：1.6Mbps	信号采集或DVD文件转码

级别	格式类型	对象名称	数据格式参数	建立方式
应用				
L	标清视频(PS格式，MPEG2编码，码率6Mbps，视音频合一)	标清应用视音频	分辨率：720×576 幅宽比：4：3 帧率：25 取样结构：4：2：0 压缩格式：Mpeg2 IBP GOP＝12 Ref＝2 文件格式（后缀）：MPG 码率：6Mbps 内嵌音频 声道格式：MP2立体声左右声道 取样频率：48kHz 量化：16bit 码率：128kbps	信号采集或文件转码
M	标清视频（WMV，1.5Mbps）	标清应用视音频	分辨率：720×576 幅宽比：4：3 帧率：25fps 量化：8bit 取样结构：4：2：0 压缩格式：WMV9(VC-1) 文件格式：WMV 码率：1.372Mbps 内嵌音频 声道格式：立体声左右声道 采样频率：48kHz 量化：16bit 码率：128kbps	由标清存储视频 Offline 转码生成

续表

级别	格式类型	对象名称	数据格式参数	建立方式
应用	S	标清视频（WMV，300Kbps）	标清应用视音频	分辨率：352×288（CIF） 幅宽比：4：3 帧率：25fps 量化：8bit 取样结构：4：2：0 压缩格式：WMV9（VC-1） 文件格式：WMV 码率：260kbps 内嵌音频 声道格式：立体声左右声道 采样频率：32kHz 量化：16bit 码率：40kbps	由标清存储视频 Offline 转码生成

表 4-4　三级推荐标准（视频源质量相当于浏览级的视频资源）

级别	格式类型	对象名称	数据格式参数	建立方式
应用	M	标清视频（WMV，1.5Mbps）	标清应用视音频	分辨率：720×576 幅宽比：4：3 帧率：25fps 量化：8bit 取样结构：4：2：0 压缩格式：WMV9（VC-1） 文件格式：WMV 码率：1.372Mbps 内嵌音频 声道格式：立体声左右声道 采样频率：48kHz 量化：16bit 码率：128kbps	由标清存储视频 Offline 转码生成

续表

级别		格式类型	对象名称	数据格式参数	建立方式
应用	S	标清视频（WMV，300Kpbs）	标清应用视音频	分辨率：352×288(CIF) 幅宽比：4∶3 帧率：25fps 量化：8bit 取样结构：4∶2∶0 压缩格式：WMV9(VC-1) 文件格式：WMV 码率：260Kbps 内嵌音频 声道格式：立体声左右声道 采样频率：32kHz 量化：16bit 码率：40Kbps	由标清存储视频 Offline 转码生成

（2）讲座资源建设规范。2006年9月，国家中心下发《全国文化信息资源共享工程讲座共享工程讲座资源建设暂行规范》；2007年11月，国家中心对暂行规范进行调整，并下发补充通知（文全信资发〔2007〕15号）及《讲座资源建设工作经验交流》，更好地指导了各地讲座拍摄与制作工作。2009年9月，国家中心下发《关于试行新讲座资源征集办法的通知》（文全信资发〔2009〕8号），采取全新的讲座资源征集方式。现行的讲座资源建设规范共13条，内容涉及建设范围、内容要求、讲座方法、签署合同、制作设计、录像摄制、后期编辑、数字化制作、申报、遴选、制作、提交、验收等资源建设的各个工作环节；同时，国家中心还对在讲座资源制作时存在的字幕不规范、题材重复、拍摄质量、内容把关等问题提出了具体要求，以及相应的奖励和退改措施。

（3）资源征集要求。2005年以来，国家中心委托各省级分中心征集了大量视频资源，国家中心在组织专家验收时发现了一些问题，为了提高资源征集质量，力求打精品，请专家将问题分析汇集，于 2007 年 10 月编订完成《资源征集常见问题汇总手册》，旨在让各省级分中心在征集时有据可依。2008 年 1 月，国家中心下发《关于提高资源征集格式要求的通知》(文全信资发［2008］3号)，要求自 2008 年 1 月 1 日起，各省单位提交的各类型视频资源均以 DVD 格式（4M 码流）为最低标准，此后，国家中心将不再接受低于此标准格式的光盘资源。2008 年 11 月，又下发的《播放质量稍差特别珍贵文化视频资源征集问题处理意见》规定：对于播放质量不好的文化视频资源，原则上不予征集；对于列入国家级本省非物质文化遗产名录，或虽未列入非物质文化遗产名录但经专家认定有收藏保护价值且对基层群众有教育意义的、特别珍贵的视频资源，可经严格认定后予以征集。

(4)资源验收标准。2003 年 8 月实施的《全国文化信息资源共享工程资源建设标准规范》，随着文化共享工程的发展以及建设资源类型的变化，该标准已不作为文化共享工程的主要标准，仅供类似资源建设参考。2008 年，国家中心启用《文化共享工程视频资源初步验收标准》，取代了这一标准规范中的资源质量验收办法；2009 年，国家中心又对验收标准进行了修订，更为科学合理地保证了文化共享工程资源建设的质量。

2. 元数据标准规范

文化共享工程的元数据标准以 DC 核心元数据为基础，根据各类资源的特点，结合资源应用需求设计进行制定。此类标准规范包括国家中心自建标准规范，还有直接引用数字图书馆标准规范中的相关内容。

(1)《全国文化信息资源共享工程视频资源编目规范》。该规范从文化共享工程视频资源管理应用的需要出发，依据科技部国家科技基础条件平台建设专项支持项目"我国数字图书馆标准与规范建设"的研究成果以及广播电视行业标准《广播视频资源编目规范第1部分：电视资料》(标准号：GY/T 202.1—2004)，在总结国家中心视频资源编目的实践经验并吸取国内主要视频资源管理单位编目经验的基础上研究制定。该规范由范围、规范性引用文件、术语和定义、视频资源著录项目结构层次、附录部分组成。该规范适用于文化共享工程视频资源采编、制作、播出、存储、交换、共享等环节的资源编目，规定了文化共享工程视频资源编目的著录项目(元数据)、著录项目的使用规则和数据表达方式；其中，《广播视频资源编目规范第1部分：电视资料》(标准号：GY/T 202.1—2004)中的条款通过本规范的引用而成为本规范的条款，其最新版本适用于本规范(描述分类法选用)；本规范规定文化共享工程视频资源编目的元数据项总体上分为两个层次，从上到下分别是节目层、片段层，每个层次分别包含相应的元数据项。

(2)五类资源的编目实施细则。在编目实施细则方面，为使《全国文化信息资源共享工程视频资源编目规范》更易操作，国家中心将视频资源按照资源特点分成5类，并制定了编目细则，包括：《电影类节目编目实施细则》、《专题类节目编目实施细则》、《讲座类节目编目实施细则》、《动画片类节目编目实施细则》和《舞台艺术类节目编目实施细则》，更具体地指导著录工作。上述五类资源的编目实施细则均分为总则、电影类节目编目原则、电影类节目编目细则三部分内容，不同实施细则的基本元数据反映了各自节目的特点，方便该类节目的检索。

(3)数据交换格式。文化共享工程编目规范选择用XML作为数据交换的标准，通过定义编目规范的标记语言，也就是编目规范的XML的Schema定义，通过国家中心的数据格式文件，在不同使用者之间进行数据交换而不必关心他们的使用环境。

3. 数字图书馆标准规范

数字图书馆标准规范包括《数字资源加工标准规范》、《数字资源加工操作指南》以及元数据标准规范指南（基本元数据部分、基于图书馆馆藏文献的专门元数据部分）。

（1）《数字资源加工标准规范》。该标准规范是从服务和长期保存的角度，提供对基于各种载体的文字、图形、图像、音频、视频等资源实施数字化加工的参考技术指标。标准规范解决文化共享工程各级中心的各类资源加工的普遍性问题，各单位可依据实际情况选择适宜的加工标准。

（2）《数字资源加工操作指南》。该操作指南是文化共享工程各级中心提供数字化设备、数字资源处理方法的决策依据，是《数字资源加工标准规范》的操作指南，为其中列举的文献类型提供加工处理办法，同时提供数字化常用设备及不同类型资源的数字化加工实例。

（3）元数据标准规范指南。该指南分基本元数据部分和基于图书馆馆藏文献的专门元数据部分。基本元数据部分中的《基本数字对象描述元数据标准》是根据信息资源的共同特点确定的基本元数据的核心集。

上述资源建设标准规范的应用实施，不但保证了文化共享工程资源陆续充实完备，更为社会公众享有各类文化资源奠定了基础。

第五节　文化共享工程资源建设规划（县以上）

一、制定规划的必要性

规划作为行动的纲领，要确立发展目标，明确发展任务，确定建设重点，制定保障措施等。这对统一思想，协调行动，上下左右形成合力十分有利。[①] 而资源建设规划是指对文化共享工程所需信息从采集、存储、管理等一系列工作进行全面规划，它不仅是一个名词或一个概念，更是一整套由方法论、标准规范和支持软件工具所组成的体系。实施资源建设的全面规划将有效地解决"信息资源共享与整合"问题，可以成功弥合"信息孤岛"。采用资源建设规划方法首先要选取已有的或制定数据元素标准、代码标准、用户视图标准及报表标准，从而形成统一遵循的标准规范，提高管理层和决策层的管理和决策能力，为后期数据管理打下坚实的基础。

二、规划要素

（一）需求分析

文化共享工程的服务受众是基层群众，要实现良好的社会效益，资源规划实施的第一阶段就应该是需求分析。在信息化向深度和广度发展、网络正逐步成为思想舆论重要载体的今天，人民群众的精神文化需求更加丰富、多元，人们的选择更多，独立性更强。如何更好地吸引群众、引导群众、满足群众的精神文化需求，这是摆在文化共享工程工作者面前的一项重大课题。因此，必须认真分析群众需求，摸清基层情况，以提高资源建设的针对性和适应性。

（二）组织与开发

文化共享工程的资源组织与开发目标不仅是组织和开发各类资源的预期结果，而且是指导资源组织与开发活动的行动纲领。资源组织与开发目标的确定要从实际情况出发，并受当前社会发

---

① 王承志. 关于建设文化资源共享工程的浅见. 黑河学刊，2011，172(11)：169.

展水平、资源状况等制约，只有资源组织和开放目标满足公众文化和社会发展要求时才是正确的。在具体的资源组织和开发过程中，要建成系统、有序的信息资源体系。在共建共享的大原则下，多种类型具有不同知识产权隶属和不同使用权限资源的集合。内容庞杂、无序的各类文化资源经过有序组织、加工之后，再通过设计、调整各类数字化资源的分布和流向，以尽可能小的配置成本取得尽可能大的配置效益。[①] 具体来讲，前期是内容获取与内容管理的过程，即把各种数字资源专题库及无序的离散信息整合到结构统一、内容独立的数字资源库；后期是内容挖掘、分析、发布、增值的过程，即把内容独立的各个加工库的内容，通过不同线索的关联整合到统一的发布库中，对外提供专栏、专题服务。

(三)传输定位

文化共享工程作为覆盖全国的网络传输系统，各类资源只有通过传输才能被公众所获取。因而，对资源传输的规划就显得尤为重要。在资源传输方面，经过多年来的实践，文化共享工程已发展形成了以互联网、卫星网、电视网为主要传输渠道，光盘/移动硬盘为辅助传输手段的网络传输体系。2007 年，随着网络技术的进步和各级主管部门的进一步重视，文化共享工程多种新的资源传输和服务手段如雨后春笋般快速涌现，电子政务外网、IPTV、互动数字电视、VOD＋CDN、数据同步等新型传输方式的使用，极大地丰富了工程的资源传输模式，为各地提供了更多资源，传输手段上不断创新和探索，广辟传输渠道，使资源传输和服务更加及时、方便和具有针对性。

---

① 王翠萍. 网络信息资源组织及开发的目标选择与实现. 情报理论与实践，2003(2)：175－176.

三、项目建议书

项目建议书是指企业或有关机构根据国民经济和社会发展的长期规划、产业政策、地区规划、经济建设方针和技术经济政策等，结合资源情况、建设布局等条件和要求，经过调查预测和分析提出某一项目，着重论述建设的必要性，供国家有关部门选择并确定是否进行下一步可行性研究的建议性文件。项目建议书由部门、地区、单位根据国民经济和社会发展的长远规划、行业规划、地区规划等要求，经过调查、预测、分析后编制。① 基于这一概念，文化共享工程的资源建设项目建议书应该是根据国民经济和社会发展的规划、文化政策、地区规划等，结合资源现状及当地公众对文化资源需求等，提出了供有关部门选择和确定的建议性文件。

(一)项目建议书的基本内容、格式与模板

1. 项目建议书的基本内容

对于文化共享工程而言，其资源建设的项目建议书应包括：(1)项目名称，项目主办单位及负责人；(2)项目的内容、建设规模、申请理由、项目意义、引进技术和设备，还要说明国内外技术差距、概况以及引进理由、对方情况介绍；(3)资源建设方案和技术；(4)主要原材料、电力、水源、交通、协作配套条件等情况；(5)服务点选取及条件；(6)组织机构和劳动定员；(7)投资估算和资金来源，利用社会资金的要说明利用的可能性；(8)资源产品市场需求预测分析；(9)安全劳动卫生与环境保护、经济效益与社会效益评价分析。

---

① 杨博洋，孙雨. 对项目建议书编制的思考. 合作经济与科技，2011(7)：32—33.

2. 项目建议书的格式

项目建议书的格式一般分为标题、项目承办单位、项目负责人、编制单位及时间、正文。标题要开宗明义，涵盖单位名称、事由、文种类别。标题、项目承办单位、项目负责人、编制单位、时间等一般单独编排在一页内作为封面。正文包括前述的九项内容，是项目建议书的主体，通篇着力的重点，需编写人员狠下功夫，认真完成。根据建议书的内容应开列一个目录表，按目录表编排正文，正文内容应做到指标明确、参数准确、理由充分、论证科学、项目方案先进、内容充实、条理清楚。[①]

> 项目建议书模板
>
> 一、总论
>
> 1. 项目名称：
>
> 2. 项目法人：
>
> 3. 建设地点：
>
> 4. 建设内容：
>
> 5. 建设规模：
>
> 6. 概算投资：
>
> 7. 效益分析：
>
> 二、项目建设的必要性
>
> (一)项目背景
>
> 1. 建设单位概况
>
> 2. 建议书编制依据
>
> 3. 提出的理由与过程

---

① 杨博洋，孙雨. 对项目建议书编制的思考. 合作经济与科技，2011(7)：32－33.

(二)基本条件

1. 拟建状况

2. 拟建条件

(三)项目建设的意义

三、建设内容、规模及工程方案

1. 建设内容与规模

2. 建设规模及理由

3. 建设内容技术方案

四、投资估算及资金筹措

(一)投资估算

1. 投资估算依据

2. 建设投资估算

3. 投资估算表

(二)资金筹措方案

1. 项目法人自筹资金

2. 信贷融资

五、效益分析

(一)经济效益

(二)社会效益

六、结论

(二)数字资源建设项目申报技术建议

文化共享工程资源建设项目的申报立项是实施资源建设的前提和首要程序，具有严肃性、规范性和可操作性的特点。因此，根据文化共享工程的特性，必须处理好以下几个主要技术问题。

1. 项目识别和立项符合国家中心资源建设指南要求

各省级分中心应根据自身实力和业务战略、特色和优势，突出特长，选择资源建设的模式，对项目进行识别和立项。在项目主题的选择上，要按国家中心负责承担全国性、普适性资源的建设，省级分中心主要承担本地区特色资源建设的原则进行，突出地方特色。在立项中要重点解决两个问题：一是要明确项目定位，包括该项目的功能、建设的内容、规模和组成等，应该实事求是，量力而行，避免将来项目结题验收时产生麻烦；二是明确项目的建设目标，包括数据质量、资金使用、工作进度等方面。立项中，项目内容不可笼统庞杂，过大过空，否则将难以落到实处，必须进行科学分解，主题明确，指标清晰；所采用的技术路线要合理可行，采用的制作方法要有效，成果表现形式要清楚。整个项目应具可操作性。

2. 注重资源的可使用性

文化共享工程资源建设是国家项目，进行资源建设必须有法治意识，要认真解读著作权和网络传播权的相关法律、法规，不可随意将图书馆收藏的相关文献进行数字化。是否获得资源的使用授权，是决定该主题资源能否立项建设的前提。在资源建设项目立项时，要做好资源使用权的前期调研，制定资源解决的途径和方式，进行可行性论证。

3. 制定好资源建设项目资金预算

项目预算的建立，为项目的费用控制提供了基础。建立资源建设项目的预算，必须结合项目的工作要求来进行。文化共享工程资源建设项目的资金主要有：

（1）资源使用许可费，包括视频、音频、图片和文本的使用费用等；

（2）资源加工制作费，包括资源征集费、文字图片制作费、视频加工费等；

（3）设备费；

（4）项目论证和验收费。

资源使用许可费和资源加工制作费可参照国家中心相关标准，结合各地实际情况进行确定。设备费按国家中心 2006 年度的要求，不能超过项目经费的 15％，并根据本中心资源建设的实际情况集中使用，来解决资源建设中设备不足的问题。

4. 确定好资源建设项目人员的组合

在文化共享工程资源建设项目中，一个省级分中心所承担的资源建设项目由一个总项目下的若干个子项目组成。总承担人一般是省级图书馆的法人代表、省中心主任，对项目的立项申报、组织实施和验收结题负总责任。为便于资源建设项目的完成，总承担人要根据子项目的内容、性质和任务，及所需项目参与者学习的专业、工作经历和专业技术职务等，来确定子项目的技术负责人和项目组成员。通过良好的人员搭配和组合，保证资源建设项目工作责任到人，确保项目的顺利实施。

5. 认真规范地填写资源建设项目申报书

文化共享工程资源建设项目申报书是项目申报者与评审专家之间沟通的依据。因此，准确和全面地反映申报者的申报信息以及申报者对该项目基本内容和大体框架的理解，对资源建设项目获得专家认可意义重大。在申报书填写中，我们要注意两个方面的问题：一是要按申报要求进行填写，填写申报书时首先要认真对待，仔细研读有关申报指南、要求和注意事项，确保填报符合标准；二是填写的内容要准确，填写申报书时应注意用字规范、用词准确、逻辑严密、内容完整、主题清晰，否则就易产生误解和疑问。申报书中有关工作方案和采取的技术路线要阐述清楚，体现出申报者对项目的思考及解决方案，让评审专家一目了然。

(三)资源建设项目实施与管理建议

文化共享工程资源建设项目的实施和管理，就是通过有效的管理手段和方法组织资源建设项目的实施，并对项目实施过程进行有效的监督、控制和调节，保证资源建设项目按计划进行。做好资源建设项目的实施和管理是资源建设项目运作的重要环节，也是资源建设顺利完成的保证，涉及实施方案的制定、标准的确定、工作调控、人员能力等方面的问题。

1. 做好资源建设的制作方案

制定资源建设制作方案，是对资源建设项目书进行细化，进一步明确资源建设中的相关问题，为资源建设项目参与者提供一个共同工作的依据，从而避免随意性，提高和确保资源制作的质量。制作方案涉及的主要内容有：第一，资源内容与结构，例如，地方戏主题资源制作，除主题资源是地方戏外，与地方戏资源相关的著名编剧、导演、表演者以及对戏剧的评论等是否要反映，他们与主题资源的表现形式、关联如何处理，这些问题应该给予明确的规定和处理方法；第二，元数据和著录项目的确定，哪些是必备的，哪些是用于检索的，字段的著录形式和要求等；第三，确定用于族性检索的必备主题词等。

2. 确定资源建设所使用的标准

标准的使用应包括：数字资源加工、基本元数据、元数据应用与著录、视频和图片制作等。标准的选择应采用国家中心推荐的各相关标准和成文适用标准。对于电影、电视、音像出版物等视频资源的元数据描述，目前国家中心推荐的是国家广电总局颁布的《中国广播电视音像资料编目规范》标准，各地应认真研读和理解，根据资源建设的需要来确定相应的元数据和著录字段，以便项目验收结题后，向国家中心提交数据和数据整合。

3. 做好资源建设项目建设中的调整工作

在资源建设工作中往往会遇到各种不可预计的问题，需要做出相应的调整。在资源建设中要重视试验数据的制作，要选择典型的数据进行试验，验证制作方案的可行性，及时发现问题并进行调整。资源使用权处理遇到困难时，要及时调整资源获取渠道，对于重要的、使用权短期难以解决的，要依据《信息网络传播权保护条例》相关规定，预留处理资源使用权的备用资金。对于资源建设中的重大调整问题，要及时向国家中心呈文汇报请示。特别是资金方面的调整，获得批准认可后方能进行。

4. 加强项目运作过程中的监管

掌握资源建设的进度和数据质量，发现问题及时处理和调整，提供人力、物力的支持。特别是委托外包、馆外进行资源制作的，更要及时检查数据加工的质量是否符合标准，以确保资源建设项目的顺利实施。

5. 加强项目人员的业务培训与交流

通过培训，使工作人员加深对资源加工应用系统的理解，充分发挥系统的应用功能；掌握多媒体制作技能和数据著录处理的技术；通过交流，交换工作经验，总结工作，取长补短，不断提高资源建设人员的数据制作能力。

6. 资源建设项目运作中应注重的问题

要高度重视资源建设项目的实施，认真按项目申报书确定的成果指标开展工作。合理使用资源建设经费，严格按预算执行，遵守国家中心资源建设经费的使用规定。中央财政对中西部地区资源建设的支持，给中西部地区文化共享工程建设注入了新的活力。各地应该牢牢地把握住这难得的发展机遇，加强文化共享工

程资源建设项目的运作管理，使资源建设的投入发挥出更高的效
益，促进文化共享工程资源建设的快速发展。①

第六节　文化共享工程资源建设中的著作权问题

　　文化共享工程自启动以来，以其特有的历史使命与明确的战
略定位，整合中华优秀传统文化以及现有各类文化信息资源，扩
大网上中华文化信息资源的存储、传播和利用，实现了全国文化
信息资源的共建共享，实现了优秀文化信息通过网络为大众服务
的目标。② 在此过程中，著作权问题始终是文化共享工程建设者
不可回避的问题：一是需要在资源建设过程中尊重他人受著作权
法保护的作品，避免侵权；二是需要对自身享有独立版权的作品
提供著作权保护。③ 妥善解决著作权保护问题迫在眉睫。

一、著作权保护的基本原则

　　在数字资源建设和服务过程中，应注重著作权的保护，坚持
公益性原则、利益平衡原则、实用性原则，确保数字资源建设的
健康、科学、可持续发展。④

（一）公益性原则

　　公益性原则是指文化共享工程资源建设和服务中的著作权保

---

　　①　徐欣禄. 全国文化信息资源共享工程资源建设项目运作的探讨. 图书馆建设，
2008(2)：51—53.
　　②　全国文化信息资源共享工程总体目标. ［2012-05-26］. http：//www. ndcnc.
gov. cn/libpage/gxgc/index. htm.
　　③　黄国彬，孙坦. 全国文化信息资源共享工程建设中的版权问题及其应对策
略//张彦博. 公共文化服务的创新与跨越：全国文化信息资源共享工程建设研究论文
集. 北京：国家图书馆出版社，2010：363—375.
　　④　张彦博，罗云川，王芬林.《数字图书馆资源建设和服务中的知识产权保护政
策指南》解读. 中国图书馆学报，2011(2)：59—63.

护应以促进知识的创造与传播，保障公众获取信息的权利，满足公众的信息需求为出发点，不以营利为目的。党的第十七届六中全会指出，加强公共文化服务是实现人民基本文化权益的主要途径。要以公共财政为支撑，以公益性文化单位为骨干，以全体人民为服务对象，以保障人民群众看电视、听广播、读书看报、进行公共文化鉴赏、参与公共文化活动等基本文化权益为主要内容，完善覆盖城乡、结构合理、功能健全、实用高效的公共文化服务体系。同时，该决议还鼓励国家投资、资助或拥有版权的文化产品无偿用于公共文化服务。① 在中央所倡导的公共文化服务体系中，文化共享工程作为公益性文化惠民工程，无偿为公众提供公共文化服务，并依靠其特有的技术、资源、网络基础以及实施主体成为其中一支不容忽视的生力军。因此，在文化共享工程资源建设过程中所涉及的著作权保护问题应始终贯穿公益性这一主旨。

(二)利益平衡原则

利益平衡原则是指文化共享工程资源建设和服务中的著作权保护既要保护著作权人的利益，也要保护社会公众的利益。数字信息资源的著作权问题较之传统环境更为复杂，具体表现在：第一，著作权权属状况复杂，版权所有者众多分散；第二，受保护的客体范围不断扩大，作品种类多样；第三，网络环境下信息的存储、传播、利用等与传统信息截然不同，著作权的无形性更明显、地域性更淡化、时间性和专有性受到冲击。因而，在纷繁复杂的网络环境里，法律理应保护知识产权创造者和所有者的利益。另外，如果著作权保护使得权利无节制地扩张，将会导致公有领域资源大量缩减，有可能断送宝贵的创造源泉。从这个意义上讲，

---

① 中央关于深化文化体制改革若干重大问题的决定. (2011-10-25). ［2012-06-27］. http://www.gov.cn/jrzg/2011-10-25/content_1978202.htm.

对著作权人权利的保护要有所控制。网络环境里，著作权保护不
应破坏权利人私人利益与公众利益的平衡，尤其对于文化共享工
程这一公益性惠民工程来讲，维护其资源建设过程中的著作权权
益对于保障公众的基本文化权益有着至关重要的作用。可以看到，
在文化共享工程资源建设过程中涉及的所有著作权问题也几乎都
是围绕这一原则性问题而产生，也即公众与著作权人利益主体间
的冲突与博弈，这种博弈所体现的基本原则乃是共享与保护的均
衡原则。应当注意的是，网络环境下著作权保护引发博弈的目的
不是走向对抗，而是在相互制约中走向平衡。因为说到底，和谐
的著作权让全体社会成员受益，失衡的著作权保护损害全体社会
成员的利益。①

（三）实用性原则

实用性原则是指文化共享工程资源建设和服务中的著作权保
护方案、手段要具有可操作性，要符合文化共享工程建设实践的
需要，符合著作权保护的需要，要有利于文化共享工程的发展。
应当看到，文化系统自有版权的资源数量有限，文化共享工程在
对文化信息资源进行数字化加工、制造海量数据库、传播网络传
输资源过程时，必然要面临受著作权保护的作品，不可避免地会
遇到著作权相关问题。文化共享工程作为信息资源共享的实现形
式，很多资源具有珍贵的历史价值，如果没有著作权的保护，资
源共享就会失去活力和来源。因而，在文化共享工程资源建设的
实践中，清晰梳理资源建设过程中所面临的种种著作权问题，并
结合现行的《中华人民共和国著作权法》、《中华人民共和国著作权
法实施条例》、《信息网络传播权保护条例》、《著作权集体管理条

---

① 李国新. 国际图书馆界有关著作权合理使用的原则立场. 图书馆论坛，2005
(6)：67-70.

例》等已颁布并施行的相关法律、法规，针对文化共享工程资源建设保护自身著作权以及规避侵犯著作权，构建科学合理且操作性强的有效策略，成为网络环境下促进文化共享工程文化知识资源传播与创新的保证。

二、资源建设涉及著作权的若干方面

文化系统自有版权的资源数量有限，文化共享工程在对文化信息资源进行数字化加工、制造海量数据库、传播网络传输资源过程时，必然要面临受著作权保护的作品，更无法回避著作权相关问题。

(一)资源获取过程中的著作权问题

1. 资源征集的使用权

根据我国著作权相关法规规定，数字出版商是数据库内容及其发布软件系统的制作者，也就是合法著作权人。在这样的前提下，购买数据库只是购买和享有数据库的使用权，而并未真正获得数据库的所有权。因而其使用范围也被严格限定，即使合同期届满后仍允许图书馆等公益性文化机构保留和收藏的前提下也是如此。包括文化共享工程在内的公益性文化机构仍然需要尊重数字出版商作为所有者的合法权利，不得将这些内容向第三方提供、销售、出租、出借转让或提供转让许可、通过网络传播等。文化共享工程有义务按照合同要求的限定适用范围(如 IP 等)，有义务与数字出版商协议以阻止非法用户使用数据库信息资源，确保数据商的合法权益不受损害。如果是某一支中心单独购买数字资源，除非得到数据库制作方的允许，否则擅自提供给其他分支中心使用，应属侵权行为。

2. 资源获取的复制权

数字资源在获取过程中必然涉及复印、录音、录像、拍摄等问题，特别是以视频资源为主的文化共享工程在资源获取时不可避免会遇到下载、翻录、翻拍的难题，也即著作权中的复制权问题。进行数字信息资源建设工作的第一步就是收集有价值的数字信息资源，建立虚拟数据库，然后将数字信息转录拷贝，移植到服务器上，建立镜像站点。我国《著作权法》第10条认为："复制权，即以印刷、复印、拓印、录音、录像、翻录、翻拍等方式将作品制作一份或多份的权利。"而数字资源的复制权属于著作权人，因此，对于尚在著作权法保护期内的非公有领域的作品，没有得到版权人许可的收集保存数字信息的行为是违法的，而数字信息资源制作过程中的下载、拍摄等行为是明显的复制行为。在未取得授权人许可的情况下，任何机构不得擅自复制。

(二)资源制作过程中的著作权问题

1. 资源库中的素材版权

文化共享工程资源建设的具体目标是建设文化领域门类齐全的数字资源库与海量的文化信息基础素材库。对于资源库中素材资源的开发，若所汇编的材料已进入公有领域，则无版权之忧。对于尚未进入公有领域的版权作品，若是以合理方式使用作品，应当不会引起版权纠纷，否则在使用原文时必须获得版权人的许可。多媒体资源是文化共享工程资源建设的重要组成部分，对于多媒体资源库的开发，著作权问题比较复杂。一个典型的多媒体资源库所涉及的作品类型至少包括文学作品、美术作品、摄影作品、音乐作品、电影作品、录音录像作品等，还可能包括没有版权的事实报道和进入公有领域的作品。因此，要解决好相应的版权问题。

2. 成品资源的编辑权

在数字信息资源建设的操作过程中，不可避免地要对数字信息资源进行必要的编辑操作，包括 URL 链接的相对变更、信息储存格式的变化，数据的迁移、仿真、更新等，这就涉及数字资源的编辑修改处理权，如何把握对信息资源编辑修改处理的程度，对于文化共享工程来说是一个巨大的挑战。对于已过权利保护期的作品，可以根据需要进行数字化，但必须尊重作者的署名权、修改权、保护作品的完整权。对于仍处于权利保护期的作品，为了保存版本和课堂教学或科研的需要将其进行数字化转化，应当按照《著作权法》和《信息网络传播权保护条例》关于合理使用的规定，不经著作权人许可，不向其支付报酬，但应当指明作者姓名、作品名称，并且不得侵犯著作权人依照本法享有的其他权利；若为了提供服务目的而将其进行数字化转化，则需获得著作权人授权。数据库资源的开发在内容的选择与编排方面，均体现了智力创作，依法受到著作权法的保护，文化共享工程对其开发建设的数据库整体享有自主知识产权，要通过著作权提示、相关技术措施保护其自主知识产权，避免用户使用过程中的侵权和其他商业性复制。同时注意保护数据库中每一作品的著作权。数据库开发还应注意不改变数字资源的内容和所附带的著作权信息；尽可能核查确认著作权归属并注明资源的制作者和出处；在数据库起始界面添加著作权通告，提醒用户按照著作权法的规定使用该资源。对数据库的链接使用，必须同数据库权利人签订合同以确定有关数据库的使用。在数据库开发过程中，如对内容的选择和编排方面具有独创性，则该数据库构成汇编作品，数据库开发人对汇编作品的整体上享有著作权，但行使著作权时不得侵犯数据库内容是作品、作品片段的权利人的著作权。[①]

---

① 张彦博，罗云川，王芬林.《数字图书馆资源建设和服务中的知识产权保护政策指南》解读. 中国图书馆学报，2011(2)：59—63.

(三)资源服务过程中的著作权问题

文化共享工程将数字资源主要通过互联网网站与各级中心的局域网向公众提供服务,它的实现是一种网络信息传输或传播方式与渠道,而将版权作品上网传播涉及版权人对其作品在网上传播是否享有专有权的问题。以何种权利更适宜应用于控制网络信息传输,各国有不同的解决途径。我国《关于审理涉及计算机网络著作权纠纷案件适用法律若干问题的解释》第 2 条第 2 项规定:"将作品通过网络向公众传播,属于著作权法规定的使用作品的方式,著作权人享有以该种方式使用或者许可他人使用作品,并由此获得报酬的权利。"《著作权法》第 10 条中第 12 项更是明确规定了"信息网络传播权",即"以有线或者无线方式向公众提供作品,使公众可以在其个人选定的时间和地点获得作品的权利"。第 37 条第 5 项授予表演者"许可他人通过信息网络向公众传播其表演并获得报酬"的权利。第 41 条第 1 项授予录音录像制作者对其制作的录音录像制品"享有许可他人复制、发行、通过信息网络向公众传播并获得报酬的权利",同时还在第 41 条第 2 项中规定:"被许可人复制、发行、通过信息网络向公众传播录音录像制品,还应取得著作权人、表演者许可,并支付报酬。"既然把作品搭载到计算机互联网向公众传播属于版权所有人的一项专有权利,则未经版权人授权而把其作品在网上传播,将可能构成侵权。《著作权法》第 3 条所规定的在版权保护期限内的九大类作品的版权人均享有"信息网络传播权",表演者和录音录像制品制作者也享有相关权利。

三、解决著作权问题的主要途径

文化共享工程所涉及数字资源的著作权有很大部分在法律上难以及时明确,为此,在遵循现行有关法律的前提下,各地要处理好本地区信息资源的著作权问题,本着先易后难的原则,逐步加以解决。为有效避免侵权行为的发生，文化共享工程对数字资源建设过程中可从以下几方面着手。

(一)签订合同

根据《著作权法》第 10 条规定，著作权包括下列人身权和财产权：发表权、署名权、修改权、保护作品完整权、复制权、发行权、出租权、展览权、表演权、放映权、广播权、信息网络传播权、摄制权、改编权、翻译权、汇编权以及应当由著作权人享有的其他权利。因此，对作品数字化过程中所使用的刻录、扫描等方式，以及数字资源网络传播、利用过程中的展览、放映等方式也被纳入到现代意义的复制范畴，将已有作品数字化、将数字化作品进行传播与利用的行为均要受到新著作权法的约束。由此，文化共享工程资源建设过程中，除著作权法另有规定外，均应事先取得著作权人的许可或通过著作权集体管理组织取得许可，其数字化权的归属、内容、使用与限制均应按照新著作权法中的相关规定执行，而与著作权人签订合同是划分权责的有效方法。

以 2012 年文化共享工程资源征集为例，依照《著作权法》及相关法律条款对涉及的著作权问题进行规定，2012 年文化共享工程资源征集工作关于资源著作权的要求具体如下：(1)2012 年资源征集工作将对资源内容进行区分，按使用方式分为通过互联网进行服务、通过公共电子阅览室局域网进行服务以及通过卫星、有线/数字电视进行服务三种；(2)对于拟通过互联网进行服务的资源，应征单位需提供信息网络传播权、复制权以及建立镜像权；(3)对于拟通过公共电子阅览室局域网服务的资源，应征单位需提供信息网络传播权(局域网)、复制权和建立镜像权；(4)对于拟通过卫星、有线/数字电视服务的资源，应征单位需提供复制权、建立镜像权以及广播权；(5)对于附加的版权应用，国家中心将根据具体资源内容与应征单位洽谈资源使用权中的其他权利。以上各

类资源，除在公共电子阅览室局域网内开展服务的较新影视作品、
益智游戏等资源外，其余各类资源原则上授权期限不少于 5 年。
上述所涉及的著作权相关定义可参见"成品资源征集合同样本"中
的"许可使用权种类及范围"。由此可见，国家中心通过多年来的
摸索，在现行的法律框架下，在不断规范并完善资源征集许可使
用合同的基础上，通过与应征单位签订合同的方式较好地解决了
资源征集过程中的著作权问题。

征集成品资源作品许可使用合同

甲方：×××省图书馆

住所：

电话：　　　　　　　　　　传真：

联系人：

乙方：

地址：

电话：　　　　　　　　　　传真：

联系人：

鉴于：

甲方是公共文化服务事业单位，承担全国文化信息资源共享工
程×××省/自治区/直辖市的建设工作，即把各种优秀作品通过文
化信息资源共享工程的传输渠道无偿在本(省/自治区/直辖市)内直
至全国范围内传播，以实现全民共享中华优秀文化信息资源。

乙方愿意支持甲方上述公益性文化共享工程建设，愿意将
自己作品许可给甲方使用。为此，双方经友好协商，按照《中华
人民共和国著作权法》及相关法律规定，现就乙方许可甲方将作
品用于上述公益性文化共享工程建设事宜作出如下约定：

第一条　合同标的物

乙方许可使用作品为＿＿＿＿＿＿＿＿＿＿＿＿（共计＿＿＿条，＿＿＿分钟）（详见附件一），乙方保证向甲方提供的作品没有重复。

第二条　许可使用权种类及范围

乙方许可甲方使用作品的权利或方式为以下第（＿＿＿＿＿＿＿＿）种，即：＿＿＿＿＿＿。

1. 信息网络传播权：是指以有线或者无线方式向公众提供作品，使公众可以在其个人选定的时间和地点获得作品权利。

2. 放映权：是指通过放映机、幻灯机等设备以投影方式放映公开再现作品的权利。

3. 广播权：即以无线方式公开广播或者传播作品，以有线传播向公众传播广播的作品，或者其他传送符号、声音、图像的类似工具传播广播的作品。

4. 复制及建立镜像：为了使用作品的需要，可以通过光盘、硬盘等设备存储或建立镜像的方式对作品制作多份。

5. 翻译权：为了使用作品需要，可将作品从一种语言文字换成另一种语言、文字，包括对电影电视作品等音视频作品的语言翻译；并且有权将翻译后形成的作品按本合同第二条约定的权利或方式种类进行使用。

6. 汇编权：为了使用作品的需要，可对作品或者作品的片段进行选择或者编排、分类；也可将作品的全部或部分与其他作品结合在一起编辑成为一个新作品；并且有权将汇编或编辑后形成的作品按本合同第二条约定的权利或方式种类进行使用。

7. 展览权：包括对美术作品、摄影作品的原件或复印件的公开陈列权。

8. 表演权：利用各种手段公开播送作品的表演的权利（机械表演权）。

第三条　许可使用的地域

作品可以在：1. 大陆境内使用；2. 作品仅限于_____（省/自治区/直辖市）范围内使用。

第四条　被许可使用主体

乙方同意如下_____主体成为作品的被许可使用主体，可以按本合同约定使用作品。

（1）甲方；

（2）文化部全国文化信息资源建设管理中心；

（3）文化部直属单位；

（4）隶属文化信息资源共享工程的各省级分中心；

（5）因文化共享工程实施而建立合作的相关单位。

第五条　许可使用期限

乙方许可使用的期限为（5年/10年/永久性使用）。

第六条　作品许可使用费及支付时间

1. 本合同作品许可使用费总额约为_____元。作品许可使用费准确金额最终以验收合格的作品数量计算为准。

2. 在本合同生效日后_____个工作日内，甲方向乙方第一次支付作品许可使用费总额_____％，即_____元人民币（￥_____元）。

3. 按本合同约定的时间甲方收到乙方提交全部作品后____个工作日内，甲方再向乙方支付许可使用费总额的_____％，即人民币_____元整（￥_____元）。

4. 许可使用费的剩余款项_____，甲方对乙方作品完成验收后，甲方按照作品合格数量及时长结算、支付。

5. 甲方每次支付作品许可使用费均付至乙方如下账户：

开户名：＿＿＿＿＿＿＿＿＿＿

开户行为：＿＿＿＿＿＿＿＿＿＿

账号：＿＿＿＿＿＿＿＿＿＿

6. 乙方每次收到甲方支付的作品许可使用费，应同时为甲方提供正式发票。

第七条 作品交付

1. 乙方应于本合同签订后＿＿＿个工作日内向甲方提供作品，作品应送到甲方住所地。

2. 对于视频和音频作品，乙方应分别以＿＿＿＿＿＿＿为载体向甲方提供作品，提供作品同时配以作品目录(目录项包括作品名称、出品年、时长、内容简介)。

3. 乙方向甲方提供视频作品、音频作品的技术指标参数应达到国家广电行业播出标准，其他要求以双方确认的样片为准(该样片在本合同签订之日，由乙方提供给甲方封存)。

第八条 质量检验

1. 乙方交付视频作品、音频作品，甲乙双方应检验其质量载体物理质量。物理质量标准应以甲方设备技术能正常播出、传输，并与样片质量相符为标准。验收标准＿＿＿＿＿＿＿＿＿。

2. 甲方可以在收到作品后＿＿＿个工作日内向乙方提出质量及作品时长异议。若存在质量异议，乙方应在接到书面通知后7个工作日内为甲方进行无偿更换。更换后若仍存在质量问题，甲方有权要求乙方再次更换。如经过两次更换乙方仍无法提供符合约定的作品，甲方有权按本合同约定追究乙方的责任；若作品时长与本合同约定不一致的，甲方应书面通知乙方，并以甲方确认的作品时长作为作品许可使用费总金额的依据。

3. 由于乙方的作品不符合约定，甲方要求更换所产生的费用和责任包括甲方为此支付的费用，由乙方承担。

4. 作品经甲方验证无质量问题，甲方向乙方出具书面验收材料。

第九条 乙方声明及保证

1. 乙方保证有权签订和履行本合同，保证本合同约定的许可使用作品及各项许可使用权利不会侵犯任何第三人的合法权益。若甲方或相关被许可使用主体按照本协议的约定使用相关作品依法还需要取得作品相关权利人（包括但不限于原作品的著作权人、表演者、录音录像作品制作者等）的许可或需支付费用的，乙方承诺由乙方为甲方或相关被许可使用主体取得相应权利人的许可或支付相应费用，甲方或相关被许可使用主体无需为此支付任何额外费用，乙方保证甲方及相关被许可使用主体可以在无需取得任何其他相关权利人（包括但不限于原作品的著作权人、表演者、录音录像作品制作者等）许可并无需向其支付费用的情况下，自本协议生效之日起按本合同约定使用作品。

2. 本合同约定的许可使用权仅是非专有使用权。

3. 乙方有权在本合同许可期限内将本合同约定的作品再许可给其他人使用，但乙方保证其再许可不会影响、妨碍、限制、禁止甲方及甲方系统单位使用作品。

第十条 许可使用权利的限制

1. 甲方及相关被许可使用主体不得以营利为目的使用乙方授予的各项权利。

2. 甲方不得将本合同约定作品提供给营利性公共场所。

第十一条 违约责任

1. 甲方未能按合同约定时间支付许可使用费，每逾期一日按照逾期许可使用费总金额的____‰向乙方支付违约金。若由此给乙方造成其他损失的，甲方应予以赔偿。

2. 甲方要严格执行本合同第十条约定，如甲方原因造成乙方损失，甲方应赔偿乙方因此遭受的经济损失。

3. 乙方未能按本合同约定时间交付作品，每逾期一日乙方应按许可使用费总金额的____‰向甲方支付逾期违约金（该违约金甲方可以从许可使用费总金额中扣除）。如乙方因作品质量问题造成迟延交付，乙方也应承担迟延交付的违约责任，若由此给甲方造成损失的，乙方还应予赔偿。

4. 若乙方提供的作品经过两次更换仍不能符合合同约定，甲方有权就不符合合同约定的作品解除合同，乙方应退还该部分的许可使用费，同时应按该部分许可使用费总金额的 20 %向甲方支付违约金，若由此给甲方造成损失的，乙方应予赔偿。

5. 若乙方违反本合同第九条约定或乙方的声明和保证不真实，乙方应向甲方支付本合同作品许可使用费总金额的____%的违约金，且甲方有权单方解除本合同，甲方解除本合同的，乙方应全部退还甲方支付的作品许可使用费，并赔偿甲方因此而受到的全部损失（包括但不限于因此产生的诉讼费或仲裁费、律师费、对第三人支付的赔偿等费用），并承担一切责任。

第十二条　不可抗力

1. 因不可抗力导致合同的履行直接受到影响或不能按照本合同双方约定的条件履行时，合同一方应立即通知对方，并在15日内提供有权机关的证明文件。甲乙双方可以根据不可抗力的影响，部分或者全部免除对方责任。因不可抗力解除合同的，乙方应退还甲方合同未履行期间的作品许可使用费。

2. 不可抗力是指发生不能预见、不能避免、不能克服事件，包括但不限于：（1）自然灾害，如地震、洪水、海啸、火灾等；（2）社会异常事件，如罢工、骚乱等事件；（3）政府行为，如政府颁布新的法律、政策、行政命令、文件取消或停止甲方所承担的职责。

第十三条　保密条款

甲乙双方一致同意本合同的价格为双方的商业秘密，任何一方不得对第三方透露，违者须承担违约责任。（甲方可以报送上级文化主管部门）

第十四条　仲裁条款

因本合同及与本合同有关的任何争议，若协商不成，任何一方可向甲方住所地人民法院提起诉讼。

第十四条　其他

本合同一式四份，双方各执两份，自双方签署之日生效。

甲方：文化部全国文化信息　　　　乙方：
　　　资源建设管理中心
　　　　　　　（章）　　　　　　　　　　　　（章）
代表（签字）　　　　　　　　　代表（签字）
　　年　月　日　　　　　　　　　年　月　日

征集素材资源作品许可使用合同

甲方：×××省图书馆

住所：

电话：　　　　　　　　　　传真：

联系人：

乙方：

地址：

电话：　　　　　　　　　　传真：

联系人：

鉴于：

甲方是公共文化服务事业单位，承担全国文化信息资源共享工程×××省/自治区/直辖市的建设工作，即把各种优秀作品通过文化信息资源共享工程的传输渠道无偿在本(省/自治区/直辖市)内直至全国范围内传播，以实现全民共享中华优秀文化信息资源。

乙方愿意支持甲方上述公益性文化共享工程建设，愿意将自己所享有著作权的作品许可给甲方使用。为此，双方经友好协商，按照《中华人民共和国著作权法》及相关法律规定，现就乙方许可甲方将其作品用于上述公益性文化共享工程建设事宜作出如下约定：

第一条　合同标的物

乙方许可使用作品为视频＿＿＿＿条、音频＿＿＿＿条、文字＿＿＿万字、图片＿＿＿＿张、FLASH 片段＿＿小时(详见附件一)(以下统一简称为"作品")，乙方保证向甲方提供的作品没有重复。

第二条　许可使用权种类及范围

乙方同意甲方或相关被许可使用主体将上述作品用于＿＿＿＿＿项目之中(作品具体许可使用方式根据该项目的需要而自行确定)，因甲方或相关被许可使用主体使用乙方作品而产生的新作品甲方或相关被许可使用主体可以自行决定如何使用，且无需再取得乙方许可也无需再向乙方支付任何费用。

第三条　被许可使用主体

乙方同意如下＿＿＿＿＿主体成为作品的被许可使用主体，可以按本合同约定使用作品。

(1)甲方；

(2)文化部全国文化信息资源建设管理中心；

(3)文化部直属单位；

(4)隶属文化信息资源共享工程的各省级分中心；

(5)因文化共享工程实施而建立合作的相关单位。

第四条　许可使用期限

乙方许可使用的期限为永久性使用。

第五条　作品许可使用费及支付时间

(一)许可使用期内作品许可使用费标准

视频____元/条

音频____元/条

文字____元/千字

图片____元/张

FLASH 片段____元/小时

(二)本合同作品许可使用费总额预计约____元。作品许可使用费准确金额最终以验收合格的作品数量计算为准。

(三)支付时间

1. 在本合同生效日后____个工作日内,甲方向乙方第一次支付作品许可使用费总额____%,即____元人民币(￥____元)。

2. 按本合同约定的时间甲方收到乙方提交全部作品后____个工作日内,甲方再向乙方支付许可使用费总额的____%,即人民币____元整(￥____元)。

3. 许可使用费的剩余款项_____,甲方对乙方作品完成验收后,甲方按照作品合格数量及时长结算、支付。

4. 甲方每次支付作品许可使用费均付至乙方如下账户:

开户名:_____

开户行为:_____

账号:_____

5. 乙方每次收到甲方支付的作品许可使用费,应同时为甲方提供正式发票。

第六条　作品交付

1. 乙方应于本合同签订后____个工作日内向甲方提供作品,作品应送到甲方住所地。

2. 对于视频和音频作品，乙方应分别以_____为载体向甲方提供作品，提供作品同时配以作品目录（目录项包括作品名称、出品年、时长、内容简介）。

3. 乙方向甲方提供视频作品、音频作品的技术指标参数应达到国家广电行业播出标准，其他要求以双方确认的样片为准（该样片在本合同签订之日，由乙方提供给甲方封存）。

4. 乙方向甲方提供图片作品应达到_____要求。

5. 乙方向甲方提供的文字作品应达到_____要求。

6. 乙方向甲方提供 FLASH 片段应达到的_____要求。

第七条　质量检验

1. 乙方交付视频作品、音频作品，甲乙双方应检验其质量载体物理质量。物理质量标准应以甲方设备技术能正常播出、传输，并与样片质量相符为标准。图片、文字、FLASH 片段验收标准以本合同第六条约定为准。

2. 甲方可以在收到作品后____个工作日内向乙方提出质量及作品时长异议。若存在质量异议，乙方应在接到书面通知后7 个工作日内为甲方进行无偿更换。更换后若仍存在质量问题，甲方有权要求乙方再次更换。如经过两次更换乙方仍无法提供符合约定的作品，甲方有权按本合同约定追究乙方的责任；若作品时长与本合同约定不一致的，甲方应书面通知乙方，并以甲方确认的作品时长作为作品许可使用费最终总金额的依据。

3. 由于乙方的作品不符合约定，甲方要求更换所产生的费用和责任包括甲方为此支付的费用，由乙方承担。

4. 作品经甲方验证无质量问题，甲方向乙方出具书面验收材料。

第八条 乙方声明及保证

1. 乙方保证对于本合同约定的作品依法享有著作权,并且有权签订和履行本合同,保证本合同约定的许可使用作品及各项许可使用权利不会侵犯任何第三人的合法权益。若甲方或相关被许可使用主体按照本协议的约定使用相关作品依法还需要取得作品相关权利人(包括但不限于原作品的著作权人、表演者、录音录像作品制作者等)的许可或需支付费用的,乙方承诺由乙方为甲方或相关被许可使用主体取得相应权利人的许可或支付相应费用,甲方或相关被许可使用主体无需为此支付任何额外费用,乙方保证甲方或相关被许可使用主体或相关被许可使用主体可以在无需取得任何其他相关权利人(包括但不限于原作品的著作权人、表演者、录音录像作品制作者等)许可并无需向其支付费用的情况下,自本合同生效之日起按本合同约定使用作品。

2. 本合同约定的许可使用权仅是非专有使用权。

3. 乙方有权在本合同许可期限内将本合同约定的作品再许可给其他人使用,但乙方保证其再许可不会影响、妨碍、限制、禁止甲方及甲方系统单位使用作品。

第九条 许可使用权利的限制

1. 甲方及相关被许可使用主体不得以营利为目的使用乙方作品。

2. 甲方不得将本合同约定作品提供给营利性公共场所。

第十条 违约责任

1. 甲方未能按合同约定时间支付许可使用费,每逾期一日按照逾期许可使用费总金额的____‰向乙方支付违约金。若由此给乙方造成其他损失的,甲方应予以赔偿。

2. 甲方要严格执行本合同第九条约定,如甲方原因造成乙方损失,甲方应赔偿乙方因此遭受的经济损失。

3. 乙方未能按本合同约定时间交付作品，每逾期一日乙方应按许可使用费总金额的____‰向甲方支付逾期违约金(该违约金甲方可以从许可使用费总金额中扣除)。如乙方因作品质量问题造成迟延交付，乙方也应承担迟延交付的违约责任，若由此给甲方造成损失的，乙方还应予赔偿。

4. 若乙方提供的作品经过两次更换仍不能符合合同约定，甲方有权就不符合合同约定的作品解除合同，乙方应退还该部分的许可使用费，同时应按该部分许可使用费总金额的20%向甲方支付违约金，若由此给甲方造成损失的，乙方应予赔偿。

5. 若乙方违反本合同第八条约定或乙方的声明和保证不真实，乙方应向甲方支付本合同作品许可用费总金额的____%的违约金，且甲方有权单方解除本合同，甲方解除本合同的，乙方应全部退还甲方支付的作品许可使用费，并赔偿甲方因此而受到的全部损失(包括但不限于因此产生的诉讼费或仲裁费、律师费、对第三人支付的赔偿等费用)，并承担一切责任。

第十一条　不可抗力

1. 因不可抗力导致合同的履行直接受到影响或不能按照本合同双方约定的条件履行时，合同一方应立即通知对方，并在15日内提供有权机关的证明文件。甲乙双方可以根据不可抗力的影响，部分或者全部免除对方责任。因不可抗力解除合同的，乙方应退还甲方合同未履行期间的作品许可使用费。

2. 不可抗力是指发生不能预见、不能避免、不能克服事件，包括但不限于：(1)自然灾害，如地震、洪水、海啸、火灾等；(2)社会异常事件，如罢工、骚乱等事件；(3)政府行为，如政府颁布新的法律、政策、行政命令、文件取消或停止甲方所承担的职责。

第十二条 保密条款

甲乙双方一致同意本合同的价格为双方的商业秘密,任何一方不得对第三方透露,违者须承担违约责任。(甲方可以报送上级文化主管部门)

第十三条 仲裁条款

因本合同及与本合同有关的任何争议,若协商不成,任何一方可向甲方住所地人民法院提起诉讼。

第十四条 其他

本合同一式四份,双方各执两份,自双方签署之日生效。

甲方:文化部全国文化信息　　　　　乙方:
　　　资源建设管理中心
　　　　　　　　(章)　　　　　　　　　　　　　(章)

代表(签字)　　　　　　　　　　　代表(签字)
　　年　月　日　　　　　　　　　　　年　月　日

(二)签订授权书

授权模式是基于法律规定的数字信息资源保存的著作权实现形式之一,是作者根据自己的著作权授权意愿或者由权利代理组织代为授权,在自己的智力作品中加载授权许可声明,以明确该资源的著作权授权内容、使用权限及授权时间等内容。目前,一部分著作权人已经开始选择通过授权的方式解决著作权问题,这种授权模式的不断升温必将给数字信息资源的保存与利用带来曙光。文化共享工程在进行数字资源建设时可以充分利用这一模式的便利。近年来,文化共享工程通过与各类著作权人签订授权书的形式,大大丰富了数字信息资源保存的著作权实现形式,有效缓解了资源保存与利用中的著作权侵权问题。以文化共享工程与著作权人签订的"讲座授权书"作为样本，可以对授权书所涉及的内容有一定的了解，为各类资源授权书的制定与签署提供范例。

授权书

　　为使讲座内容能够更广泛地服务于群众、服务于社会，丰富各地基层群众的文化生活、促进国民文化素质的整体提高，繁荣有中国特色的社会主义先进文化，巩固社会主义基层文化阵地，本人同意将____年____月____日在_____讲授的题为《_____》的讲座作品非独家地授予文化部全国文化信息资源建设管理中心以下权利：

　　文化部全国文化信息资源建设管理中心可对本授权书的讲座进行编辑；可以在全国文化信息资源共享工程各级中心和基层服务点及合作单位内提供公益性服务；可以通过全国文化信息资源共享工程及合作单位的互联网网站提供公益性服务。

　　授权人承诺讲座内容不侵犯他人合法权利，并符合国家有关法律、法规。

　　本授权书的授权期限为十年。期满时，授权人若无相反意思表示，文化部全国文化信息资源建设管理中心可在本授权书约定范围内继续使用。

　　授权人(签章)：

　　身份证号码：_____

　　通信地址：_____

　　邮政编码：_____

　　电　　话：_____

年　月　日

(三)利用信息网络传播权

文化共享工程主要通过网络平台向公众提供数字资源服务，因此，信息网络传播权是文化共享工程资源建设与服务中不容忽视的问题。依据《信息网络传播权保护条例》，所谓信息网络传播权，是指以有线或者无线方式向公众提供作品、表演或者录音录像制品，使公众可以在其个人选定的时间和地点获得作品、表演或者录音录像制品的权利。文化共享工程在提供数字资源服务过程中应按照《信息网络传播权保护条例》规定，合理使用处于保护期的作品，向相应对象提供服务。按照《信息网络传播权保护条例》第6条第5项的规定，可以将中国公民、法人或者其他组织已经发表的、以汉语言文字创作的作品翻译成的少数民族语言文字作品，向中国境内少数民族提供服务，可以不经著作权人许可，不向其支付报酬。按照《信息网络传播权保护条例》第6条第6项的规定，可以不以营利为目的，以盲人能够感知的独特方式向盲人提供已经发表的文字作品，向中国境内的盲人开展数字资源服务，可以不经著作权人许可，不向其支付报酬。按照《信息网络传播权保护条例》第7条规定，可以不经著作权人许可，通过信息网络向本馆馆舍内服务对象提供本馆收藏的合法出版的数字作品和依法为陈列或者保存版本的需要以数字化形式复制的作品，不向其支付报酬，但不得直接或者间接获得经济利益。当事人另有约定的除外。此处规定的为陈列或者保存版本需要以数字化形式复制的作品，应当是已经损毁或者濒临损毁、丢失或者失窃，或者其存储格式已经过时，并且在市场上无法购买或者只能以明显高于标定的价格购买的作品。按照《信息网络传播权保护条例》第8条的规定，为通过信息网络实施九年制义务教育或者国家教育规划，可以不经著作权人许可，使用其已经发表作品的片段或者短小的文字作品、音乐作品或者单幅的美术作品、摄影作品制作课件，由制作课件或者依法取得课件的远程教育机构通过信息网络向注册学生提供，但应当向著作权人支付报酬。

按照《信息网络传播权保护条例》第9条的规定，为扶助贫困，通过信息网络向农村地区的公众免费提供中国公民、法人或者其他组织已经发表的种植养殖、防病治病、防灾减灾等与扶助贫困有关的作品和适应基本文化需求的作品，若通过信息网络提供服务，应当在提供前公告拟提供的作品及其作者、拟支付报酬的标准。自公告之日起30日内，著作权人不同意提供的，不得提供其作品；自公告之日起满30日，著作权人没有异议的，可以提供其作品，并按照公告的标准向著作权人支付报酬。数字图书馆服务提供著作权人的作品后，著作权人不同意提供的，应当立即删除著作权人的作品，并按照公告的标准向著作权人支付提供作品期间的报酬。依照该规定提供作品的，不得直接或者间接获得经济利益。上述不经著作权人许可、通过信息网络向公众提供其作品的，还应当遵守《信息网络传播权保护条例》第10条的下述规定：不得提供作者事先声明不许提供的作品；指明作品的名称和作者的姓名(名称)；依照该条例规定支付报酬；采取技术措施；防止规定的服务对象以外的其他人获得著作权人的作品，并防止规定的服务对象的复制行为对著作权人利益造成实质性损害；不得侵犯著作权人依法享有的其他权利。① 文化共享工程可以充分利用信息网络传播权的相关内容，有效规避风险，通过其技术平台和传输网络，向广大农村和基层群众开展服务。

---

① 张彦博，罗云川，王芬林.《数字图书馆资源建设和服务中的知识产权保护政策指南》解读. 中国图书馆学报，2011(2)：59—63.

四、案例解读

(一)肇庆数字文化网著作权纠纷案

1. 案例回放

2010年1月,优朋普乐、网乐互联、乐视网三家公司统一委托北京东卫律师事务所,以肇庆数字文化网旗下二级网站"肇庆数字影院"的《神枪手》等6部影视资源链接侵犯其著作权为由,起诉肇庆市文化广电新闻出版局及肇庆市图书馆,索赔24万元及由肇庆方面承担相应的诉讼费和案件开支。该三案经肇庆市中级人民法院于2010年4月28日一审判决、再经广东省高级人民法院于2010年9月28日二审判决,两级法院均以三原告起诉请求缺乏事实和法律依据为由,驳回了三家公司的诉讼请求。而"肇庆数字影院网"也已于2010年1月20日上午10:45关闭,且由肇庆市震东公证处作出公证并出具了公证书。

2011年5月5日,三家公司中的北京优朋普乐科技有限公司,单方面向最高人民法院申请再审,以"一审、二审判决认定被申请人的行为仅是提供链接服务错误;一审判决认定被申请人在肇庆市震东公证处的公证下断开了四部涉案影片的链接服务错误;一审、二审判决适用法律错误"三点为理由,请求:(1)撤销广东省肇庆市中级人民法院(2010)肇中法民初字第12号民事判决和广东省高级人民法院(2010)粤高法民终字第347号民事判决;(2)判令被申请人赔偿申请人经济损失15万元;(3)判令被申请人赔偿原告案件合理开支6085元;(4)判令被申请人承担本案一审、二审诉讼费。

2011年7月25日,肇庆市图书馆收到中华人民共和国最高人民法院民事裁定书([2011]民申字第686号),签发人:孔祥俊(最高人民法院民三庭),送达人:崔丽娜(最高人民法院民三庭)。

在裁定书里，最高人民法院认为：根据一审、二审法院查明的事实，肇庆市广电局、肇庆市图书馆开办的肇庆数字文化网数字影院所播放的涉案 4 部影片并未存储在该网站的服务器上，肇庆市广电局、肇庆市图书馆向用户提供的是相关链接服务。优朋普乐公司认为肇庆市广电局、肇庆市图书馆应知所链接内容侵权，应承担共同侵权责任，缺乏事实依据和法律依据。鉴于肇庆市广电局、肇庆市图书馆在接到一审法院传票后已经断开了相关链接服务，一审、二审法院依据《信息网络传播权保护条例》的相关规定，认定肇庆市广电局、肇庆市图书馆不应再承担侵权责任，判决驳回优朋普乐公司诉讼请求并无不当。综上所述，北京优朋普乐科技有限公司的再审申请不符合《中华人民共和国民事诉讼法》第179 条规定的情形。依照《中华人民共和国民事诉讼法》第 181 条第 1 款之规定，裁定如下：驳回北京优朋普乐科技有限公司的再审请求。

2. 案例分析

肇庆数字文化网（www.zqdcn.gov.cn）是肇庆市实施文化共享工程的窗口平台，主要建设内容就是运用现代信息技术，将最具肇庆特色的资源数字化，利用文化共享工程国家中心、省级分中心以及基层中心组成的网络开展各项公益文化服务，不断引进合作伙伴，整合网络资源，充实数据库资源，实现优秀信息资源全国范围内的共建共享。而"肇庆数字影院网"是肇庆市图书馆主要为整合文化共享工程国家及省级分中心下发的视频资源而打造的网上视频发布技术平台，具有公益性特点。本案双方的争议焦点在于肇庆数字文化网的行为是否仅是提供链接服务而没有提供上传下载服务及其行为是否构成侵权，适用法律争议以及"明知与无明知"的争议。

从肇庆数字文化网著作权纠纷案发展的经过来看，肇庆数字文化网著作权纠纷案起自 2010 年 1 月，至 2011 年 7 月最终以肇庆方面胜诉而告终，从一审法院到二审法院，直至最高人民法院，历时 19 个月，最终获得公正的裁决。但其中的一些问题值得思考并给予警醒：一是申请人主张 15 万元损害赔偿无事实和法律依据。一方面，肇庆数字影院网涉及讼争的 4 部影视作品链接点击率仅为 44 次，该网站是公益性的，不收取任何费用，对申请人并不造成实质损害，而申请人一直无法举证证明其存在损失，故其主张 15 万元的损害赔偿并无事实依据；另一方面，在我国目前实施的法律规范中，侵权责任中的损害赔偿仅具有补偿性功能，简言之，有损害即有赔偿，绝不允许通过损害赔偿请求权的行使而获利。因此，申请人主张 15 万元损害赔偿无法律上的依据。二是申请人滥用诉权，损害了社会公共利益。肇庆数字文化网自创建以来，广受民众喜爱，具有一定的影响力。《信息网络传播权保护条例》第 3 条第 2 项规定，权利人行使信息网络传播权时不得损害社会公共利益。申请人在没有依法通知，而被申请人毫不知情的情况下提起诉讼，使得肇庆数字文化网被迫中断信息资源共享，客观上造成了对社会公众的损害事实。因此，申请人的行为属于滥用诉权，恶意诉讼行为。肇庆数字文化网著作权纠纷案的胜诉为全国公共图书馆和文化共享工程及其公益服务提供了宝贵经验。

(二)北京三面向版权代理有限公司诉重庆市涪陵区图书馆案

1. 案例回放

2007 年 2 月 1 日，北京三面向版权代理有限公司与戴延庆签订版权转让合同，依法取得了戴延庆(笔名：独孤残红)作品《销魂一指令》除署名权、影视改编权以外的著作权。在 2006 年 8 月 9 日至 2007 年 4 月 24 日期间，重庆市涪陵区图书馆作为公益性文化机构，为了方便读者网上查询及阅读，通过江西新余电信网站链接了《销魂一指令》的内容。2007 年 4 月北京三面向版权代理有限公司认为重庆市涪陵区图书馆在其网站上未经著作权人许可便使用并传播了该作品，也未向权利人支付相应的报酬，遂于 2007 年 4 月 4 日由北京市海淀区第二公证处对重庆市涪陵区图书馆的该链接行为进行了公证。并于同年 4 月 17 日向重庆市涪陵区图书馆发出《敦促立即支付〈销魂一指令〉等作品许可使用费的通知》，重庆市涪陵区图书馆于同月 24 日收到该函件后，立即与北京三面向版权代理有限公司取得了联系，并表明了其仅是提供目录链接这一事实，并随即断开了链接。同月 23 日重庆市涪陵区图书馆申请重庆市涪陵区公证处对其链接江西省新余市电信提供《销魂一指令》阅读服务的情况进行公证，证明重庆市涪陵区图书馆只是通过上述网址链接《销魂一指令》的文章内容，而没有在本网站占有、存储、转载该作品内容。

2007 年 11 月 20 日，重庆市第三中级人民法院于 2007 年 11 月 20 日对此案作出一审判决，认为重庆市涪陵区图书馆在客观上虽链接了未经过权利人许可的侵权作品，从而构成了对北京三面向版权代理有限公司著作权的侵犯，但其在接到权利人的通知后，即断开了与侵权作品的链接，故不应承担侵权赔偿责任。

此后，北京三面向版权代理有限公司不服一审判决，向重庆市高级人民法院提起上诉。2008 年 8 月 11 日，重庆市高级人民法院作出终审判决，认为重庆市涪陵区图书馆作为网站的运营者和内容服务提供者，在与其他网站设立链接而提供内容服务时，应当知道其行为构成侵权的可能性，但重庆市涪陵区图书馆未尽到注意义务，在未审查涉案作品是否构成侵权、未得到被链接网站运营者同意、未得到作品权利人许可的情况下，直接通过网络链接而使用涉案作品，向网络用户提供内容服务，且未向作品权利人支付报酬，涪陵图书馆的行为侵犯了权利人的信息网络传播权和获得报酬权，依法应承担相应的民事责任。

2. 案例分析

北京三面向版权代理有限公司诉重庆市涪陵区图书馆一案尘埃落定，初审和终审判决不一让人们需要重新审视"一般链接"和"深度链接"的问题。在本案中，重庆市高级人民法院提出了"深度链接"这一概念，在重庆市高级人民法院的二审判决书中对"一般链接"和"深度链接"分别作出了如下的定义：一般链接，主要是指设链者在其网站或网页上直接显示一般链接的标志，网络用户能够清楚地知道设链者的网站或网页同其他网站或网页建立了链接，并且能够通过点击一般链接标志指令浏览器访问被链接对象；"深度链接"则是指设链者将被链接对象的网址"埋"在自己的网站（网页）中，网络用户并不一定知道设链者网站（网页）同其他网站（网页）建立了链接，① 并据此认定涪陵图书馆侵权。然而，在我国现行的法律、法规条例中，对于这两者并未加以区分，这也正是一审判决的依据之一。一审法院认为，"涪陵图书馆作为公益性网络服务者，只是为读者提供了相关文章的链接服务。"②并未对涪陵图书馆的链接属于"一般链接"还是"深度链接"进行区分。可以说，对"深度链接"的认识不同，正是导致初审、终审判决不一的根本原因。而这一问题，即使在目前的我国司法界也尚未有所定论。

这一案例提醒图书馆等公共文化服务机构在向公众提供链接服务的过程中，首先是在提供链接服务过程中，需要对被链接内容进行一定程度的筛选、调查，尽量避免涉及侵犯他人著作权的

① 重庆市高级人民法院民事判决书　北京三面向版权代理有限公司与重庆市涪陵区图书馆侵犯著作财产权纠纷上诉案．[2012-08-18]．http://vip.chinalawinfo.com/Case/displaycontent.asp? Gid=117603565&Keyword=％C8％FD％C3％E6％CF％F2.

② 重庆市高级人民法院民事判决书　北京三面向版权代理有限公司与重庆市涪陵区图书馆侵犯著作财产权纠纷上诉案．[2012-08-18]．http://vip.chinalawinfo.com/Case/displaycontent.asp? Gid=117603565&Keyword=％C8％FD％C3％E6％CF％F2.

链接内容，并对筛选、调查过程注意保存证据，以防万一；其次要及时、认真对待侵权通知，及时断开相关链接，从而避免此类问题的再次发生。

【本章小结】

资源及资源建设工作是文化共享工程建设与服务、满足基层群众基本文化需求以及信息时代文化建设的关键。文化共享工程自启动以来，国家中心以全国普遍使用资源为主，各省级分中心及有条件的市县支中心以地方特色资源为主，并以坚持正确导向、需求牵引、共建共享、标准统一、特色突出为原则，共同努力、扎实推进，社会效益极大提升。

在全面做好资源建设的同时，结合公共文化服务的中心任务，文化共享工程在资源建设方面形成了舞台艺术、知识讲座、影视、少儿动漫、文化专题、农业专题、多媒体资源库、电子图书与电子期刊以及少数民族语言九大类资源，并突出了地方特色资源、红色历史文化资源、少数民族语言资源、进城务工专题资源、未成年人专题资源、群众文化类资源及"进村入户"专题资源七大类建设重点，丰富了公共文化数字资源。

文化共享工程通过自主建设、公开征集、网络采集等方式进行资源建设，并对各类资源建设的一系列流程进行了科学有效的管理与规划，为公众获取所需资源提供了保障。

在资源建设标准方面，文化共享工程已形成了独有的资源建设标准规范体系。现阶段采用的主要标准有数字资源加工标准规范、元数据标准规范以及数字图书馆标准规范。这一系列标准规范的应用实施，使得文化共享工程资源建设有章可循，有利于资源的完备。

　　在资源建设规划方面，从需求分析、资源的组织与开发以及传输定位等要素角度进行考虑，提出项目申报和立项应符合国家中心资源建设指南要求、注重资源的可使用性、制定好资源建设项目资金预算、确定好资源建设项目人员组合、认真规范填写资源建设项目申报书等资源建设项目申报时应注意的技术管理问题，有利于形成统一的资源建设与管理标准，从而提升资源管理和决策能力。

　　在著作权保护问题方面，在注重公益性原则、利益平衡原则、实用性原则基础上，对文化共享工程资源获取、资源制作及资源服务过程中涉及的著作权问题进行分析，通过签订合同与授权书，以及充分利用信息网络传播权的方式最大限度地规避侵权风险，更好地为公众提供信息资源服务。

【思考题】

　　1. 资源是文化共享工程的核心，举例说明文化共享工程在今后的资源建设方面应着力关注哪些方面？

　　2. 结合本地区实际，谈谈文化共享工程资源建设的内容有哪些？特点如何？

　　3. 试举例说明国家中心及各级支中心资源建设的具体方式。

　　4. 结合实际，谈谈本地区在进行资源建设时所采用的资源建设标准。

　　5. 根据当地资源的特点，试起草一份有关当地特色资源建设的项目建议书。

　　6. 殷某诉讼纠纷案是著作权侵权的典型案例，依据此案，试对其中涉及的著作权相关问题进行分析与评价。

　　原告殷某诉称，被告金陵图书馆在其电子阅览室收录原告被侵权的《马克思恩格斯人口生态思想探析》一文，并向公众提供打印服务。金陵图书馆未经许可拥有该文复制品的行为侵犯了原告的复制权。金陵图书馆在其电子阅览室将被侵权论文有偿向社会公众公开传播的行为，侵犯了原告的获取报酬权和发行权。请求人民法院确认金陵图书馆的侵权性质，判令被告金陵图书馆销毁载有原告被侵权的《马克思恩格斯人口生态思想探析》一文的复制品，停止复制和传播原告被侵权的《马克思恩格斯人口生态思想探析》一文，赔偿原告经济损失1003元。审理中，原告殷某将其赔偿请求增加至6123元。

被告金陵图书馆则辩称，原告作品《马克思与恩格斯人口生态思想探讨》一文收藏在金陵图书馆电子阅览室内，这是图书馆的职能所在，虽然该文系不当发表，但没有法律依据要求图书馆承担责任；图书馆提供查阅和打印服务，是为了读者个人的学习、研究目的，收取的是打印成本，不包含利用原告作品价值的成分，不构成著作权法上的营利目的。请求法院驳回原告的全部诉讼请求。被告金陵图书馆为支持其抗辩理由，提交了CNKI全文数据库订制合同。

法院一审判决结果：驳回原告殷某的诉讼请求。将含有该文的电子数据库光盘从中国期刊杂志社收回并销毁。受理费500元，由原告殷某负担。

殷某不服一审判决，又向江苏省高级人民法院提起上诉。二审判决结果：驳回原告殷某的诉讼请求。受理费500元，由原告殷某负担。

【推荐阅读】

1. 杨志今同志在全国文化信息资源共享工程工作会议暨公共

电子阅览室建设试点工作现场经验交流会上的讲话（2011 年）
［OL］. http://www. sdwht. gov. cn/shownews. asp? id＝2279.

　　2. 大力推进全国文化信息资源共享工程建设.（2007-09-19）
［2012-03-28］. http://www. ccdy. cn/xinwen/gongong/201109/
t20110926_54369. htm.

　　3. 张彦博. 公共文化服务的创新与跨越：全国文化信息资源
共享工程建设研究论文集［M］. 北京：国家图书馆出版社，2010.

　　4. 徐欣禄. 全国文化信息资源共享工程资源建设项目运作的
探讨. 图书馆建设，2008(2)：51—53.

　　5. 赵保颖. 全国文化信息资源共享工程资源建设流程及其相
关问题［J］. 图书馆建设，2008(2)：61—63，67.

　　6. 赵保颖，罗云川. Creation and Long-term Preservation of
Digital Multimedia Resources：Some Preliminary Practices［J］.
现代图书情报技术，2008(1)：50—60.

　　7. 全国文化信息资源共享工程 2011 年度地方资源建设指南
［OL］. http://www. ccnt. gov. cn/sjzznew2011/shwhs/shwhs_
tsgsy/201202/W020120201353303325350. doc.

　　8. 文化部全国文化信息资源建设国家中心. 公共文化技术支
撑体系研究报告. 2011 年 7 月.

　　9. 罗云川. 对全国文化信息资源共享工程多种资源还书手段
的初步分析与思考. 图书馆建设，2008(2)：75—77.

　　10. 张彦博，罗云川，王芬林.《数字图书馆资源建设和服务
中的知识产权保护政策指南》解读. 中国图书馆学报，2011(2)：
59—63.

　　11. 中央关于深化文化体制改革若干重大问题的决定［OL］.
http://www. gov. cn/jrzg/2011-10/25/content_1978202. htm.

第五章　文化共享工程的资源利用和服务活动

【目标与任务】

　　本章主要目的是帮助学习者了解文化共享工程利用资源开展服务的方式与活动内容，了解文化共享工程的十大品牌活动；通过文化共享工程十六个具体服务案例，进一步了解并理解文化共享工程服务基层、服务大众的目标与宗旨；了解文化共享工程活动项目策划的基本原则与方法，掌握文化共享工程项目策划的具体流程。为此，本章涵盖的主要内容包括：文化共享工程的活动方式与活动内容，基层服务活动案例与分析，文化共享工程服务活动的策划与过程管理等。

　　资源建设与服务活动是文化共享工程工作中的两个重要抓手，也是工程的着力点和落脚点。利用资源开展各项服务活动，直接服务于基层，为广大群众送去形式多种多样、内容丰富健康的文化信息资源，满足基层人民群众的文化需求，从而保障公民最基本的文化权益，是文化共享工程的根本宗旨与终极目标。文化共享工程开展 10 年来，通过广泛整合公共图书馆、文化馆、博物馆、美术馆、专业艺术院团及广电、教育、科技、农业等部门的优秀数字资源，在信息化技术设备的支撑基础上，利用多种渠道，提供并利用资源、采取多种灵活方式开展服务活动，采取多种服务方式将大量优秀的文化资源真正送到基层，走进农村、走进社区、走进校园、走进军营、走进企业，服务与社会效益彰显，初步满足了基层群众的精神文化需求。

　　文化共享工程利用资源开展服务的方式是灵活多样的，服务内容的针对性和吸引力强，通过开展活动带动和促进服务，不仅明显有效地提升了基层文化机构与人员的服务能力，提升了公共文化服务的便捷性；也使广大群众的文化素质和信息素养得到了提高，并带来了相应的社会与经济效益。文化共享工程的服务特色总体上可以概括为十六个字，即"以点带面、网络覆盖，资源推送、服务创新"。基层服务点就是一个个的"点"，通过网络及信息手段将其联结起来，就形成了"面"；面与面在更大的空间范围内通过各级分支中心互联，最终形成了全覆盖的网络体系；利用这一网络体系大力推送公共文化资源及服务、开展丰富多彩的活动，就是文化共享工程的服务特色。资源的供给与服务活动的开展有利于推进基层文化建设步伐，是缩小城乡数字文化鸿沟、加快城乡文化一体化发展的重要举措和方式。"共享工程是个宝，当代农民离不了"。这句话虽出自一位普通农民之口，却真切地反映出了广大基层农民对文化共享工程利用资源开展服务活动的肯定。

第一节　主要服务方式与活动内容

一、文化共享工程的主要服务方式

　　文化共享工程的服务方式新颖多样，既有依托场馆开展服务的传统方式，也有走出去送文化、种文化的创新方式。概括而言，其主要服务方式有四种：阵地服务、网络服务、流动服务和入户服务。

（一）阵地服务

　　阵地服务是文化共享工程依托公共图书馆、文化馆（站）等各类文化机构的固定场馆所开展的各种日常性、常规性服务活动，是文化共享工程利用资源开展服务的核心与基础。其特点是服务活动场所固定，服务活动的开展具有连续性和稳定性，服务的长期效果有所保障。另外，固定的空间场馆还起到了聚集人群和交流沟通的功能，有利于文化信息资源的传播、传递。阵地服务也包括利用文化共享工程走进基层农村、机关、学校、企业、军营等开展挂牌定点建设所建成的各基层服务点开展的各项基本服务工作。

在阵地服务中，各级公共图书馆和文化馆(站)是开展服务活动的生力军。尤其是公共图书馆，由于其自身场馆建设和设备配置等先天优势，是讲座和培训开展的首选场所。文化共享工程开展以来，借助许多省市分支中心均设在公共图书馆，与当地公共图书馆体系建设关系密切的优势，打造了许多品牌课堂、讲座、大讲堂、培训班及教育课程，采取的讲授形式既有面对面的，也有远程的。例如上海市分中心的"上图讲座"，杭州市支中心的品牌活动"文澜大讲堂"，重庆市分中心的艺术培训、职称培训及青少年素质教育、成人教育，苏州市支中心的"苏州大讲坛"公益讲座及卫星课堂，南京市支中心的"南图讲座"，河南省级分中心的"豫图讲坛"等。这些服务活动将文化共享工程的丰富信息通过各级文化共享工程网站和公共图书馆平台等途径向百姓传播，高效便捷。与此同时，文化馆(站)近年来建设发展迅速，设施逐渐完善，将在文化共享工程的信息传播和服务中发挥越来越重要的作用。

(二)网络服务

网络是文化共享工程信息资源最主要的传输与服务渠道，利用网络开展资源服务活动是文化共享工程基层服务的主要方式，也是最普遍和最广泛的服务方式。海量的数字资源首先是通过文化共享工程的技术加工，并利用网络手段变为实实在在的可用资源，再以多种提供和服务方式推送到广大群众中间的。因此，网络服务是文化共享工程最基本、也是最具特色和优势的服务方式。

网络服务方式的优势有三点：一是资源丰富，互联网已成为继报刊、广播、电视之后的最大信息传播渠道，且资源量大、时效性强；二是便捷互动，用户可以随时随地上网获取并发布信息；三是传输手段灵活多样，传输与服务的整体性较好，能够实现双向传输。其缺点是受到网络带宽的限制，大数据量资源的传输仍很困难，数据传输的安全性和稳定可靠性尚不理想。目前，文化共享工程已在互联网上建设了网站，各个省级分中心也开设了网站或专栏。用户可以通过互联网实现网页浏览、视频点播、网络直播、信息查询、信息发布等。

通过开展网络服务，有效促进基层开展各种支农惠农服务，不仅可以利用文化共享工程互联网上的各类农业技术知识，下载后编辑成册免费发放到农民手中；还可以通过网络寻找项目和商机，为生产销售广铺路子，使互联网服务所提供的科技文化信息资源让农民真正得到实惠。在城市网络服务中，文化共享工程的各分支中心纷纷采用了建设文化信息网络平台的方式，将城市特色、新闻报道、社会文化、市场管理、产业动态、文物博览、文化交流、文化法律和法规、艺术研究、演出动态等内容集中展示，融时效性、知识性、艺术性于一体，全面介绍和展示城市风采。这类集文化政务服务、文化信息服务于一体，直接面向社会大众、为大众服务的互联网平台系统，不仅是文化共享工程建设带来的新创举、新成果，也着实为公众提供了一个新的公共文化服务和交流窗口。

另外，通过网络服务还可以系统、高效地开展现代远程教育。远程教育依托电视、电脑、互联网等传播媒体开展教学活动，它突破了时间和空间的界限，可以随时在具备设备条件的基层服务点开展教学活动。因此可以说，采用远程教育的方式开展文化共享工程基层服务，是文化共享工程自身特点所决定的，也是在目前情况下方便迅速地传播信息、开展教育，提高全民族科学文化水平的有效途径。文化共享工程开展的远程教育活动，可以让基层群众随时随地通过电视广播、互联网或辅导专线等多种不同渠道获取知识，满足各方面的信息需求，达到教育的既定目标。目前，除了与农村党员干部远程教育工作的共建共享合作模式以外，文化共享工程还与全国农村中小学现代远程教育工程合作开展共建共享。在合作中，文化共享工程充分发挥资源优势，选择适合农村党员干部和农村中小学生需要的资源，通过卫星、互联网等途径免费传输资源，以达到教学目的和良好效果。

移动互联网将移动通信和互联网二者联成一体，是未来文化共享工程网络服务的重要发展方向之一。移动互联网的主要特点是通信便捷，移动设备一般都以高于个人计算机的使用时间伴随在用户身边，而且体积小巧、操作方便，使用移动设备上网可以带来计算机上网无可比拟的便捷性。目前，个人用户只要通过手持终端登录文化共享工程设在中国移动的网站 http://3G.ndcnc.gov.cn，就可以欣赏到文化共享工程的资源。"十二五"期间，通过移动互联网开展服务将是文化共享工程下一步利用资源开展服务的重要手段，在广大使用移动终端的用户中推广使用。

(三)流动服务

流动服务意味着文化共享工程的服务"走出去"，也意味着让基层群众"走出家门"，主要通过流动图书车、信息大篷车、24小时街区自助服务、文化场馆文艺演出、广场电影、文化广场/大院等较为灵活多样的服务方式实现。流动服务有一定的计划性，一般以固定方式定期开展服务，进而成为一种在空间上具有延展性的常规服务。

流动图书车搭载文化共享工程资源开展服务是图书馆延伸服务的一种成功模式，也是文化共享工程的一种创新服务方式，在文化共享工程与图书馆的密切合作中不断被加强和推进，并逐渐在全国各地蓬勃发展起来。流动图书车服务的特点是突破了空间的局限，打破了层级管理体制的约束，建立起扁平化的服务网络，服务方式灵活可变，使群众能够就近享受到所需的资源服务。目前，不少分支中心开展了形式多样的流动服务活动。

信息大篷车是工业和信息化部为实施农村信息化知识培训和普及而精心打造的集"科技兴农"、"信息助农"、"应用培训"于一身的农村计算机知识培训专用车辆。作为农村信息化的宣传车、农村综合信息的采集车，信息大篷车将计算机知识、农村信息化技术知识带给农民，从而实现科技兴农、信息惠农、产业助农的有机结合。标准的信息大篷车内配有 15 台计算机、电脑桌椅等教学所需设备，并具有有线或无线上网功能，是流动的信息技术体验中心。文化共享工程利用信息大篷车，搭载自身信息资源，在街头、集市、庙会等人员集中场所向基层群众宣传并普及科技知识、传递信息，并让农民上车亲身体验信息化的益处，从而达到服务基层的目的。

文化展览、广场文艺演出和电影放映活动是广大基层群众最喜闻乐见的服务形式，也是文化共享工程经常开展的服务活动方式之一。文化娱乐活动的特点是寓教于乐，形式生动活泼，易于接受和吸收，往往能够在服务实践中事半功倍，获得比其他服务活动方式更加显著的效果。开展活动利用的场馆和场地也是灵活多变的，可以是专门建设的文化馆、体育馆、文化广场，也可以是社区或小区中的广场、公园空地、城市绿地、乡村文化大院等，充分调动一切可以利用的场地资源，尽可能降低门槛、平易近人地开展服务。

(四)入户服务

入户服务是文化共享工程通过利用有线/数字电视以及移动存储播放设备等技术手段,为个人或家庭持续有效地提供资源服务的方式。这种入户服务方式是文化共享工程"进村入户"的主要方式和载体,可以使群众足不出户享受到丰富的文化信息资源。入户服务也是文化共享工程未来的工作重点和发展趋势。

有线电视/数字电视服务方式在许多农村及城市电视用户中使用,由于覆盖范围广的特点,可以作为文化共享工程信息资源传输的重要通道和平台。有线电视是一种使用同轴电缆或光纤作为介质直接传送电视、调频广播节目到用户的电视系统,其服务方式的网络带宽有保障,图像质量高,视频播放流畅,终端配置灵活多样,操作方便,维护较为简单。但其互动性相对欠缺,不能直接进行视频点播。有线数字电视服务方式解决了这一问题,其服务方式所搭建的是一个融合了互联网技术的新型平台,该平台可以实现人机交互,突破了传统电视终端的使用方式,它不仅使图文信息在电视屏幕上的交互展现成为了可能,而且支持视频文件的点播功能,电视机终端的应用内容从此海阔天空,为各行各业的文化传播和应用方式提供了一种全新的途径。文化共享工程充分利用数字电视平台这一新技术、新平台的独特优势,将舞台艺术、怀旧电影、百家讲座、科技生活、文化聚焦、新书推荐、演出信息等优秀文化音像资源送入千家万户。有线数字电视具有良好的人机图文界面,一目了然的各种操作,使资源使用与观看更加方便。

移动存储播放器(简称移播宝)是作为一种数字家庭产品开发的,是HTPC(家庭影院个人电脑)的一种廉价替代解决方案,为用户提供数字高清视频的存储和播放功能,目前在文化共享工程针对个人及家庭的服务中使用较为普遍。移播宝可以直接通过电视、投影机播放音视频信息资源，具有体积小、容量大、可更新内容、可自动记载工作日志、可身份认证、操作简单、方便移动、价格低廉等特点。移播宝可直接接在计算机终端、电视机或投影机上使用，观众可以像看电视、电影一样观看移播宝上的音像资源。通过移播宝服务方式，可以使一些远离中心城市的小城镇，特别是广大农村地区群众获得原先享受不到的多种文化服务，能够在家看到文艺演出的节目录像，看到正在上映的电影、电视，看到外边丰富多彩的世界。另外，由于移播宝体积小便于携带，在开展流动服务时也可以采用此种方式。

二、文化共享工程的服务活动内容——十大品牌活动

服务活动是文化共享工程的一大亮点，文化共享工程借助资源及平台优势，策划并开展了多种内容独特、新颖首创的服务活动，如讲座培训活动、节庆活动、假日活动、主题活动等，形成了一系列具有较高知名度和影响力的活动品牌。近 10 年来，国家中心和各分支中心也依据实际情况，因地制宜、因势利导地开展了丰富多彩的服务活动，其目的都是要为基层群众送去文化信息，保障其文化权益的平等实现。回顾总结近 10 年来文化共享工程所开展的各类服务活动，常设并大范围开展、影响显著的可以归纳为"十大品牌活动"，分别是：教育培训、系列讲座、主题展览、春节系列活动、劳动节主题活动、"六一"少儿主题活动、建党纪念活动、军民共建活动、中秋亲情活动和系列爱国教育活动。

(一)教育培训

当前，制约农村经济社会快速发展的一个重要因素，是农村劳动力科技文化素质不高，吸收运用科学技术的能力不强。文化共享工程的教育培训主要依托并利用自身的技术基础和网络优势，以远程形式为主，既节省成本又可以灵活掌控。文化共享工程基

层教育培训活动的开展可以进一步发挥培训和教育在解决"三农"问题中的积极作用，普遍提高农村劳动者的科技素质，使其具备更高的生产力及生产价值，从而得到相应的经济社会效益。在文化共享工程的基层服务点，由于地理、交通、人口等实际条件的限制，利用资源开展远程形式的视频培训所占比重较大。与此同时，有条件的城镇服务场馆或社区服务点也可以根据群众的实际需要有目的、有针对性地开展现场培训。

通过文化共享工程的教育培训，基层群众得到了实实在在的好处。例如，通过观看文化共享工程提供的农业技术培训视频，使原本获取知识条件和能力有限的农民学到了科学种植与养殖知识和技能，提高了种植与养殖的科技含量，达到了增收、创收。又如，各地分支中心通过建立基层点并为各站点免费发放刻录光盘，开办内容丰富的种植业、养殖业、畜牧业、疾病诊治方法、农药化肥使用方法等培训班，取得了较好的社会效益和经济效益。这些教育培训活动深深地吸引了广大农民，既方便又生动，并且边看边互相研究，解决了生产中一个又一个难题。

(二)系列讲座

在当今学习型社会建设中，讲座以其知识密集、信息丰富、专业性强、互动性好、易于传播等特点，越来越受到广大基层群众的认可和欢迎，对推进基层文化建设起到了积极作用。文化共享工程的系列讲座是本着公益性和均等性的原则，有计划地安排并免费面向目标受众开放的服务活动，在文化共享工程的服务中占有十分重要的地位，也是众多文化共享工程分支中心的常设及保留的品牌服务活动。

文化共享工程的系列讲座活动的举办方式可分为现场讲座和视频讲座两种。现场通常依托于公共图书馆、文化馆（站）、基层服务点等有一定条件的固定场馆，拟定主题并聘请专业讲授人开展；视频讲座则是利用文化共享工程的核心数字讲座资源开展，通过网络进行传播。

(三)主题展览

展览通过展示实物、图片以供观众参观欣赏，达到展示信息、交流沟通和娱乐互动的目的，具有形式灵活、内容直观生动、易于接受等特点，是文化共享工程在流动服务中经常举办的活动。

文化共享工程的展览活动通常是结合某个主题所开展的系列展览，具有展览覆盖面广、受众数量多、宣传效果显著的特点。例如 2008 年结合北京奥运会宣传所开展的"文化共享工程奥运展览"，结合各地实际，在全国范围内广泛布展，受到了群众的极大关注和欢迎。许多人或全家、或呼朋唤友，兴致勃勃地前来参观，有的还拿出纸和笔随时记录。组织中小学生参观展览，使同学们不但增长了奥运知识，同时也又一次激发了他们的爱国热情。

(四)春节系列活动

中华民族有着五千年的文化积淀，春节对于中国人来说有着特殊的意义，代表了民族文化的延续与传承。文化共享工程抓住了这一传统要素，结合现实开展了丰富多彩的基层文化服务活动，既服务于群众在传统节日里的文化需求，也进一步普及了群众的传统文化知识，宣传并弘扬了传统文化及其内在价值。

每当新春佳节来临，国家中心都会开展一系列的送资源下乡活动，为广大群众奉献上一道精美的文化美餐，把代表当代中国舞台艺术最高水平的剧目通过卫星播放、互联网传输、光盘寄送等方式，三管齐下送到各乡镇、社区基层服务点，陪伴老百姓欢欢乐乐过大年。如 2012 年春节开展的"文化年货带回家"活动，在国家中心的统一策划和安排下，各分支中心纷纷行动，为返乡群众送上"文化年货大礼包"，内有新春对联、喜庆中国节以及载有欢乐电影、龙年民俗、节日美食等视频资源的"文化年货带回家"

光盘礼盒，让广大群众带着丰富的文化年货高高兴兴地踏上回家路。与此同时，文化共享工程还会通过网络渠道，在网站上举办许多主题活动，如有奖问答、游园会、猜灯谜竞赛等，并在网站上开通专题，将文化共享工程年度新建的精品资源，通过互联网向公众传播。这些活动构思巧妙、内容丰富、包罗万象、寓意深远，深受广大群众的欢迎，每年的参与人数众多，且来自各行各业。

(五)劳动节主题活动

每年的"五一"劳动节，文化共享工程都会精心策划并实施一系列针对广大劳动者的特别主题活动，利用小长假使文化共享工程的工作人员走出机关、走进社区和田间地头，主动向社区群众推送精品文化，向基层农民推广科学技术和文化新知。同时，在外出打工人员集中的区域，文化共享工程还通过举办《劳动法》讲解讲座、开展技能培训等提升其就业技能。这些旨在长见识增技能、拓宽农民致富路的数字科普进乡村活动方兴未艾，也正为越来越多的农民钟爱，并潜移默化地改变着他们的就业方式，引导着他们的流动方向，提高着他们的生存技能。另外，文化共享工程还通过开展群众喜闻乐见的获奖经典剧目展播、优秀影视展播、传统戏剧欣赏等活动将文化资源送到了田间地头、农村基层和街道社区，这些经典影片和曲目、剧目不仅给数以百万计的农民群众带去了视觉享受，陶冶了情操，也打开了运用文化共享工程资源和基层站点优势，弘扬时代精神、树立社会主义荣辱观、强化青少年爱国主义教育的大门。

(六)"六一"少儿主题活动

少年儿童是国家和民族的希望，少儿时期是人生观形成的关键阶段，在这一阶段如果没能建立科学的理想信念，没能形成正确的世界观和价值观，就很容易脱离实际，片面追求某一方面，甚至误入歧途。而在现代社会，信息获取方式与途径极大丰富，海量信息带来的负面效应是信息冗余和垃圾信息，不加选择的吸收和利用会对心智尚未成熟的未成年人造成极大地伤害。针对少儿这一特殊性，文化共享工程网站专门设有"少年文化"专栏，并在建设和传递信息时加以甄别和选择，制作大量精美优秀的少儿资源；另外还在每年利用不同的节庆假日开展丰富多样的服务活动，以达到寓教于乐、传播健康文化知识的目的。例如赠送电子书、歌咏比赛、网上有奖竞答、暑期网上学习、少儿歌曲创作、青少年网页设计大赛、少年动漫制作竞赛、读书比赛、讲故事比赛、儿童电影专场活动等。目前，针对少年儿童所开展的主题活动已经成为文化共享工程所策划开展的常项活动之一，不仅制作了一批资源，形成了系列活动品牌，还通过发挥全国各少年儿童图书馆的人才、技术和资源加工等优势保证其内容的持续更新，发展并完善了文化共享工程的未成年人服务资源，为开展未成年人服务提供了有力的保障。

(七)建党纪念活动

每年"七一"前后，为充分发挥文化共享工程在群众文化活动方面的作用，进一步活跃广大基层群众业余文化生活，丰富反映文化共享工程群众文化的资源内容，文化共享工程都会策划开展一系列的主题活动，为党献礼，讴歌中国共产党带领全国各族人民建设民主、富强的社会主义国家，实现中华民族伟大复兴的壮举，同时进一步激发文化共享工程建设者和广大群众的积极性与创造性，充分调动和发挥文化共享工程服务基层、服务大众的作用。

例如在庆祝中国共产党建党90周年活动中，文化共享工程先后开展了"阳光少年热爱党"和"童心向党，快乐成长"少年儿童主题活动、"颂歌献给党"群众歌咏活动等一系列活动，覆盖面广、参与人数众多、竞争激烈、效果显著。在活动的举办过程中，国家中心精心设计了评审程序和规则，并特别邀请了来自相关部门以及文化、出版、教育系统的专家代表，组成专家评委会，体现了比赛的客观、公正、公平、公开。

(八)军民共建活动

文化共享工程历来重视"双拥"工作，积极服务部队官兵。国家中心早在2003年就筹备开通了"共享工程军营版"，下设兵林史话、武器装备、兵法韬略、军事常识、军事科普等栏目，同时整合并不断补充军事题材的影视和舞台作品，以及利于学习型军营建设和部队人才建设的讲座、展览、多媒体资源库等，为广大官兵提供最优秀的信息资源。同时还定期开展形式多样的军营主题活动，走进部队、走近官兵身边，进行多种形式的服务与共建。这些活动有效配合了部队"创学习型军营，做学习型军人"的建设目标，有助于部队官兵文化素质的提高和品位的提升；同时，通过活动将文化共享工程的信息资源送到部队，送到广大官兵的身边，使官兵从中获益匪浅。几年间，文化共享工程的军民共建活动开展得有声有色，成效颇丰，深受广大官兵的喜爱，他们亲切地将文化共享工程称为惠兵工程、爱兵工程和求知工程，认为文化提高了战斗力。

(九)中秋亲情活动

每逢佳节倍思亲，中秋节是中华民族最为重要的传统佳节之一，也是国人对于亲情的寄托和团圆的企盼。近年来，文化共享工程每逢中秋佳节，便会通过丰富多彩的形式，为广大群众提供生动贴心、实效便捷的服务活动。如在文化共享工程网站开设主题专栏，精心挑选多种群众喜闻乐见的视频资源、实用资料、系列文化讲座和多部优秀电影，并将这些资源刻录成光盘逐级下发；制定"送资源下乡"活动实施方案，将服务送进社区和乡村，与基层群众共庆中秋；举办主题知识竞答、快乐游戏等活动，吸引大量群众的积极参与。又如在针对外来务工人员举办的中秋节主题活动中，通过培训农民工学习使用 QQ 和互联网，使其切实感受到了网络的便捷，而当参加学习的农民工通过视频看到远方的父母孩子时，不少人流下了激动的泪水，他们无不感触地说："这比电话强多了，不仅有声音还能看到图像，感谢共享工程让我们在中秋佳节看到了远方惦念的亲人！"

（十）系列爱国教育活动

每年文化共享工程各级中心都会结合"十一"国庆节策划举办系列主题爱国教育活动，通过发放宣传资料、举办展览、讲座、文艺演出和知识竞赛等方式在基层开展，使群众了解新中国成立以来所发生的翻天覆地的变化，从而更加热爱祖国、热爱人民，达到爱国主义教育的目的。如为迎接祖国 60 年华诞，国家中心精心策划了以新中国成立 60 年为主题的大型系列活动"祖国万岁，文化共享"，整个系列活动贯穿全年、覆盖全国，依据不同时期、不同阶段，采取下发专题资源、举办大型主题服务活动等多种形式，丰富了公共文化服务内容，也为国庆 60 年庆典献上一份厚礼。另外，除了国庆前后的系列主题活动，文化共享工程还专门策划制作了适合广大基层群众、少数民族群众、青少年等不同人群的专题爱国教育资源，有针对性地向各地发放。

第二节　基层服务活动案例与分析

服务基层是文化共享工程的重点和宗旨，深化基层服务是文化共享工程的终极目标。通过整理与总结文化共享工程近 10 年来开展的各项服务活动，精选出 16 个基层服务活动案例，这些案例真实地反映了文化共享工程自实施以来所开展的一系列丰富多彩、针对基层、惠及民众的服务活动，是文化共享工程服务道路上的一个又一个里程碑。

一、文化共享长征行

2006 年，在迎接中国工农红军长征胜利 70 周年之际，一次特殊的文化服务长征行动在红土地上启动。5 月 16 日上午，在江西于都县城东门渡口即于都河上的"中央红军长征第一渡"，"文化共享长征行"正式拉开序幕。如同当年的长征是播种机和宣传队一样，以促进资源共享、搞好文化服务为目的的文化共享长征行活动，也是当今先进文化与各种知识信息的播种机与宣传队。这次活动由国家中心、中国图书馆学会联合红军长征经过的江西、福建、广东、湖南、贵州、四川、重庆、云南、甘肃、宁夏、陕西、湖北、河南、新疆等省（自治区、市）的文化共享工程分中心共同开展，目的在于弘扬长征精神，传播社会主义先进文化，加强基层文化建设，发展社会主义文化，帮助广大农民求知识、求富裕、求健康、求文明，推动社会主义新农村建设。10 月 28 日，大会师在革命圣地延安胜利举行，宣告此次系列服务活动取得了圆满成功。

在这次历时近 6 个月的活动中，文化共享长征行各小分队分别在红军长征经过的地区举行了一系列文化共享服务活动，面向农村、面向群众，向老区基层服务站点提供适合当地需要的数字资源，组织举办专题讲座、种植养殖技术培训、文艺演出、主题电影放映、革命旧址参观、在一些地区举行基层服务点授牌仪式等服务和活动，并向所到各地区捐赠了大量电子图书、光盘和图书等。所到之处均受到当地广大群众的欢迎，场面十分热烈。各地群众纷纷在"文化共享长征行"旗帜上签名，表达继承长征精神，建设文化共享工程的信念和决心。同时，各路参加者在活动中收集到的相关资料和感受体验到的长征精神，也不断以各种形式表现在"共享工程"的内容建设中，体现在相关服务上。

【点评】"文化共享长征行"活动从策划到具体实施历时近半年，在当年曾经走过的长征路上组织开展了一系列丰富多彩的服务活动，充分体现了弘扬长征精神，传播社会主义先进文化，帮助广大农民求知求富、求健康、求文明，推动社会主义新农村建设的活动宗旨。此次活动对于各地继续发扬红军长征精神，全力做好文化共享工程，为构建和谐社会做出贡献具有较好的激励作用和实际意义。

二、春雨工程志愿者活动

"春雨工程——全国文化志愿者边疆行"是文化部和中央文明办共同组织开展的一项重要文化惠民项目，它着力于构建公共文化服务体系基本运行保障机制，加强文化内容建设和重大文化活动的开展，加大艺术人才培养和文化队伍建设力度。在这项工作中，国家中心承担了设备检修、志愿者招募、"大讲堂"活动等任务。2011—2012 年，国家中心作为志愿单位的组织者，先后在广西、云南、西藏、新疆、新疆生产建设兵团、内蒙古和黑龙江七省区的沿边境县、乡开展相关活动。国家中心联合目标地区的文化共享工程省级分中心、企业志愿者单位，组织招募文化共享工程文化志愿者和企业文化志愿者，通过组织培训、技术服务、发放资源、举办展览、春雨讲堂等形式开展文化共享志愿者边疆行活动。

一是组织培训。以受援地区的县级支中心和乡镇基层服务点为对象，组织专家和技术人员，在基层群众中开展专题、短期，内容涉及群众文化、农牧科技、务工技术、信息素养、法律知识和卫生保健等讲座和培训。培训 6 省（自治区）和新疆生产建设兵团县乡基层文化骨干近千人次。

二是举办展览。在开展志愿者边疆行活动中，万余人次参观了文化共享惠民服务流动展览。在西藏分中心举办的文化共享惠民服务主题展览，广泛宣传党中央、国务院实施的重大文化惠民举措，以及所取得的丰硕成果。

三是技术服务。由国家中心、对口支援的省（市）分中心和企业志愿者单位联合组织文化志愿者小分队，对受援边疆民族地区基层服务点进行设备维修、软件安装、操作辅导、技术咨询等技术服务。累计检修各种设备数百台（套）。

四是发放资源。根据受援边疆民族地区基层群众、基层服务点的实际需求，由国家中心、对口支援的省级分中心和企业志愿者单位，组织文化、农牧业、科普、法律、卫生等方面的数字资源万余张光盘，在开展志愿者服务过程中，发放给受援地区的基层点和基层群众。

五是春雨讲堂。在广西壮族自治区举办"春雨大讲堂"，邀请著名作家、山东省作协主席、第八届茅盾文学奖获得者张炜，以"文学创作与文化建设"为主题做专题讲座，获得当地听众的高度评价和热烈欢迎。

【点评】活动开展两年来，文化共享工程通过组织内地省份的文化志愿者参与"春雨工程"，以技术培训、设备维护检修、"大讲堂"、"大展台"等多种形式深入到边疆民族地区开展具有针对性的文化志愿服务活动，对于丰富少数民族群众的精神文化生活，促进内地与边疆民族地区文化交流，推动各民族和睦相、和衷共济、和谐发展发挥了重要作用。

三、文化共享进村入户的广电模式

辽宁省以"广电模式"实施和推进文化共享工程进村入户，依托广播电视"村村通"网络传输共享工程资源，采用"进村和入户相结合、广播和点播相结合、有线和卫星相结合、单向和双向相结合"的方式，把文化共享工程建设与有线、电视数字化改造结合起来，使丰富的文化信息资源服务走进千家万户，受益人数已达到226万户。

辽宁省"广电模式"坚持公益事业走公益渠道的原则，利用已经覆盖全省98%以上地区的广播电视村村通网络传输文化共享工程的信息资源，采用有线和卫星两种技术手段结合的方式，采用"进村和入户相结合、广播和点播相结合"的方式分层次推进，有效扩大了文化共享工程进村入户的覆盖面，让广大农民群众在家中用电视机就能收听收看共享工程的节目，真正实现文化信息资源共享工程进村入户。这样的做法不仅可以在有线电视网络通达率较高的行政村和自然村，通过采用有线电视的方式保证文化共享工程进村入户；同时，还可以在一些有线电视无法到达、甚至无线电视覆盖都无法解决的盲点村，通过采用接收直播卫星的方式将资源和服务送达。这样既减少了政府的重复投资，又使农民群众得到了实惠。[①]

"广电模式"的要点有二：（1）合理搭建技术平台。在传输方式上，主要采用有线电视网络传输，在少数偏远地区采用卫星传输；在传输渠道上，各级广电机构无偿提供两个模拟频道用于传输文化信息资源，确保有线电视网络连通地区的农民群众，收看到丰富多样的文化信息；在系统结构上，分为省级分中心和前端播出平台、广播电视传输网络、县级有线电视播出前端以及点播型机顶盒四部分；在接收方式上，主要分为广播和点播两种方式，广

---

① 王效杰. 充分利用广播电视网络加快农村公共文化服务体系建设//张彦博. 公共文化服务的创新与跨越——全国文化信息资源共享工程建设研究论文集. 北京：国家图书馆出版社，2010：30.

播方式打开电视机就可以在特定频道上收看，点播方式则需配置点播型机顶盒收看。重点是在试点成功的基础上，在广大农村大面积推广点播机顶盒，满足农民群众在家中点播收看文化信息的需求。(2)最大限度整合信息来源。国家中心先后多次为其提供了近 2500 个小时的资源，包括农业科技、务工指南、医疗卫生、舞台艺术、经典电影等方面，保证了文化共享工程辽宁平台的播出。辽宁省级分中心也积极整合系统内资源，将获得文化部文华奖及群星奖的剧节目、首届农民文化艺术节、省八届艺术节的合唱、小戏、皮影等多场演出，以及辽宁非物质文化遗产等资源进行征集、加工制作，在机顶盒和模拟频道中播出，受到了农民的欢迎。目前，辽宁省文化共享工程有线电视频道设置了包括金农热线、聚焦三农、供求信息、科普之窗、教学园地、知识讲堂、文化艺术、新闻回放、阳光政务、图书阅览、电影欣赏 11 个一级栏目，43 个二级栏目。①

【点评】辽宁省"广电模式"的实施，为广大农民群众送来了便捷丰富的信息服务，带来了实实在在的好处。学科技难、获信息难、看电影难、找市场难，这些困扰农民多年的问题得到了有效破解。广大农民群众对此反响热烈，给予了极高评价，认为这是党和政府为农民做的又一件好事、实事。

四、数字之光

2010 年 4 月，在山东省临沂市平邑县资邱乡时家村，56 岁的老党员时某在家里向记者演示了远程教育节目的"点播"过程：他用家里的固定电话拨到指定号码后，按照电视画面和语音提示，仅用了十几秒，屏幕上就出现了时某选中的吕剧《借亲》节目。时

---

① 辽宁省文化信息资源共享工程建设情况. 国家公共文化网，http://www.cpc-ss.org/_d271498553.htm.

某欣喜地说："俺就喜欢看吕剧，以前电视上很少放，想看就得去买影碟，现在好了，没事就可以自己点播看，太方便了。"①

这一操作看似简单便捷，但却是山东文化共享工程项目在资源传输渠道方面的一个创新，它不仅创造了互联网加卫星的分布式视频点播技术的"山东模式"，而且在全国第一个通过网络电视进行传输，建立网络视听台，并启动了文化共享工程进万家服务平台，开始了由进村到入户的工作。这一项目以其较强的创新性、示范性和品牌影响力，荣获了第三届文化部创新奖，山东成为首个文化共享工程示范省。

山东文化共享工程项目是以实现山东全省文化信息资源共建共享为目的，以全省文化共享工程平台为资源和技术依托，以数字图书馆和资源镜像站为核心，互联网和卫星的混合传输体系为主要传输途径和渠道，以网络流媒体分发为主要传输手段，以基层一站式服务平台、公益网吧、视频剧场和网上图书馆等为服务终端，形成覆盖全省城乡、较完善的省市县乡村五级网络体系和综合性公共文化运行服务体系。其资源接收服务对象是遍布全省的乡村终端服务点，将市县级支中心作为资源分布式存储转发的区域管理中心，最终形成了"五个结合，双网传输，一站服务，全省共享"的运行服务模式，集网上图书馆、网络视频分发点播/直播、卫星播发等于一体。截至2011年年底，已在全省17个市级支中心、140个县级支中心整体应用，辐射全省乡村基层站、城市社区，年服务超过5000万人次。基层站点在与农村干部现代远程教育部门共建共享、全面覆盖的基础上，建成接近总数30％的规范化站点。如今，山东省基层群众不仅可以在家中很方便地点播自己喜欢的节目，还可以利用网络查询实用文化信息，拥有了真正的数字电视。

———————

① 文化共享工程的"山东模式". 中国文化报（2010-4-10），http://www.ndcnc. gov. cn/datalib/TradeNews/2010/2010_04/tradenews. 2010-04-10. 9267965593/.

【点评】优秀的文化信息资源源源不断地传送到山东各农村和基层，有效地解决了广大群众看书难、看戏难、寻找致富信息难的问题。信息内容丰富、使用方便快捷的"山东模式"对于缩小城乡数字鸿沟，满足广大基层群众获取知识、科技致富、文化娱乐、生活健康等各方面的需求，起到了不可替代的作用。

五、消弭数字鸿沟的农文网校

云南省将文化共享工程和农村公共文化服务的设施、设备、人员、信息等进行了有效整合，根据农民的实际需求和学习特点，首创了"文化共享工程农民素质教育网络培训学校"（以下简称农文网校），建立直接服务"三农"的农民学校，提高文化站服务群众的能力。截至 2011 年年底，全省乡镇农文网校总量已达 1099 个，村级农文网校分校达 10424 个，成为全覆盖、开放式、社会化的"无围墙"学校。禄丰县仁兴镇农文网校在 12 个村委会的文化活动室设立了分校，聘任村党支部书记担任分校校长，聘请村文化活动室管理人员负责分校的日常管理工作。村文化活动室结合本地"三农"建设以及农村党员、群众脱贫致富、文化娱乐的需要，确定培训项目和内容。镇政府所属各站所不定期到文化活动室通过集中面授、播放实用技术视频等方式开展培训。镇综合文化站利用每周赶集日为群众播放有关种养殖技术、进城务工技能、法律与法规常识等视频资源，同时将这些光盘复制后发到各村轮流播放，实现了文化资源全民共享。截至 2010 年 9 月，全镇举办了专题培训班 63 期，播放实用技术、科普知识及宣传片等 72 场，有 3 万余群众从中受益。云南农文网校最宝贵的经验就是引导农民参与文化建设，提升农民的文化自觉性。①

---

① 张彦博. 消弭数字鸿沟，共享文化资源——全国文化信息资源共享工程建设实践//张彦博. 公共文化服务的创新与跨越——全国文化信息资源共享工程建设研究论文集. 北京：国家图书馆出版社，2010：41.

以禄丰县广通镇综合文化站农文网校及其分校的建设工作为例。按照禄文广旅发〔2011〕25 号《禄丰县文体广电旅游局关于印发〈禄丰县农民素质网络培训学校村级基层点建设实施方案〉的通知》中相关规定，在州县文化部门的支持下，广通镇农民素质教育网络学校于 2010 年 8 月建成，共有电脑 27 台。学校建成后，镇综合文化站充分利用现有光碟、书籍资源和文化共享工程库中丰富的科技、信息、文化知识资源，联合农技、林业、计生、土地等部门积极深入各中小学和村委会送电影、送科技、送信息，举办各种知识讲座，服务上门，为群众送去水稻施肥技术、蔬菜栽培技术、农作物病虫害防治等科学知识和文化精神食粮。每年深入各村组和学校、敬老院等放映电影达 190 余场，配合开展消防安全预防、防治艾滋病、生殖健康、林权改制、土地法、安全生产等知识讲座共 200 余场（次）。同时广泛宣传镇村文化共享工程学校这一平台和阵地，宣传党和国家实施文化惠民的举措，使广大群众对镇农文网校、各村服务点以及农家书屋的作用、信息资源库等有所了解和认识，进一步将百姓吸引过来，使其参与其中，达到推广的目的。

对于如何发挥好、利用好农文网校，广通镇作了一些思考和探索，结合党委和政府实施的"党员素质教育提升工程"，大力开展新型农民培养。广通镇计划利用两年左右的时间对全镇 16 个村委会、199 个村小组的村组干部和党员进行分批培训，使其逐步掌握电脑基础知识，学会若干实用的致富技能，逐步成为有文化、懂技术、会经营的新型农民，真正成为带领群众致富的领头人。目前已举办干部培训班 8 期，共培训 166 人，开展文化惠民重点帮扶对象培训班 2 期，培训 48 人次。广通镇农文网校的服务重点人群有三类。一类是农民群众，凡是辖区内居民均可到服务点免费上网、查阅资料、了解信息，并在服务中为其提供上网知识、信息咨询、资料下载、打印复印、光盘刻录等服务；另一类是未成年人，规定在开放服务中，凡是课余时间，有家长陪同或经由家长、老师同意的未成年人，均可到农文网校上网，但每天只允许上网 2 小时，且中间休息 10 分钟；还有一类是老年人，农文网校为老年人提供文化共享工程资源库中的戏曲、曲艺和文艺节目，使其老有所学、老有所乐。另外，为确保农文网校的正常开放、规范管理和作用发挥，2010 年 9 月，镇党委和政府调拨经费开通了光纤网络，还为农文网校争取了一个公益性岗位人员，保障其日常管理和开放。因此农文网校的开放时间较长，每天中午 12 点到下午 3 点，下午 6 点到晚上 9 点半，较大限度地满足了广大群众的需求。

【点评】云南省通过大力宣传、正确引导和规范管理等方式和渠道，使农文网校成为了干部们查阅资料、学习培训和业余活动的中心场所，成为了广大农民群众学习致富科技、了解政策信息的重要平台，真正实现了"文化乐民、文化育民、文化富民"的目标。

六、为农民工兄弟撑起一片天

农民工是我国改革开放和工业化、城镇化进程中成长起来的新型劳动大军，是当代产业工人的重要组成部分，是我国现代化建设的重要力量。据不完全统计，截至 2011 年年底，我国有 2.5 亿左右的农民在改革开放的大潮下坚定地从农村走向了城市，文化共享工程下乡村的方式将在一定程度上缓解农民盲目游走于城市之间，提高他们的生存技能，推进中国城市化、工业化进程，促进社会主义新农村的建设，成为农民受益、社会和谐的重要载体。

超过两亿的进城务工人员群体，一直是中国社会关注的焦点。

随着他们的成长、成型，其精神文化需求受到更加广泛的关注。重庆市进城务工人员主要以 20～45 岁的青壮年劳动力为主，小学、初中文化程度占 88％。由于受教育程度偏低，使其中大多数人只能选择工资较低的建筑业、制造业等体力型劳动岗位。据各方面材料表明，进城务工人员中约 72.4％的人没有参加过职业技能培训，70.2％的人没有任何专业技术。他们之所以没有参加职业技能培训，除了观念意识差、经济困难、培训费用过高等主要原因，还有不知道哪里能参加职业技能培训等客观因素。

近年来，重庆市依托文化信息资源共享工程这一平台，充分整合利用现有资源，积极开展进城务工人员培训，努力探索培训方式和方法，获得了一些经验，取得了良好效果，为推进进城务工人员素质提升，服务社会主义新农村建设作出了贡献。

针对进城务工人员的生存现状，重庆市分中心紧紧围绕"关注进城务工人员，促进其就业"的主题，提出了"整体推进，重点突破"和"设立长期常规培训、集中进行重点培训"的工作思路，把进城务工人员培训工作作为一项重点民生工程来抓。

在多次调研的基础上，重庆市分中心结合本地企业和进城务工人员的需求，为其量身订制了基础性电脑知识以及部分特殊专题的培训计划，同时为强化培训效果，采取了边授课边操作的培训方式。进城务工人员到公共电子阅览室免费进行上机练习，工作人员对其进行一对一的指导，引导他们使用电子阅览室丰富的网上资源，包括共享工程视频、维普万方等多种数据库资源，还协助他们收集劳动维权、职业道德、行为规范等相关内容，切实提高参训人员实际从业竞争能力。自 2009 年至 2011 年年底，重庆市分中心坚持每月举办一期进城务工人员免费电脑培训班，已成功举办 30 期，共培训进城务工人员 1800 余人。

马某是山西省昔阳县大寨村人，她和丈夫来重庆打工已经 6

年有余，一直在重庆市沙坪坝区凤鸣山一带从事家政服务。2010年，她得知重庆分中心正在举办进城务工人员免费电脑培训班，就报名参加了。刚参加培训班之初，马某告诉老师的第一句话是，我怕把电脑弄坏了！由当初工作人员为她打开电脑，到现在马某已经基本掌握上机、上网的技能，并能较熟练地操作电脑，利用网络查询最新的务工信息，不断接受一些新鲜的事物。每逢周末，马某都要来到分中心电子阅览室，利用 QQ 工具与远在老家的女儿聊天，每次网上见面聊天，她都激动不已，在视频里，了解女儿的学习情况、父母的身体状况……有聊不完的话题，总觉得时间过的太快。

每年春节回老家，买火车票就成为一件令农民工们十分头疼的事情。2012 年春节期间，重庆市分中心推出了服务进城务工人员系列活动，其中"文化共享助回家，一票难求我来帮"网上订票活动更是深受广大农民工的欢迎。许多农民工来到公共电子阅览室，或独立操作、或在工作人员的帮助下订下了春节回家的火车票。

与此同时，重庆市分中心和各区县支中心还通过开展系列实用技术培训，帮助进城务工人员掌握致富技能。这些实用技术的培训既提高了农民工的自身素质、增强其自身竞争力，也间接为企业和社会创造了经济效益。另外，为全面贯彻十七届六中全会精神和全国农村教育工作会议精神，面向工业化、现代化、城镇化的发展方向，在 2012 年年初，重庆市分中心综合运用财政扶持政策和市场手段，建立了全市进城务工人员培训联盟体系，多渠道、多层次、多形式地开展引导性培训和职业技能培训，保障进城务工人员融入城乡统筹。现阶段的具体做法是先由分中心将几个具有特色进城务工人员培训的区县支中心组织在一起进行试点。在开展试点过程中，加强调查与预测，坚持按需培训，增强培训

的针对性；坚持培训与职业技能鉴定相结合，提高培训质量和效
果；坚持引导性培训与职业技能培训相结合，扩大培训覆盖面，
全面提升参训者的综合素质；坚持培训与配套服务、转移就业相
结合，增强培训的实效性；坚持利用各种教育培训资源，调动各
方面积极性，实行资源共享，充分发挥现有优质教育培训资源的
作用。同时，积极探索开展进城务工人员培训的有效方式、有效
机制，为全市铺开进城务工人员培训联盟体系的工作推进积累
经验。

　　【点评】面向农民工开展服务是文化信息资源共享工程在"十二
五"期间的重点工作之一。根据十七届六中全会精神，按照"把农
民工纳入城市公共文化服务体系"的要求，更深入地了解农民工群
体的文化需求，为他们提供更优质、更高效、更有针对性的个性
服务，打造一个贴近、便捷、精彩的文化家园，是文化共享工程
各级中心的愿望和目标。

七、上海老百姓家门口的文化便利店

　　2003年，当上海首家东方社区信息苑在长宁区新华街道落户
时，大部分居民都不知道这位"新邻居"是什么，网吧？电影院？
教室？图书馆？都是，又不全是。"东方社区信息苑"是上海市统
一建设的多功能综合性的社区文化活动中心（以下简称活动中心），
依托街道（乡镇）文化中心设立，内容包含文化共享工程、街镇图
书馆电子阅览室、社区信息化等功能，实行"三位一体"同步规划、
协调发展、有序推进。

　　从懵懂地摸索到不断成长进步，八年多来，作为依托文化共
享工程资源开展服务的基层服务点，信息苑利用文化共享工程资
源提供公益上网、现场培训、数字影院放送等公共文化服务功能，
源源不断地将精神食粮送进社区，已被老百姓亲切地称为"家门口

的文化便利店"。

从备受质疑到深得民心，东方社区信息苑这一路走来实属不易。在推广初期，如何被大家熟悉、信任和喜欢？作为公益性服务平台，如何让大家相信"天下也会掉馅饼"？这些问题是摆在信息苑员工面前最大的障碍。为了解决这一问题，信息苑员工凭借用真心为老百姓服务的宗旨，无不付出了极大的努力。员工们在认真研究社区居民的作息规律后，量身定做了每天不同时段的宣传设摊点：一早先去农贸市场，随后赶去离退休老人的晨练场所，傍晚则守候在放学的中小学校门口……正是这份真诚，终于收获了百姓的信任，更是因为信息苑里真真切切地为民服务措施，赢得了百姓的支持和好评。

现在，东方社区信息苑已越来越成为百姓家门口的文化便利店，除了具有公益网、数字电影、电子图书阅览等文化共享工程基层服务点的基本服务功能外，还积极利用工程资源库中的多样化资源为社区居民免费开办了各种培训班。部分东方社区信息苑网点日均上座率高达80％以上，高峰日要接待200多位居民。越来越多的市民在这里学会了上网和查找信息，享受到了网络生活的精彩自在。同时，信息苑还注重为青少年、农民工、老年人等群体服务，使其得以平等地接受教育和学习服务。

【点评】截至2011年，上海已建设东方社区信息苑349家，东方农村信息点1696家，覆盖全市18个区县所属街镇及行政村，实现互联网公共服务、网上公共文化资源共享接入、高清数字电影播放、多媒体培训等服务功能，年服务总人次超过1400万。可以说，东方社区信息苑在全市各街镇社区"遍地开花"，已成为营造上海公共文化的社区基石。

八、未成年人的"绿色空间"

为了给未成年人打造一个安全、绿色、健康的网络环境，天津市于 2010 年年初启动实施了中小学公共电子阅览室建设工程。此项工作由天津文化、教育部门联合开展，目的是为未成年人提供公益性上网场所，办好面向未成年人的网站和网页，为青少年健康成长营造良好的网络环境。所谓公共电子阅览室，是指以计算机技术、网络通信技术为基础，集互联网信息查询、数字图书馆服务、网络通信、休闲娱乐、培训等为一体的现代化多功能的公共文化服务设施。该工程通过利用文化共享工程中有关中小学教育的丰富资源，整合天津图书馆和天津高校多年来投资自建的特色资源数据库，收集大量中小学生喜闻乐见和健康向上的文化资源，建成"中小学文化教育电子资源服务系统"，通过 IP 控制和账号登录等方式，对校园网络和授权用户免费开放，为天津市中小学生开辟健康有益的网上教育和学习阵地。据统计，工程开展后，将覆盖全市上千所中小学，涉及并服务在校学生 100 余万人。

当今社会已经离不开网络，宽带、光纤、数字电视、wifi、3G 等，现代技术应用无所不在，虽然上网对开阔少年儿童的视野、增长知识、训练思维和提高信息处理能力具有很好的作用，但是网络带来的多元化思想观念、价值判断和情感评价，也会出现某些负面效应。许多家长由于担心孩子沉溺于网络、影响学习，纷纷采取让孩子与网络隔绝的限制措施，但这样的后果是使孩子和其他同龄人缺乏共同语言，渐渐地被疏远和边缘化，进而会影响其自信心。而且随着孩子的成长，思维方式越来越成人化，小小的家庭已经满足不了他对社会和世界的好奇，家长和学校应当为其创造一个良好的网络环境，通过正确的引导和合理的管理让其接触和熟悉网络。

在中小学公共电子阅览室建设工程开展后，学校的电子阅览室不仅不再限制学生上网，还鼓励学生在课间到这里来。阅览室通过"一网、三库、多点辐射"的服务体系为中小学生开展服务。

所谓"一网"就是指中小学公共电子阅览室信息存储及发布的网站平台——"i 知网";"三库"是指该网站资源由三部分构成,分别由国家中心、天津市分中心和天津市教委精心选择提供,包括中国传统文化经典和爱国主义教育专题在内的文化资源内容,同时为了控制未成年人的上网时间,阅览室还制定了严格的管理程序,将未成年人的上网时间控制在一个小时之内,超时管理软件将自动切断该用户网络连接,并在一定时间内无法再次登录;对于不良网站也专门开发了专业管理软件,对其屏蔽并全天候地监控,使广大家长可以安心地把孩子送进公共电子阅览室。

【点评】天津市中小学公共电子阅览室的开通适应了"数字化"校园时代的需要,不仅为学生们打造了一个安全、绿色的上网环境;而且通过配备大量文化共享工程的优质信息资源,既丰富了孩子们的业余生活,也增长了见识,使其成为学生们提高学习能力和水平的"第二课堂"。

九、服务西北戍边人

新疆生产建设兵团(以下简称兵团)文化共享工程自 2006 年启动,截至"十一五"末,已建成 1 个省级分中心、81 个县级支中心、108 个乡镇基层服务点和 2297 个连队服务点。优秀的文化信息资源通过共享工程服务渠道,逐步引领兵团职工群众走上致富道路,也丰富了广大职工群众的文化生活,推动了兵团的生产发展和科技进步。兵团拥有完整的广电网络系统,为了更好更快地扩大文化共享工程资源的覆盖范围,在兵团文广局的领导下,兵团分中心先后在农二师、农三师、农四师、农六师、农九师、农十三师,建立通过有线电视网络传播文化共享工程资源系统。分中心向以上师团电视台投入了非线编辑系统、硬盘播出设备、资源存储器等设备,这些单位在师团有线电视台开设了专门的文化共享频道，优秀的文化节目资源通过文化共享频道传输到了兵团广大职工群众家中。有的师团电视台根据本单位的实际情况、将国家中心传输的资源分类整理，按季节分时段，有针对性地播放。职工群众足不出户就能收看到与他们息息相关的农业科技、文化娱乐、健康生活等节目，受益群众近百万。

唐某是兵团农七师 137 团 6 连的职工，一家人以种植大棚蔬菜为主业。为了掌握相关的农业技术知识，降低成本提高产量，好学的唐某喜欢去连队文化站查阅农技书籍，或者订阅一些资料。但苦恼的是这样的渠道获取信息总是不及时，而且也不能有问必答。自从文化共享工程基层点建设之后，文化站工作人员在国家中心发放的资源库中挑选出适合大棚蔬菜种植的农业生产资源，进行整理并刻成光盘提供给职工群众。这一服务像是下了一场及时雨，唐某别提有多兴奋了，一有空就来文化站里查询资料信息。在工作人员的指导下，他还学会了上网查阅资料，下载所需的种植技术知识。唐某逢人便说："以前我们只能在连队图书室借书看，接触的知识面很有限，现在有了计算机网络，不但学习更加直观，印象深刻，而且需要的种养殖技术应有尽有，这下可以放心大胆地多承包些蔬菜大棚了。"

兵团文化共享工程针对兵团的特点和实际情况，开展了多种多样的服务活动。例如通过开展一系列针对性和实用性较强的农林技术、畜牧业知识、会计、电脑、职工素质培训课程，大大增强了兵团职工群众的信息素养和能力；在偏远边陲建立基层服务点，保障其设施和设备的配置，为职工群众及其在外亲人架起网络桥梁；安装电脑大屏幕，通过卫星互联网接受传输文化共享资源，同时利用广播电视网络系统，将文化信息资源传输到千家万户，使职工群众在家就能定期观看到丰富的文化节目。

【点评】兵团文化共享工程事业从无到有，从有到优，滋润着广大兵团职工群众的心灵，正在成为推动兵团文化事业大发展大繁荣的排头兵。通过文化共享工程的信息资源和服务活动，不仅使兵团职工群众开阔了视野，还使其学到了生产、生活技能，提升了自身的文化素养。

十、少数民族的特色资源服务

2006 年年初建成的文化共享工程西藏分中心，近年来随着文化共享工程建设的不断深入，已逐步实现了图书自动化管理和电子阅览室全面开放，资源建设、人员培训、基层服务等工作得到不断加强，丰富活跃了基层干部群众的精神文化生活，有力推动了自治区公共文化服务体系的建设。

2008 年，文化共享工程西藏分中心内网图书自动化管理系统正式使用，结束了西藏图书馆图书目录人工手写卡片的历史。目前，西藏图书馆已完成 1.8 万余册藏文新书的编目，其中藏文古籍图书细目录 8200 条，初步实现了藏文图书从传统的手工编目到计算机数字化编目的跨越式发展，成为全区首家实现计算机藏文图书检索的图书馆。西藏分中心还不断加强电子阅览室资源建设，制作了内网导航页面，加载了 100 多部视频、300 条有声读物、3000 多册汉文电子图书、300 余册藏文电子图书等，有效丰富了内网资源，提高了为读者服务的能力。目前，年接待读者量达到 5000 多人次并每年在逐步递增。

与此同时，文化共享工程西藏分中心举办了多期县支中心技术人员培训和县级数字图书馆推广培训计划，累计培训了近 280 名县支中心技术人员，培训覆盖全区 73 个县支中心。2010 年，分中心完成了《八大藏戏》的数字化建设工作，结束了文化共享工程在西藏没有地方资源的历史。《西藏民间舞蹈》的数字化建设工作也已完成。2011 年，中央财政决定投入 360 万元，进一步加大对文化共享工程少数民族资源建设的支持力度，其中明确提出支持西藏自治区完成 300 小时藏语资源的建设任务。

2011 年 8 月 20 日，文化共享工程西藏自治区分中心双语版网站正式开通。双语版网站是为了解决文化共享工程西藏自治区分中心数字资源的管理、检索、发布等工作面临的设备与技术方面的问题，在文化部及国家中心的专项资助下建成的，旨在为西藏分中心建立资源发布平台，全面解决资源建设、资源管理、资源展示、资源传输等方面的问题，实现自治区分中心各项工作规范化、常态化。分中心可以通过这一平台以藏汉双语的形式向所有能上互联网的人群提供视频为主的图文、数据库、音频、动画、文字描述等适合西藏群众的文化信息资源和分中心制作的各类特色资源。同时能有效解决县支中心、乡镇和村级基层点无藏文数字资源的现状，为基层群众提供更加便捷的服务。

另外，为了更好地开展基层服务，文化共享工程西藏分中心还深入各乡开展赠送资源光盘、图书和举办小型展览等活动，既宣传了文化共享工程，延伸了服务对象，也丰富活跃了群众精神文化生活。

【点评】文化共享工程西藏分中心通过加工整理一定数量的西藏特色数字文化信息资源，使西藏公共文化服务体系的活力明显增强，文化服务水平有较大提高，广大农牧民群众的文化生活得到了一定程度的改善。但与其他省市相比，西藏的文化共享服务还存在一定的差距，面临着许多亟待解决的困难和问题，如人才与资源的可持续发展问题。

十一、"破烂王"的文化大院

在山西祁县丰泽村，一座外表看来一点也不起眼的普通农家小四合院，却是支撑农民精神文化生活的一片天地。这里有一个可以容纳六七十人的图书室兼放映室和两个电影拷贝库，藏有

7600 多册各类书籍、1000 余张爱国主义教育图片、8000 余张电影海报和 1600 多部电影拷贝。这座小院的主人是一个主要靠捡破烂为生的农民——权勇，虽是个"破烂王"，却拥有着满屋子的图书；他还是一个走村串户的农村电影放映员，收藏着上千部的电影拷贝；他被村民戏称为"影疯子"、"书呆子"，是个地地道道的庄稼汉，却经营着受到国家表彰的农村文化大院。

46 岁的权勇，1977 年高中毕业后返回农村，1982 年在村里放电影，开始了他长达 30 多年的电影放映生涯。由于自幼对电影和图书有着特殊的偏爱，靠着微薄的收入，权勇积攒下了许多电影拷贝和图书，看到村里人农闲时常因无处可去而无所事事，萌发了办一个农村文化大院的想法。随后，权勇将积累的图书分成老年、青少年、儿童、科技、法制、计划生育等十大类别，整整齐齐地摆放在 4 个书架子上，又把临街的 3 间房子打通，改成书屋和放映室。1996 年 5 月 4 日，随着权勇家院子里几个"二踢脚"鞭炮腾空而起，丰泽村的第一个农民文化室便诞生了。

文化室开张后，乡亲们一有空，就来他的图书屋看书。科技图书、计划生育读物、老年人读物等书籍，借阅时间不限，这让那些喜欢看书的乡亲们高兴得不得了。除了办书屋，权勇更多的时间是放电影。30 多年来，他的足迹踏遍了全县 12 个乡镇和临近 4 个县的 300 多个村镇。很多人不解权勇如此辛苦图什么，他回答得再简单不过："农民喜欢看电影，自己喜欢放电影，能让乡亲们看上电影心里就高兴。"

2006 年 1 月，文化共享工程基层服务点落户权勇文化大院后，随着国家、省、市县对基层服务点的投入，权勇的干劲更足了，权勇文化大院支撑起当地农民的精神文化生活。几年来，权勇利用文化共享工程提供的数字资源和硬件设备，为村民开展了有声有色的活动，曾受到多家媒体的广泛报道。权勇的妻子在家里当图书管理员，权勇则抽空去收破烂，收到自己中意的图书、资料便如获至宝带回家。权勇把卖破烂的钱都投入到文化大院的建设上，自己用着一部花 100 元买来的旧手机。在权勇收藏的图书中，有大量农业种植、养殖、农业机械和法律等方面的书。有时候，夫妻俩照着书本给大家普及农业基本技能。村民们从他这里学到不少知识。每逢阴雨天或重要节日，权勇总会在放映室里免费为乡亲们放电影。靠一辆人力三轮车，权勇放电影的足迹踏遍了全县 12 个乡镇和周边 4 个县的大小村镇。最忙时，一个晚上要放两场，一年 365 天，他能放电影四五百场。

在权勇文化大院的带动下，祁县已经培育和扶持了 60 多个农村社区文化大院，这些文化大院特色各异，每年都吸引着全县近 1/4 的广大群众积极参与。

【点评】文化大院是文化共享工程在基层开展资源服务活动的有效补充和有力助手，是我国公共文化服务网络的神经末梢，为基层群众文化建设打下了坚实的基础。这种做法既与文化共享工程的目标宗旨相吻合，又在最大限度上节约了成本与资源，是为真正的"院子小、精神大"。

十二、夕阳共享人人乐

现在中国已开始步入老龄化社会，带来了新的矛盾和压力，对经济和社会的发展提出新的挑战。在党和国家努力建立适应社会主义市场经济要求的社会保障制度的同时，又遇到了新的难题：越来越多的老年人群体性孤立。在日新月异的网络信息时代，老年人更多的选择了封闭自己的世界，因为这个时代太多的东西看不懂，听不懂，更搞不懂。在这个信息爆炸的时代，不具备计算机认知和操作能力的老年人，不可避免地与这个时代脱节了，迫切希望通过学习电脑知识提高生活质量，增进交流与沟通，达到健身强智的效果。文化共享工程的中老年人阵地服务有效地缓解了这一现状，使得退休后的老人走出家门，老有所学，重新融入社会，找到自身的兴趣点并发挥余热。

2011年始，针对中老年的计算机学习需求情况，北京市西城区宣武支中心的工作人员制定了三个特色课程：(1)零基础入门班，(2)上网应用班，(3)数码影像班。每一期的每个课程均由社区或者街道统计、组织报名，选出班长和通讯员，并对每个学员的特长进行登记，拟定组织开展其他类别的学习活动。在教学过程中，支中心的工作人员和授课老师经过讨论研究，决定放弃市面现有的教材而自己编写课件。对于课件内容，争取不出现专业术语，而以生动活泼的生活用语表达，并逐步摸索出了一套适合老年人的培训模式。在培训过程中更是紧跟网络技术的发展，制定了符合大家需求的课程安排。例如在"共享书香，快乐阅读"活动中，通过在线新闻、书籍、报刊阅读，极大地满足了老年人阅读的需求，阅读的网页还可以自由放大字体，老花镜都不用戴了。当老人们通过电子报刊查询到47年前的北京第一条地铁开通的新闻，兴奋的心情溢于言表。在"文化年货带回家"活动中，通过在线电视、电影、音乐欣赏，找到心仪的老歌曲、老电影，许多老年人唏嘘不已，那是一个时代的回忆。当大家通过网络视频重温1984年春晚时，老人指着屏幕上的马季说：宇宙牌香烟！在"共享工程 军民和谐 繁荣文化 不分老幼"活动中，通过在线地图、公交线路查询，让老年人的出行心里有了谱。出门前，把出行线路图和公交线路抄在小本子上，有个老大爷开起玩笑说：只要有电脑，自己去纽约也不会迷路！在计算机培训班中，活动内容涉及很多网络与生活息息相关的实例，例如在线医院预约挂号(北京市卫生局在线预约挂号系统)，课前，支中心向老人们问起："大家是否知道可以提前在网上或者电话预约专家号?"得到的答复是："从没有听说。"一位 60 多岁大爷告诉我们："我根本不会上网，怎么上网预约？从来没有听说过。"就是这简短的几句答复，反映了大家的需求和兴趣，从此，"夕阳共享人人乐"活动每次都增加了"网上预约挂号"培训内容，从网站的登录、栏目介绍、注意事项，到最后挂号成功，都做了详细的讲解。另外，微博、论坛互动，幻灯片、电子影集制作诸多内容，都受到了广大中老年读者的欢迎。现在，越来越多的老年人来支中心咨询老年计算机培训班的开班情况，并积极参与文化共享工程的各类活动。

同样的事情发生在陕西咸阳 70 多岁的老人身上。老人是咸阳市图书馆的老读者，以前，他经常把一天中的大部分时间花在图书馆的书刊阅览室里。但从有一天起，他却成了文化共享工程电子阅览室的常客。从咸阳市支中心举办第一期中老年人电脑培训班开始，老人彻底告别了对电脑望而却步的过去，成了一位在网络世界畅游的时代新手。

2011 年 4 月，总投资近 80 万元的咸阳市支中心公共电子阅览室升级安装调试完毕，对读者重新开放。在规划新电子阅览室开放后的服务工作时，大家不约而同地想到了举办老年读者电脑培训班，并迅速实施。为了广而告之更多的老年人读者，支中心除了在公告栏中发布活动的消息之外，还通过《今日咸阳》和《咸阳日报》等媒体将消息公之于众。消息刚一见报，立即引起了老年读者们的普遍关注，上门报名和打电话报名的人络绎不绝。培训班开始后，老师们针对老年人的特点，采取直观的、循序渐进的诱导方式，逐渐、反复地讲授，一方面积极鼓励学员在电脑上大胆操作，不要怕出错，有问题大胆提问；另一方面，给每个老人将每天所学内容按照操作步骤写在纸上，帮助他们提高记忆。

随后的 2 个多月间，咸阳支中心共连续举办了 14 期老年读者电脑培训活动，面授培训 700 多人次，零散辅导 2000 多人次。如今，在咸阳市图书馆的公共电子阅览室每天接待的读者中，有近40％是老年人。说起自己学习电脑的经历，大家都异口同声地说，多亏了咸阳市支中心举办的培训活动，为他们打消了电脑神秘不可测的顾虑，使他们能和年轻人一样轻松上网，接受时代新生事物。有老人在电子阅览室的读者意见本上写道：过去我总感觉到，退休以后自己成了一个没有多大用处的废人，自从在支中心学习了电脑知识以后，在电脑里找回了自我，有了自己的粉丝，网络使我的退休生活丰富起来，我感觉自己好像又年轻了几十岁。感谢支中心的同志们，是你们使我变得强大了。

【点评】老年人也是文化共享工程所重点关注的群体之一，通过针对其特点开展电脑培训等服务活动，使老年人在闲暇时间中有事可做、有事可乐，通过学习锻炼加强了记忆，并学会如何查找到自己需要阅读的信息。这使得老年人不再感到空虚寂寞，既掌握了一定的网络技能，不致与社会脱节；同时也提高了自身的文化素质，丰富了精神世界。

十三、关爱外乡劳动者

2011 年 9 月 13 日，由广东省江门市人社局、五邑图书馆、文化共享工程市县分支中心等单位联合组成的服务队伍走进广东江粉磁材有限公司，拉开了"关爱外来工，送书进企业"系列读书活动的帷幕。

这次服务活动是为配合第八届侨乡书香节的举行，利用文化共享工程提供资源所开展的走进企业服务活动，旨在营造浓厚的书香氛围，积极为外来务工人员创造良好的阅读环境的系列活动之一。活动通过向企业外来工赠书送刊、召开座谈会、新书推介、现场咨询等方式，向广东江粉磁材股份有限公司、新会美达锦纶股份有限公司、江门得实计算机外部设备有限公司、江门市辉隆塑料机械有限公司、三菱重工金羚空调器有限公司、江门卡夫食品有限公司等 10 家外来工密集型企业提供了系列文化服务，受到企业和外来务工人员的热烈欢迎。

近年来，在广东多个企业和外来务工人员集中的地方均开展过此类活动。另外在福建，文化共享工程也把服务送到了农民工集中的厦门同安工业园区、火炬翔安产业园区，农民工逾百万的晋江、石狮工业园、产业园区等具备一定条件的企业流通点和部分外来人口集中的乡镇、街道，向农民工免费赠送数字图书馆网上阅读卡、共享工程精品资源、精品图书等。在山东、重庆、江苏等地也开展了有关活动。这些活动不仅带动了企业读书活动的开展，丰富外来工的业余文化生活，同时也向企业宣传推介了文化共享工程，进一步拉近了文化共享工程与企业的沟通联系，从而让更多的企业员工树立终身学习的良好意识，自觉成为好学之人，读书之人。

【点评】文化共享工程通过开展图书赠送、知识讲座、小型文艺演出、中秋节活动等方式走进企业，为生活节奏快且单一乏味的外来场工人员送去精神文化食粮，丰富了其业余文化生活；同时也体现了文化共享工程服务基层和广大劳动者的宗旨。

十四、盲人的"阳光工程"

残疾人是社会中一个特殊而又不可忽视的群体，关心残疾人是社会文明进步的标志。盲人属于重度残疾人，由于他们在心理、生理以及人体结构的某一部分异于常人，给他们的生活、学习和工作带来极大不便，更需要全社会的理解、尊重、关心和支持。文化共享工程甘肃省级分中心把为盲人群体服务，作为"促进残疾人事业发展，改善残疾人状况"重点工作之一，开展实施了一系列为盲人提供方便的优质服务。

据甘肃省残疾人联合会统计，目前甘肃省共有视力残疾人20.42万，如何让这些弱势群体更多地享受到社会发展成果，体现社会对他们的关心，文化共享工程甘肃省级分中心采取"走出去"和"请进来"的办法，进行了大量的调查研究工作。在了解大部分省级图书馆目前都设立了盲人阅览室或残疾人阅览室的情况下，分中心依据《甘肃省残疾人事业"十一五"发展规划》要求，积极协调有关部门和人员，在以前免费送书、送资源、上门服务的基础上，提出了让盲人利用现代信息技术获取知识，掌握技能，提高素质，增强融入社会竞争能力的服务目标。

经过努力，2010年5月，甘肃省级分中心在省图书馆内建立了盲文及盲人有声读物阅览室。阅览室配有实用技术、中外名著、生活知识、教学辅导等盲文图书3000余册，音像资料、MP3等有声读物2000余件，配有先进的电脑、读屏软件、盲文点显器、多功能数码助视器、听书郎等设施，每台电脑都装有文化共享工程资源，并与互联网相链接，为开展盲人服务提供了基本条件。

在调研和硬件基础上，甘肃省图书馆、文化共享工程甘肃省级分中心于2011年3月联合启动了为盲人读者服务的"阳光工程"。"阳光工程"包括工作人员按照约定，免费上门接盲人读者到盲文及盲人有声读物阅览室；到馆后有专人负责，按照盲人读者需求提供书籍借阅，以及网上的信息检索和下载等服务；到中午用餐时间，免费为盲人读者提供午餐；盲人读者阅读结束后，由专人负责将其安全送回家，即免费服务、免费接送、免费提供午餐。"阳光工程"由专人负责，制定了详细的规章制度和工作流程，并公布了服务热线。在一次盲人座谈会上，盲人读者王某说："我20多年没有来过图书馆，'阳光工程'使我有可能来到图书馆，实现了上网的愿望，是甘肃图书馆给我送来光明，给了我第二次生命。"

为进一步提升为盲人服务的质量，扩大"阳光工程"的实施范围，省图书馆和文化共享工程分中心还做了以下工作：一是成立甘肃省残疾人阅读指导委员会，旨在通过组织残疾人开展广泛深入的读书活动，使他们在阅读中获取信息、学习知识、陶冶情操，进一步增强战胜困难的勇气和信心，提高自身素质和生活技能，平等共享公共文化服务，更好地融入社会生活；二是安排有爱心、有事业心和责任心强的工作人员专门负责此项工作，不断加强对馆员教育和培训，更新服务理念，促进与盲人读者的交流与沟通，同时在现有馆舍、经费有限的条件下，优先保证盲人阅读服务需求；三是招募有爱心、有时间、有奉献精神、普通话流利的盲人服务志愿者，帮助开展各项服务活动，如带领盲人读者讲解参观各种展览，听取各种讲座，参加各种活动等，及时为招募的志愿者举行授牌仪式，鼓励他们用实际行动关注、爱护残疾人；四是充分利用节假日和各种主题活动，开展内容丰富、形式多样的为盲人服务活动，在盲人中树立爱知识、爱学习、讲文明、树新风的良好风尚，激发盲人参与社会主义和谐社会建设的热情和潜能，例如，开展手拉手、一对一、面对面、心贴心的读书交流活动，举办有奖征文活动，举行文艺表演活动，召开座谈会等；五是加强宣传，扩大影响，在甘肃电视台、广播电台、移动传媒以及各平面媒体进行了宣传，同时深入社区、街道，发放宣传材料，大力宣传免费接送盲人服务的项目和内容，让更多的盲人读者了解这一举措；六是建立盲人读者档案，及时了解盲人读者的生活状况、心理特点和信息需求，为盲人读者提供个性化的服务；七是积极与相关政府机构、社会团体、协会等单位合作建立盲人服务共享机制，在全社会形成良好的助残意识；八是积极引导帮助有条件的图书馆和单位建立盲人阅览室，并提供技术支持和资源供给。

【点评】文化共享工程甘肃分中心提升服务意识和水平，为盲人读者提供优质服务，让他们与健康人一样，共享文化发展成果，营造良好社会氛围的做法和举措，受到了盲人读者的广泛欢迎和社会的高度肯定。"阳光工程"这一做法让盲人的心中充满了阳光，感受到了公平正义带来的温暖。

十五、惠及大众的视觉盛宴

文化共享工程广西壮族自治区分中心从 2006 年开始，有效利用文化共享工程设备和资源，以共建共享为核心理念，通过电影播放的方式，精心策划，认真组织，创立了服务品牌"光影榭：周末观影沙龙"。历时 6 年坚持每周末免费播放优秀视频资源，至 2011 年 12 月，"光影榭：周末观影沙龙"共播放 260 多期影片，观影人数达 6 万多人次，取得了良好的社会服务效益。

这一周末观影沙龙活动由广西壮族自治区分中心主办，影片播放地点固定于广西图书馆报告厅，内容为播放文化共享工程优秀视频和经国家有关部门许可播放的优秀影片，并面向公众免费开放。每次沙龙活动通常分为两个环节，第一部分为影片欣赏；第二部分为影片点评和观众互动交流。中心在确定了活动地点和形式，并决定面向社会公众推出后，就始终坚持以打造品牌的宗旨对活动进行精心策划。首先是坚持免费开放的公益性，其宗旨是为广大读者和影音爱好者，特别是进城务工人员及弱势群体提供一个了解电影、欣赏电影的平台；其次是突出影片内容的丰富性，针对观影读者群的特点，以月为周期设置不同的电影主题，除了新片之外，还将黑白片、默片等早期的优秀电影也进行播放；最后是强调观影活动的互动性，在每部电影播放完毕后，影评人会介绍和分析该部电影产生的来龙去脉，影片中的疑点悬念、情节冲突、人物性格、镜头切换甚至业界评介以及同类电影的区别，使观影读者在欣赏影片后对该片有进一步深入的认识。此外，不少读者还就自己的思考与影评人展开热烈交流，从而丰富了观影的感受。

　　活动自推出以来，从开始的寥寥数人到现在形成固定的观影群体，从一个新鲜的观影活动变成读者周末休闲好去处，从一个普通的电影放映活动成为认真打造的读者服务项目，受到了广大群众的衷心欢迎，影迷朋友们纷纷在个人博客、论坛等网络平台上表达了对这项活动的赞赏和喜爱。

　　【点评】构建公共文化服务体系是时代之需，异彩斑斓的现代都市生活日益丰富了公众的文化选择，呈现了多样化文化需求的趋势。广大群众在公共文化服务场所除阅读之外还能干什么，还能享受哪些文化服务？广西分中心的周末观影沙龙或许是一种答案。"光影榭"针对公众对公共文化服务的多样化需求，策划、组织、整合社会资源，为广大读者、进城务工人员、弱势群体等创建了一个有别于电影院、体现文化共享工程资源服务优势的服务空间，为读者提供了一个有固定名称、固定时间、不同主题，观影与评论于一体的创新服务形式，使图书馆、文化共享工程不仅成为知识信息传播的场所，同时也成为文化休闲的场所，更是寓教于乐、充分发挥公共文化服务功能的重要阵地。

十六、灾后的心灵慰藉

　　"5·12"汶川地震发生之后，国家中心和四川省各分支中心紧急安排部署，采取一系列措施，积极投入抗震救灾。面对地震灾区家破人亡和家园重建，文化共享工程给了灾民宝贵的抚慰和支持。

　　地震发生之后，国家中心立即组织抗震救灾服务小分队，携带140部在第一时间整合制作的抗震救灾数字资源，送至四川省级分中心,同时备齐 20 套卫星服务设备,连夜空运至灾区,并为重建 780 个临时文化共享工程服务点开展制定设备配置方案、进行设备采购、人员培训等方面的工作。

四川省级分中心在抗灾自救的同时,迅速组织技术人员开辟了四川文化共享工程"众志成城,抗震救灾"专栏,它涵盖了震情实时报道、灾后疫情防治、地震知识与自救等内容。在灾害突发的非常时期,从灾区传出的信息有着极其重要的意义,这不仅满足了社会各界急切关注灾区灾情的需要,更消除和过滤了不实消息,安抚了民众心理,保持了社会稳定。灾区公共图书馆、文化共享工程各服务点的受损情况也得到了及时公布,这为灾后重建做了铺垫。

在灾后的清理、重建工作中,文化共享工程的各县级支中心在稳定民心、传递信息、丰富灾民精神文化生活等方面发挥了重大作用。如北川支中心、合江支中心组织的"帐篷放映队"深入重灾区擂鼓镇、永安乡、安县、绵阳等地,为受灾群众放映多部影片和多场文化共享工程的资源节目。在保证工作的同时,支中心工作人员还积极投身到抗震救灾工作当中,被灾区群众亲切地誉为"既是放映队,又是战斗队"。安县支中心震后第一时间在楼下的广场上搭起帐篷作为办公地点,开辟了临时阅览室,还利用管理中心和四川省级分中心下发的共享工程资源开展电影放映活动,内容包括防震救灾、疾病防治等。

【点评】重大自然灾害过后,灾区民众从知识到心理都急需支援,此时文化的重要作用便突显出来,而系统完备、设备齐全的文化共享工程,无疑起到了不可替代的作用。四川省文化共享工程在灾后的救援和重建中所起到的作用是毋庸置疑的。与此同时应当看到,文化共享工程在面对灾难时的应急机制和灾后重建方案也是必不可少的。

　　文化部在其《公共文化服务体系建设"十二五"规划》中提出，要加快推进国家公共文化服务体系数字化建设，以文化信息资源共享工程、公共电子阅览室建设计划、国家数字图书馆等工程为服务界面，为广大基层群众提供日益丰富的数字化文化信息服务。规划中针对文化共享工程具体提出并制定了新的四个方面的目标任务，其中第四个方面的任务是"营造以人为本、与时俱进的创新服务业态"，要"实现从城市到农村服务网络全面覆盖，大力推进服务网络建设，积极推进进村入户"①。因此接下来，文化共享工程依然要本着"深入基层服务社会，文化共享改变生活"的宗旨，通过优秀丰富的数字文化资源，利用多种传播方式，克服地域、环境等特殊困难，将优秀丰富的文化资源通过多种服务和活动方式送到田间地头、深山远疆，用更加贴近群众、便捷实用的方式服务社会，成为基层群众最喜爱的信息中心、学习中心和数字文化中心，不断满足基层群众"求知识、求富裕、求健康、求快乐"的需求。使基层群众通过文化共享工程的服务活动开阔眼界、增长知识、掌握技术，进而推动基层生产生活和文化的全面发展，有效改善基层文化服务的落后状况，保障人民群众的基本文化权益，营造和谐文明的社会环境，真正成为深受百姓欢迎的民心工程。结合文化共享工程近十年来的服务活动成果，我们相信，在未来会有更多服务活动不断开展，也会有更多基层群众从中受益。文化共享工程通过利用资源开展服务这一重要抓手，充分体现和阐释了公共文化服务的均等、惠民本质，也定会取得更好的成就。

---

　　①　文化部. 文化部"十二五"时期文化改革发展规划. http://culture. people. com. cn/GB/87423/17857491. html.

第三节 文化共享工程服务活动的策划与过程管理

人类的活动可以分为两类：一类是连续不断、周而复始的活动；另一类是临时性的、一次性的活动。文化共享工程的服务活动对这两种类型的活动均有涉及，既有基本的、常态的服务活动，也有多种创新的、非常态的服务活动。随着社会、经济和文化的不断发展以及人们需求多样化程度的不断提高，文化共享工程的服务活动对人们的精神文化生产和生活产生着越来越重要的影响。从活动策划到过程控制，再到绩效考评的全流程管理作为一种现代化管理方式，已经成为文化共享工程组织管理中的一个重要组成部分，并影响到工程及组织的整体发展。

一、文化共享工程服务活动的项目策划

(一)项目策划及其特征

文化共享工程的项目策划是一种具有建设性、逻辑性的思维过程，在此过程中，总的目的就是把所有可能影响决策的决定总结起来，对未来起到指导和控制作用，最终借以达到方案目标。简单来说，项目策划就是确定项目目标，并为达到目标、对项目实施工作所需进行的各项活动工作做出周密安排的项目管理职能，其直接目的就是要建立并维护用以定义项目活动的计划。项目策划围绕项目目标系统地确定项目的工作任务、安排项目进度、编制资源预算等，从而保证项目能够在合理的工期内，以尽可能低的消耗、高质量地实现项目目标。

文化共享工程是由政府主办的重大惠民工程，以向广大人民群众传送丰富的文化信息、巩固基层文化阵地、充实基层文化建设内容、活跃城乡人民群众文化生活，充分发挥文化信息资源在

发展经济、提高人民群众思想道德和科学文化素质等方面的重要
作用为目的，不具有任何市场经济的目的，但具有社会化特征、
创新性特征和文化特征。

1. 社会化特征

社会化特征是指文化共享工程服务活动的项目策划要依据国
家、地区的具体实情来进行，不仅要注重本身的经济效益，更应
关注其社会效益，经济效益与社会效益两者的有机结合才是项目
策划的真正意义所在，所以在项目策划中应将社会性放在首位。
同时，项目策划也只有体现了一定的社会性才能为更多的受众所
接受。

2. 创新性特征

创新性特征指的是文化共享工程的许多项目都是一个从无到
有的开创性项目，其服务活动的策划是具有首创性的。新者代替
旧者的现象本身就是一种发展，因此，策划要想达到促进策划客
体发展的目标，就必须具备创造性的新思路、新创意和新设计。
真正的策划应具备创造性，应随具体情况而发生改变，需要创造
性的思维，不能抱残守缺，因循守旧，要想不断地取胜，必须不
断地创造新的方法。即便以往有过成功的模式，也不要不加论证
地生搬硬套，要善于依据客观变化了的条件和实际状况来尝试创
新。只有遵循这样的原则，共享工程的项目策划才能真正立足于
事实和实际，且独具一格、与众不同，才能吸引人和打动人，从
而取得成效。

3. 文化特征

文化特征则是指文化共享工程项目的策划要以文化为依托，
建立起良好的网络关系，传播和弘扬文化，以实现文化的全民共
享，满足人民日益增长的文化需求，保障公民的基本文化权利。

据此，文化共享工程项目的策划侧重于文化的社会价值。因而在进行具体的项目策划时，绝对不能不考虑受众和整个社会的发展变化，要坚持科学发展观，以发展的眼光看问题和进行实际策划。但这并不是说我们就可以不根据传统习惯盲目策划，中华民族历史文化源远流长、博大精深，在人们的日常生活中，业已继承了许多传统文化遗产，在共享工程的项目策划中，要将已有的文化遗产和文化传统充分考虑进去，不能顾此失彼。

(二)项目策划的基本原则

文化共享工程服务活动的项目策划遵循"两个结合"的原则：一是结合党和国家的政策方针与宣传热点，及时、适时地策划与展开服务活动；二是结合基层实际需求，因地制宜、因人制宜，以满足基层群众的文化需求为策划开展各类服务活动最终目标。

(三)文化共享工程的项目策划方法

文化共享工程的项目策划所采用的方法多为综合性项目策划方法，即将以事实为依据的项目策划方法、以技术为手段的项目策划方法和以规范为标准的项目策划方法三者统而合一、扬长避短地开展项目策划，以摆脱上述三种项目策划方法的偏颇，达到综合后整体功能大于单一功能的目的。

文化共享工程的项目策划采用的是事实、技术和标准规范三者相结合的综合性项目策划方法，从广泛的事实调查入手，以规范的既有经验和数据资料为参考依据，并结合现代技术手段，通过项目策划人员进行科学的综合分析论证，进而制定出一系列适用于项目的相关标准规范，最终实现项目策划的目标。

二、文化共享工程服务活动项目策划的流程

任何项目都有开始和结束的时间，文化共享工程及其众多的子项目也不例外，都要经历从启动、开发到实施、结束四个阶段，

这样的一个过程就成为项目的"生命周期"。项目生命周期的不同阶段表现出明显的规律性，如项目在启动阶段发展较为缓慢，效果显现也较慢；在开发、实施阶段资源投入较多，因而发展较快；在结束阶段则又逐渐减慢速度并趋于稳定。整体流程如图 5-1 所示：

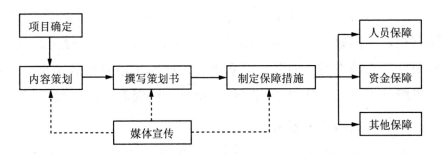

图 5-1　文化共享工程服务活动项目策划流程图

（一）初步确定项目，完成内容策划

文化共享工程的项目特点是结合国家方针政策和宣传热点，同时结合基层特点和百姓需求，因此项目的内容与国家政治、宣传工作大方向密切联系。在当前文化大发展大繁荣的背景下，文化共享工程的项目选择是以促进文化事业发展、满足群众文化需求、提升大众文化素养为大前提，结合国家重大活动、传统民族节日、纪念日等特殊事件和特殊时段确定及策划实施的。以 2006 年的"文化共享长征行"活动为例。

这一活动是为了纪念红军长征胜利 70 周年由国家中心、中图学会联合当年红军长征经过的江西、福建、河南、陕西等 15 个省（自治区、市）的文化共享工程省级分中心开展的。活动于 5 月 16 日在江西省于都县拉开帷幕，沿途以乡镇、村基层服务点为重点，通过各种形式开展丰富多彩的系列文化服务活动，包括向老区基层站点提供适合当地需要的数字资源，组织文艺演出，给老区人民赠送图书、光盘、电脑、电视等设备；向广大群众播放革命电影和农业科技视频；举办种植养殖技术培训等服务活动；现场提供农村科技文摘和农业技术资料查询，发放农业种植、养殖资料；在一些地区举行基层服务点授牌仪式等各项活动。历经五个多月后，10月28日，"文化共享长征行"胜利抵达延安，并在延安市文化艺术中心举办大会师活动。国家中心向长征经过的直罗镇、子长县、志丹县赠送了设备，这对帮助当地的广大农民求知识、求富裕、求健康、求文明，推动当地的社会主义新农村建设将起到很好的推动作用。同时，国家中心还向参加系列服务活动的15个省级分中心代表赠送了红军长征史诗专题资源库(光盘版)。

(二)完成项目策划书

在完成项目内容的构思、确定活动内容后，应将构思与活动内容进一步细化，着手编写项目策划书，项目策划书的主要构件有如下五项。

1. 封面

包括：项目名称；所属(主办)单位；项目策划人员；日期；编号。

2. 基本信息

阐述此次活动的目的、组织负责单位、活动时间、活动对象及活动主题、基本内容等。

3. 时间进程安排

策划活动的具体时间安排，应科学规划、合理安排时间进度，表述清晰、一目了然。时间在制定上要留有余地，具有可操作性。

4. 活动预算

为了更好地指导项目活动的开展，需要把项目预算作为一部分在策划书中体现出来。

5. 策划书的相关参考资料及其他问题说明

项目策划中所运用的二手信息材料要标注出来，标明出处、以备查阅。另外对于著作权、版权等问题要做出必要申明，预防不必要的纠纷发生。

另外，在编写策划书的过程中还应注意以下几点：（1）文字简明扼要；（2）逻辑性强、句序合理；（3）主题鲜明；（4）运用图表、照片、模型来增强项目的主体效果；（5）有可操作性。

"文化共享长征行"

全国大会师总结表彰大会

策划方案

全国文化信息资源共享工程陕西省级分中心（拟）

二〇〇六年九月

一、基本信息

1. 背景

长征是人类战争史上的奇迹，特有的魅力使它像一部最完美的神话，突破时代和国界，在世界上广为传扬。中国工农红军的长征是一部史无前例、雄伟壮丽的史诗，它铸造了举世闻名的长征精神，成为中华民族百折不挠、自强不息的象征。在长征胜利 70 年的今天，长征精神鼓舞了几代中国人，在 21 世纪建设和谐社会与社会主义新农村的今天，长征精神更被赋予了新的内涵。

全国文化信息资源共享工程（以下简称文化共享工程）是一项繁荣社会主义先进文化的创新工程，作为公共文化建设重点工程列入了我国《国民经济和社会发展第十一个五年规划纲要》，任务是"推进文化资源数字化，以农村为重点促进文化信息资源共享"。

值此纪念红军长征胜利 70 周年之际，文化部全国文化信息资源建设管理中心（以下称管理中心）、中国图书馆学会联合红军长征经过的江西、福建、广东、广西、湖南、贵州、四川、重庆、云南、甘肃、宁夏、陕西、湖北、河南、新疆等省区的文化共享工程分中心共同开展"文化共享长征行"系列服务活动，对于弘扬长征精神，宣传党和国家的方针政策，加强基层文化建设，发展社会主义文化，建设社会主义精神文明，帮助广大农民求知识、求富裕、求健康、求文明，推动社会主义新农村建设具有重要意义。

2. 活动主题

● 情系长征精神，传播文化资源。

● 沿着红军长征路，撒满文化服务情。

● 重温红军艰苦历程，建设文化共享工程。

3. 活动目的

通过系列活动传播我党我军在革命时期的历史知识，重温红军长征的艰苦历程，弘扬党和人民军队的光荣传统，树立"八荣八耻"荣辱观。展现新时期在党的领导下，国家建设所取得的成就，树立爱党、爱国、爱家乡的自豪感。丰富基层群众的文化生活，促进具有地域特色的传统民族、民俗文化建设和发展，推进文化资源数字化，宣传文化共享工程，促进文化信息资源建设。

4. 活动气氛

祥和、大气、精彩。

5. 会议场地

延安文化艺术中心——位于延安市中心，交通便利，环境大气整洁。12m×6m 大型舞台可满足本次会议的表彰、讲话及表演内容，另外该中心配备多方位音响系统及最先进的数字电影播放设备。延安文化艺术中心可容纳观众 500 人，并设置有贵宾室便于接待重要领导、嘉宾。多出口的安全通道利于观众进出和应对突发事件。

6. 会议时间

2006 年 10 月 23 日早 9：00～11：30

7. 与会人员

领导、贵宾(30～40 人)

文化部领导	1～2 人
相关部委领导	1～2 人
全国文化信息资源建设管理中心领导	1～2 人
陕西省文化厅领导	2～3 人
陕西省图书馆领导	2～3 人
军区代表	1～2 人

延安市文化局领导　　　　　　　　　　2~3人

各省文化信息资源建设管理中心领导　　15~18人

老红军及重走长征路捐资助学者　　　　2~3人

嘉宾(460人)

本地大学生　　　　　　　　　　　　　300人

部队官兵　　　　　　　　　　　　　　80人

群众和基层工作者　　　　　　　　　　80人

媒体(60人)

中央媒体：新华社陕西分社、《人民日报》、《光明日报》、《中国文化报》、中央电视台、《中国青年报》、《农民日报》等

地方媒体：陕西省电视台、陕西省人民广播电台、《文汇报》、《陕西日报》、《华商报》等

网络媒体：新浪、搜狐、网易、古城热线等

二、会议进程与时间安排

1. 大会议程(约2个半小时)

(1)参观"文化共享长征行"资料图片展览；同时进行陕西民间艺术剪纸表演(以长征为主题)

(2)致欢迎辞

(3)接旗仪式

(4)文艺表演

(5)动漫大赛获奖颁奖及展示

(6)文艺表演

(7)重走长征路代表发言

(8)文艺表演

(9)老红军发言

(10)国家中心领导总结发言及播放宣传片

(11)文艺表演

(12)国家中心宣布本次活动评奖结果，并播放获奖省份的本次活动精彩画面感言

(13)文艺表演

(14)文化部领导致辞

(15)午餐及革命旧址参观

2. 会议细节

(1)进场 8：50～9：00

● 领导、贵宾及嘉宾经礼仪引领由延安文化艺术中心南正门进入。

● 中心广场处为迎宾表演——陕北安塞腰鼓方阵(8：45～9：00)，此方阵面向南表演。

● 领导、贵宾及嘉宾由腰鼓方阵前方通过并向东行走展览大厅门前。

● 大门设置媒体签到处，出示记者证后签到领取新闻背景资料和记者通行证。

(2)参观"文化共享长征行"资料图片展览；同时进行陕西民间艺术剪纸表演(以长征为主题)(约 15 分钟)

●9：00 领导、贵宾及媒体人员由礼仪引领进入展厅观看，约 9：15 由展厅北门出，按照路线指示进入会场贵宾接待处。

● 嘉宾、学生等于 9：20 进入展厅，9：35 按照原路返回由会场正门进入会场就座。

(3)进入会场 9：35～9：40

● 领导、贵宾进入贵宾室休息；贵宾室设置签到本及笔墨纸砚，便于领导签名或题词留念；9：35～9：38 由礼仪引领从后台进入会场，按照名牌标识落座。

● 媒体人员由后台通道进入会场临时就座。

● 嘉宾、学生、群众、官兵等在观看完展览后由会场正门进入对号入座，座位号事先按照方阵排列，官兵着装整齐，学生必须佩戴校徽；于9：40完成进场。

（4）主持人介绍大会的领导嘉宾9：40～9：43

● 选择30～40岁男、女主持各一人，形象端正大方，着礼服于9：40就位于舞台中央，致开场白并按照次序介绍到场领导、贵宾及其他与会人员。

（5）陕西省文化厅领导致欢迎辞9：44～9：47

● 由礼仪引领至舞台左侧演讲台处。

（6）接旗仪式9：48～9：51

● 主持人介绍"文化共享长征行"全国活动及15省的情况。

● 国家中心三人由舞台左侧上台站定后，陕西分中心两位工作人员持两面"文化共享长征行"旗帜由舞台两侧上，15个省代表各持一面旗帜跟随上台。

● 主持人隆重宣布仪式开始。国家中心其中2人接两面主旗并展示。（配进行曲背景音乐，大屏幕放映旗帜接力过程短篇）

● 主持人请各旗手将旗帜插在舞台下方两侧的旗座上。（配进行曲背景音乐，大屏幕放映旗帜接力过程短篇）

（7）设备赠送9：52～9：55

● 舞台上国家中心领导给长征经过的三个重点陕西省革命老区赠送基层站设备并宣读设备清单（以红色宣传牌形式赠送，由工作人员从左后台送出经舞台展示后，由右侧后台出去）。三个革命老区为：延安市富县直罗镇、延安市子长县（原瓦窑堡镇）、延安市志丹县（原保安镇）。

（8）文艺表演——8人合唱《抗战歌曲》9：56～10：00

(9)文艺表演——舞蹈《大生产》10：01～10：05

(10)陕西省网络大赛之动漫大赛获奖选手领奖10：06～10：15

● 陕西省电信公司领导就网络原创与文化资源结合的新方式发言。

● 陕西省图书馆馆长宣布获奖名单。

● 嘉宾颁奖。

(11)动漫金奖选手作品展示10：16～10：20

● 舞台切换至大型投影屏幕。

(12)文艺表演——吹打乐合奏《枣园来了秧歌队》10：21～10：25

(13)文艺表演——女声独唱《赶牲灵》10：26～10：30

(14)重走长征路代表对本次活动感言10：31～10：35

(15)文艺表演——舞蹈《醉山乡》10：36～10：40

(16)老红军对本次活动感言10：41～10：45

(17)国家中心领导做总结发言并播放本次全国活动的视频短片10：46～11：00(需国家中心制作，约15分钟)

● 舞台切换至大型投影屏幕。

(18)文艺表演——男声独唱《山丹丹花开红艳艳》11：01～11：05

(19)国家中心宣布本次活动评奖结果，并播放获奖省份的本次活动视频短片并现场发言11：06～11：25

● 舞台切换至大型投影屏幕。

(20)著名民间艺人贺玉堂演唱陕北民歌11：26～11：30

(21)文化部领导致辞并宣布活动胜利结束11：31～11：40

● 电子礼炮齐鸣，后电子屏幕展现夜空礼花视频持续20秒。

● 全场灯光开。

(22)退场 11：41～11：45

● 领导、贵宾由后台出。

● 其他人员由会场正门出。

(23)午餐及革命旧址参观 11：45

● 为领导、贵宾安排车辆接至某饭店进午餐。

● 邀请领导、嘉宾及群众参观革命旧址：宝塔山、枣园、杨家岭革命旧址、延安革命纪念馆(均在市区)。

三、活动预算及时间进度

1. 活动预算

视觉布置	5 万元
平面设计制作	3 万元
演出	3.5 万元
接待	2 万元
交通	1 万元
合计约	14.5 万元

2. 时间进度

日期 工作内容	2006年9月 22	23	24	25	26	27	28	29	30	2006年10月 1	2	3	4	5	6	7	8	9	10	11	12	13	14	15	16	17	18	19	20	21	22	23
方案修改并确认	▒	▒	▒	▒																												
执行方案					■	■	■	■	■																							
背景资料准备					■	■	■	■	■								▒	▒	▒	▒	▒	▒	▒	▒	▒	▒						
文艺表演排练					▒	▒	▒	▒	▒								▒	▒	▒	▒	▒	▒	▒	▒	▒	▒						
平面设计					▒	▒	▒	▒	▒																							
物料准备					■	■	■	■	■	■	■	■	■	■	■	■	■	■														
制作与安装																	■	■	■	■	■	■	■	■	■	■	■	■	■			
与会人员确认					■	■	■	■	■																							
排演																														■	■	
正式会议																																■

四、其他问题说明

1. 执行要点

(1)场景布置

所有转弯、楼梯、洗手间等设置导向标识。

A. 广场

- 正门旁人行道上展示百米签名长卷。
- 正门入口处用大型气球拱门和空飘气球装饰。

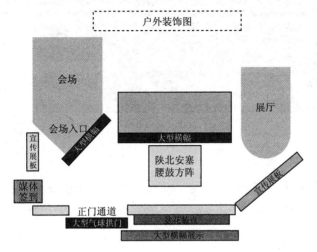

- 入口两侧以盆花、绿植装饰。
- 媒体签到处设置签到背景板及签到桌并配备桌花。
- 媒体签到与会场入口之间安放展架一排。
- 广场东侧可摆放宣传展板。

B. 展览馆(会场)

休息处可用于剪纸表演 8：40～9：40

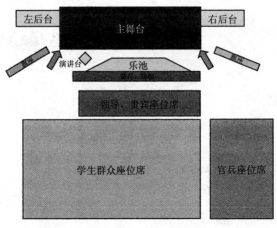

C. 舞台

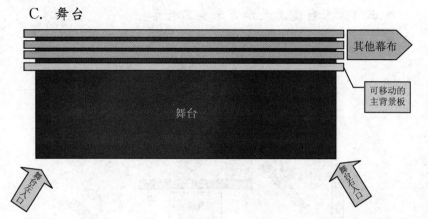

●舞台主背景板选用可以两边移动或上升的装置结构，当领导讲话和演出开始前显示主背景，文艺演出或影片观赏时可迅速更换为相关背景。

(2)领导接待

●由专人负责礼仪及保卫工作，此活动执行方案上报公安有关部门。

●领导、贵宾由数名礼仪人员陪同引路并讲解相关介绍。

●媒体签到、各出入口处设置接待和服务人员。

2. 路线安排

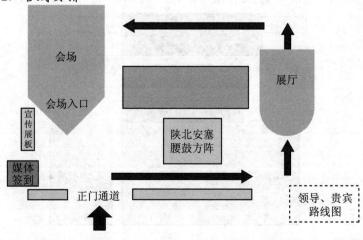

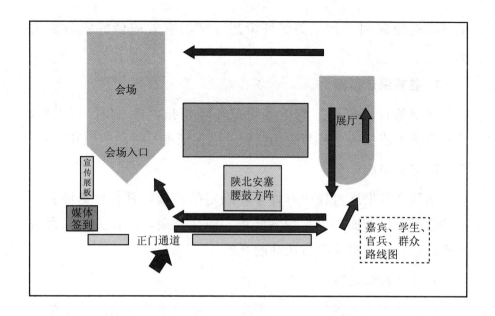

(三)配套开展媒体宣传

项目策划方案拟订后，需要有配套的媒体宣传和跟进报道。首先，在活动进入实施阶段之前，要通过平面、立体及网络等媒体多渠道发布项目活动信息；其次，在项目实施过程中邀请媒体参与其中，监督并报道项目活动进展；最后，在活动结束后要及时总结和向媒体提供、公布相关信息和数据，配合媒体的后续宣传报道。

(四)项目的人员与资金保障

项目从策划到实施，需要制定完善的人员与资金保障机制。保障机制应有两个方面的主要内容：一是在项目开展的过程中，保证人员和资金的及时到位，以确保项目顺利实施；二是在项目整个开展过程中，保障资金的正当使用，以及人员的权益。

(五)项目实施的其他保障措施

项目策划书编写完成之后，应制定相应的实施细则，以保证项目活动的顺利进行。要保证策划方案的有效应做好三方面的工作。

1. 监督保证措施

科学的管理应从上到下各环节环环相扣，责、权、利明确，只有监督才能使各个环节少出错误，以保证项目活动的顺利开展。

2. 防范措施

事物在其发展过程中有许多不确定的因素，只有根据经验或成功案例进行全面预测，发现隐患，防微杜渐，把损失控制在最小程度内，从而推动项目活动的开展。

3. 建立评估机制

项目活动发展到每一步，都应有一定的评估手段以及反馈设施从而总结经验，发现问题，及时更正，以保证策划的事后服务质量，提高策划成功率。

【本章小结】

服务活动是文化共享工程的重要工作抓手，也是项目的根本立意所在。文化共享工程将系统加工的优秀文化资源，通过畅通的网络通道、丰富多彩的服务活动提供给广大基层群众利用，极大地开拓了群众的视野，补充精神营养，对于丰富城乡人民群众的文化生活，促进国民素质的整体提高大有裨益。从目前所取得的服务效果和成绩来看，文化共享工程利用资源开展服务活动的工作是卓有成效的；可以预见，坚持开展服务活动，在未来也将是大有作为的。

【思考题】

1. 文化共享工程的主要服务方式有哪些?

2. 文化共享工程的十大品牌活动是什么?

3. 文化共享工程的项目策划流程分为几部分? 请分步骤阐释。

【推荐阅读】

1. 张彦博. 公共文化服务的创新与跨越——全国文化信息资源共享工程建设研究论文集[M]. 北京:国家图书馆出版社,2010.

2. 中华人民共和国文化部. 文化部"十二五"时期文化改革发展规划. 2012 年 5 月 10 日发布.

3. 全国文化信息资源建设管理中心. 公共电子阅览室管理信息系统技术规范. 2011.

4. 陈威. 公共文化服务体系研究. 深圳:深圳报业集团出版社,2006.

5. 卢长宝. 项目策划. 北京:电子工业出版社,2008.

参考文献

[1] 中共中央关于深化文化体制改革推动社会主义文化大发展大繁荣若干重大问题的决定[M]. 北京：人民出版社，2011.

[2] 中华人民共和国国民经济和社会发展第十二个五年规划纲要[M]. 北京：人民出版社，2011.

[3] 刘云山. 坚持中国特色社会主义文化发展道路，努力建设社会主义文化强国[N]. 人民日报. 2011-10-28.

[4] 蔡武. 为建设社会主义文化强国打下坚实基础[N]. 人民日报(海外版)，2011-11-25.

[5] 杨志今. 创新传播手段，建设文化惠民工程[N]. 人民日报，2010-12-24.

[6] 周和平. 大力推进文化共享工程建设[N]. 经济日报，2009-01-11.

[7] 张彦博. 公共文化服务的创新与跨越——全国文化信息资源共享工程建设研究论文集[M]. 北京：国家图书馆出版社，2010.

[8] 文化部全国文化信息资源建设管理中心. 全国文化信息资源共享工程文件汇编(2002.4－2010.7)(内部资料). 2010.

[9] 于群. 深入学习贯彻党的十七届六中全会精神，努力推动文化共享工程建设再上新台阶——在 2011 年全国文化信息资源共享工程督导工作暨公共电子阅览室建设试点工作总结会议上的讲话(2011 年 12 月 20 日)(内部资料). 2011.

［10］文化部关于全国文化信息资源共享工程暨公共电子阅览室建设试点工作督导情况的通报（2011 年 12 月 12 日）（内部资料）. 2011.

［11］周和平. 全面推进文化共享工程建设［J］. 人民论坛，2008 (22)：10－11.

［12］周和平. 全国文化信息资源共享工程的建设、问题及措施［J］. 数码世界，2007(5)：3－5.

［13］刘刚. 创新竞赛活动，推动文化共享工程队伍建设［J］. 图书馆理论与实践，2012(2)：60－61.

［14］刘刚. 全国文化信息资源共享工程乡村基层服务点的共建共享［J］. 图书馆建设，2008(2)：100－102.

［15］许建业，陆忠海. 当代中国文化共享工程与基层公共文化服务的发展［J］. 艺术百家，2010(S1)：1－4.

［16］石丽珍，严春子. 全国文化信息资源共享工程服务农村的实践与思考［J］. 图书馆建设，2008(2)：97－99，105.

［17］石丽珍. 抓住机遇　积极探索　努力把共享工程省级中心工作做实做好——在全省文化信息资源共享工程工作会议上的发言［J］. 图书馆学研究，2005(7)：97－99.

［18］邱冠华，于良芝，许晓霞. 覆盖全社会的公共图书馆服务体系：模式、技术支撑与方案［M］. 北京：北京图书馆出版社，2008.

［19］深圳公共图书馆研究院. 中国公共图书馆发展蓝皮书(2010)［M］. 深圳：海天出版社，2010.

[20] 王世伟. 现代城市图书馆公共服务论丛[M]. 上海：上海社会科学院出版社，2007.

[21] 杨向明. 迈向 21 世纪的复合图书馆[M]. 北京：中国致公出版社，2003.

[22] 周和平. 全国文化信息资源共享工程发展回顾[J]. 公共文化服务的创新与跨越. 北京：国家图书馆出版社，2010.

[23] 于群. 关于全国文化信息资源共享工程的几点思考[J]. 公共文化服务的创新与跨越. 北京：国家图书馆出版社，2010.

[24] 张彦博. 消弭数字鸿沟，共享文化资源[J]. 公共文化服务的创新与跨越. 北京：国家图书馆出版社，2010.

[25] 张彦博，刘刚，王芬林. 全国文化信息资源共享工程的创新实践[J]. 数字图书馆论坛，2007(1).

[26] 张晓星，蒋卫东，罗云川. 科学构建文化共享工程技术体系[J]. 数字图书馆论坛，2007(1).

[27] 吴晓，孙承鉴. 全国文化信息资源共享工程技术体系的发展与展望[J]. 图书馆建设，2008(2).

[28] 罗云川. 对全国文化信息资源共享工程多种资源传输手段的初步分析与思考[J]. 图书馆建设，2008(2).

[29] 琚存华. 外包模式下的全国文化信息资源共享工程网站建设[J]. 图书馆建设，2008(2).

[30] 王文清. 云计算模式与文化共享工程服务创新[J]. 公共文化服务的创新与跨越. 北京：国家图书馆出版社，2010.

[31] 杨向明. 论数字信息资源的网络安全[J]. 中国图书馆学报，2004(2).

[32] 全国文化信息资源建设管理中心. http://www.ndcnc.gov.cn[2012-06-26].

[33] 陈威. 公共文化服务体系研究. 深圳：深圳报业集团出版社，2006.

[34] 卢长宝. 项目策划. 北京：电子工业出版社，2008.

后 记

为贯彻落实文化部颁布的《关于开展全国基层文化队伍培训工作的意见》精神，我们撰写了《文化共享工程建设与服务》一书，作为基层文化工作者培训的教材内容之一。本书较为系统地介绍了十年来文化共享工程作为公共文化服务体系中的基础工程、惠民工程、创新工程所走过的不平凡道路，旨在深入总结过去十年来工程建设的成功做法和有益经验，使得基层文化工作者对文化共享工程全貌有一个了解，鼓舞全国文化共享工程从业者在新的历史条件下推动工程建设不断取得新进展。

本书各章节撰写分工如下：第一章赵红川、金武刚，第二章刘惠平、刘刚、金武刚，第三章孙承鉴、杨向明，第四章罗云川、冯佳、琚存华，第五章张彦博、陆晓曦。张彦博、刘刚承担全书统稿。

本书得以顺利出版，要感谢多方面的支持与协助。首先感谢文化部全国文化信息资源建设管理中心诸位同仁的齐心努力；其次感谢以李国新教授为首的北京大学团队的鼎力支持和具体参与；再次感谢巫志南教授、文化部公共文化司张永新副司长和文化馆处白雪华处长的细心指教，感谢福建省图书馆原馆长郑一仙、陕西省图书馆谢林馆长和东莞图书馆李东来馆长从目标读者角度审读书稿并提出宝贵意见；最后还要感谢北京师范大学出版社的各位老师在本书出版过程中给予的帮助与指导。

　　我们期冀本书能够对文化共享工程未来发展起到一定促进作用。由于文化共享工程还在不断发展、丰富和提升过程中，加之我们几位撰稿人水平有限、时间仓促等原因，本书必定存在不足之处，敬请文化共享工程建设者以及各位读者批评指正。

                                                              编　者